E.-Ch. BARLET

L'INSTRUCTION

INTÉGRALE

PROGRAMME RAISONNÉ D'INSTRUCTION
A TOUS LES DEGRÉS

PREMIER VOLUME

L'INSTRUCTION PRIMAIRE

PARIS
CHAMUEL, ÉDITEUR
79, RUE DU FAUBOURG-POISSONNIÈRE, 79
(Près la rue Lafayette)

1895

L'INSTRUCTION INTÉGRALE

F.-Ch. BARLET

L'INSTRUCTION INTÉGRALE

PROGRAMME RAISONNÉ D'INSTRUCTION

A TOUS LES DEGRÉS

PREMIER VOLUME

L'INSTRUCTION PRIMAIRE

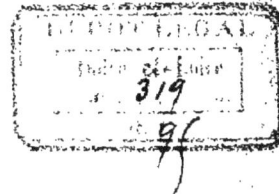

PARIS

CHAMUEL, ÉDITEUR

79, FAUBOURG POISSONNIÈRE, 79

(Près la rue Lafayette)

1895

PRÉFACE

L'encombrement des programmes d'instruction publique est depuis longtemps un sujet de plaintes générales dans tous les pays d'Europe et d'Amérique. Pour y remédier, on semble tendre à constituer un ensemble d'enseignements spécialisés plutôt qu'un enseignement encyclopédique; mais cette tendance, qui menace d'accentuer les distinctions de classes sociales, offre le danger sérieux de s'opposer à la croissance de l'esprit démocratique distinctive de notre race et de notre époque.

Cependant, les progrès immenses de nos sciences vers l'unité de méthode et de doctrine n'offrent-ils pas déjà un remède plus efficace à ces difficultés en permettant, par un classement méthodique, cette simplification harmonieuse des détails dont nos sciences naturelles offrent un si bel exemple ?

C'est le problème posé dans le présent opuscule.

La solution qui en est indiquée, plutôt que proposée, est empruntée aux méthodes des philosophes anciens les plus célèbres, ou, pour mieux dire, à l'adjonction de leur méthode essentiellement synthétique à celle des modernes plus exclusivement analytique. Elle n'est donc point, pour ainsi dire, personnelle à l'auteur, qui espère que cette considération lui fera pardonner sa hardiesse à prendre la parole en un pareil débat au milieu de voix autrement autorisées.

La question de l'enseignement est, du reste, d'une telle importance sociale qu'elle n'appartient pas aux seuls savants; les plus humbles opinions y peuvent être utiles. L'intérêt social de la solution exposée ici se remarquera assez si l'on considère qu'elle permettrait l'unité d'enseignement non seulement pour chaque année, mais dans tout le cours d'une même instruction et entre les divers ordres qui la composent, de sorte que la première année offre comme un germe complet dont les suivantes n'auraient qu'à fournir le développement, mesuré sur les facultés croissantes de l'élève, pour s'épanouir enfin en une véritable encyclopédie, ou plutôt une synthèse, d'où tout esprit sectaire aura été soigneusement écarté.

Ce premier volume n'a trait qu'à l'instruction primaire, mais l'introduction fait suffisamment apercevoir, dès maintenant, ce que doivent être les autres et quel est l'esprit du système.

L'auteur espère que le lecteur voudra bien lui accorder toute son indulgence en considération de la nouveauté d'un pareil effort.

Paris, 12 octobre 1894.

L'INSTRUCTION INTÉGRALE

INTRODUCTION

I. — Définitions : de l'éducation. — De l'enseignement. — Limites du sujet traité en cet essai. — On s'y propose surtout l'unité de l'instruction, d'après le principe de la trinité.

II. — Définition de la trinité. — Ses variétés. — L'ensemble de nos connaissances se prête-t-il à une classification trinitaire ? Et à laquelle ?

III. — Clef de cette classification trinitaire. — Définition de l'instruction que l'on en déduit. — Étendue et valeur pédagogique du langage. — Classification correspondante des fonctions sociales. — Position précise du problème de l'*Instruction intégrale*.

IV. — Distribution de l'ensemble synthétique des connaissances en degrés progressifs : formule de chacun d'eux ; tableau synoptique de ces degrés. — Leur correspondance avec les fonctions sociales. — Unification synthétique de l'ensemble des connaissances ; les sciences cosmogoniques ; la méthode génétique. — Conclusions.

I

L'éducation que nous limitons trop souvent à son rôle intellectuel, l'instruction, et, ce qui est pire, à l'instruction mnémotechnique [1] ;

---

[1] Il faut rendre hommage, cependant, aux efforts constants faits, depuis vingt ans surtout, dans l'instruction publique, pour nous arracher à cette ornière, à l'aide des théories pestaloziennes.

L'éducation que nous réduisons à une fonction administrative, et non pas même des plus considérées ;

L'éducation n'est rien moins que la seconde des trois fonctions du *sacerdoce*.

La première de ces fonctions consiste à rechercher, à entretenir, à développer les facultés transcendantes de l'homme, afin que la chaîne qui le relie à l'*universel* ne soit jamais rompue ; elle préside à la création de la pensée. *C'est l'art divin.*

La troisième fonction consiste à fournir à la société, avec l'aide de toutes les facultés élémentaires ou transcendantes du génie humain, les principes propres à la diriger dans sa mission universelle : elle préside à la réalisation de la pensée ; c'est la fonction du législateur, de l'artiste, de l'ingénieur. *C'est l'art terrestre.*

L'éducation, entre les deux, préside à la formulation de la pensée pour la conscience et pour l'intelligence.

Et, s'il faut définir le *sacerdoce*, dont la notion semble s'effacer aujourd'hui avec celle de tant d'autres principes supérieurs, on rappellera que le *sacerdoce*, sous quelque costume qu'il se déguise, est la fonction par laquelle l'homme, sincèrement affranchi de toute concupiscence égoïste, réduisant sa vie matérielle au strict nécessaire acquis par le travail commun, vivant par conséquent dans le labeur et l'humanité, a reporté toute l'énergie de son ardente ambition vers le développement de ses facultés les plus nobles pour les consacrer au service de ses semblables.

Où sont de pareils hommes ? Comment peuvent-ils

se grouper au milieu de notre désordre? Quels sont leurs pouvoirs et leurs principes communs ? Ce n'est pas ici le lieu de traiter de pareilles questions. En parlant d'eux et de leur rôle, qu'aucun bouleversement social ne fera disparaître, à moins de tuer la société elle-même, on entend seulement indiquer de quelle hauteur l'éducation doit être considérée, quelle est son étendue, quelles sont, par suite, les limites du sujet traité dans ce modeste essai.

*
* *

L'éducation elle-même, ainsi considérée, se partage à son tour en trois rôles distincts:

Le premier est le règlement de la conduite morale ; elle le remplit en fournissant à toute condition et à tout âge un guide sûr, éclairé, désintéressé, des conseils qui ne se refusent ni ne s'imposent jamais.

Le troisième rôle est le règlement de la conduite pratique : le sacerdoce le remplit en offrant de même un guide théorique toujours prêt à éclairer l'accomplissement du travail humain en toutes ses variétés.

Le second rôle est celui qui constitue l'*enseignement*, ou éducation de l'intelligence. C'est de lui seul qu'il sera question ici ; encore s'en faudra-t-il de beaucoup qu'il soit traité dans toute son étendue : elle est trop vaste.

Pour épuiser le sujet de la pédagogie, il faudrait, en effet, après avoir défini son but, étudier en détail ses moyens, psychologiques ou intellectuels, rechercher les principes de son gouvernement, discuter ses méthodes et ses procédés, traiter de la répartition de ses écoles et de ses classes. Beaucoup moins large est le cadre, bien étendu déjà, du présent essai.

On n'y traitera ni de la psychologie, ni des méthodes et des procédés, ni du gouvernement de l'instruction publique ou de la collation des grades, ni de la distinction des écoles. L'élève supposé sera, pour ainsi dire, un enfant théorique ; on ne tiendra aucun compte de son tempérament physique, moral ou intellectuel ; on le supposera capable et désireux de recevoir dans toute son étendue l'enseignement préparé.

Ainsi, réservant toutes autres des grandes questions théoriques ou politiques de la pédagogie, et, à plus forte raison ses questions secondaires, on se bornera à celle des matières de l'enseignement et de la distribution de ces matières, en un mot à son *programme*.

*
* *

L'esprit de celui que l'on va proposer est tout dans le désir de donner à l'instruction une *unité* qu'elle a perdue et qu'elle tend à perdre de plus en plus.

L'unité, n'est-ce pas ce qui manque le plus à notre enseignement ? L'antiquité païenne la trouvait dans ses mystères ; l'Église avait aisément rapporté à ses dogmes des sciences, alors bien restreintes et bien imparfaites. La Renaissance l'avait demandée aux classiques anciens, desquels elle procédait, et les pères Jésuites l'avaient ensuite complétée par leur méthode mnémotechnique.

Mais aujourd'hui tous ces moules ont éclaté, brisés

par la vie exubérante de nos sciences modernes ; ses fruits s'en échappent de tous côtés, en désordre, comme les graines d'une silique trop mûre, et nos pédagogues ne savent comment obvier à cette dispersion. On crie partout à la surcharge, avec trop de raison, ils le savent ; mais comment réduire, comment élaguer sans mutiler, comment unifier ? Devant eux surgissent les insolubles questions de l'orthographe, du latin, de la prépondérance du grec, ou du principe *Multum aut multa*, de la distinction des lettres et des sciences, et tant d'autres encore !

Ne pouvant diviser les matières, on divise l'enseignement, préparant ainsi pour l'avenir des castes qui ne peuvent qu'accroître les souffrances de notre démocratie : enseignement primaire, enseignement primaire supérieur, enseignement secondaire classique, enseignement secondaire moderne, enseignement supérieur, autant d'instructions spéciales qui n'ont peut-être de commun que leur défaut principal : la tendance utilitaire, le manque d'idéal !

C'est qu'on ne voit pas où tend la multiplicité de nos sciences, sinon à un progrès qu'on ne perçoit clairement que dans la sphère physique, et déjà nous pouvons pressentir de quelles catastrophes sociales nous menace une pareille restriction des horizons humains !

Comment donc retrouver l'unité dans ce chaos, l'unité utile, claire, propre à fournir à l'élève une règle de conduite intellectuelle et morale, sans imposer à son libre arbitre aucune contrainte sectaire ?

Grave et difficile question que l'auteur du présent **essai n'a nullement** la prétention d'avoir résolue par lui-même. S'il en ose offrir une solution différente des programmes élaborés par nos savants les plus distingués, ce n'est que parce qu'il pense en avoir aperçu une assez inattendue, mais renouvelée plutôt que nouvelle, dans une sphère intellectuelle dont les circonstances ont fort éloigné notre siècle, à savoir dans les principes de synthèse de la science antique.

L'unité de la science était empruntée autrefois à un principe métaphysique universel qui a vivifié de sa puissance les plus grands génies de tous les temps; depuis la haute antiquité égyptienne, indienne ou chaldaïque, jusqu'à la philosophie contemporaine la plus élevée, depuis Hermès jusqu'à Schopenhauer, Fichte, Hegel, Hartmann, après les Pythagore, les Platon, les Aristote, les Pères de l'Eglise (tels qu'Origène), les saint Thomas, les Bœhm et tant d'autres.

Je veux parler du principe de la Tri-Unité !

Il va donc s'agir ici d'une tentative de synthèse trinitaire de nos sciences, construite en vue de l'instruction à tous ses degrés, tentative qui s'avoue fort modeste et qui n'a d'autre prétention que d'attirer l'attention des penseurs vers cette source si féconde et si oubliée !

II

Tout le monde connaît, ou en tout cas tout le monde peut accepter comme évident le ternaire antique qui partage les objets de toutes nos connaissances en trois mondes :

Le monde physique, ou du phénomène ;

Le monde métaphysique, ou du noumène, des principes premiers ;

Et le monde intelligible, ou des lois secondaires.

Il n'y aurait donc pas grand inconvénient à poursuivre les conséquences de cette distinction primordiale, considérée comme un fait suffisamment concordant avec nos idées habituelles.

Cependant, par respect pour les légitimes scrupules des lecteurs que l'*à priori* ne saurait contenter, on croit utile d'ajouter ici quelques considérations plus approfondies, afin de justifier et d'expliquer le choix de la trinité comme base d'un enseignement synthétique. Libre à qui le préférera de laisser ces explications à l'arrière-plan, en franchissant le présent paragraphe.

*
* *

Ce qui distingue la *trinité* de tout autre ternaire, c'est qu'aucun de ses termes n'existe, dans sa plénitude, que par sa coexistence avec chacun des deux autres, bien qu'il en diffère en quelque façon. Exemple, la trinité : le vrai, le bien, le beau.

La raison en est dans la nature de ses trois termes. Deux d'entre eux doivent être essentiellement contraires, antagonistes, en quelque point au moins, de façon que, tout en étant subordonnés l'un à l'autre par cet antagonisme même qui les caractérise, ils tendraient cependant à s'exclure comme contradictoires, si le troisième terme n'était de nature à les rassembler.

Telle est, par exemple, la trinité chimique : acide,

base, sel ; ou encore celle, physique, de l'électricité positive, négative ou neutre.

On remarquera que la réunion, caractéristique du troisième terme, peut être inerte ou active (statique ou dynamique), selon qu'il rassemble les contraires en les neutralisant, ou qu'il sert de passage de l'un vers l'autre. La trinité électrique donne une image claire de ces deux cas par l'électricité neutre du condenseur comparée à l'électricité du courant (1). Il en résulte qu'une trinité peut se présenter à nous sous deux, et même, comme nous allons le voir, sous trois aspects qu'il est utile de reconnaître.

Ou la trinité est en *mouvement ;* la *puissance* passe à l'*acte*, pour employer la terminologie d'Aristote, et nous assistons à ce mouvement ; telle est la trinité : naissance, vie et mort (ou plus généralement être, non-être et devenir). Dans ce cas, le troisième terme est passif, en ce sens qu'il n'arrête pas le mouvement des deux autres.

Ou nous nous trouvons à l'époque où le *mouvement* est consommé ; la *puissance* est devenue l'*acte* qui apparaît principalement sinon seul. Exemple, la trinité : acide, base et sel. Alors le troisième terme est actif, en ce sens qu'il vit pour lui-même, et de la vie qu'il a reçue des deux autres devenus virtuels.

Le troisième aspect, celui du simple équilibre, se présente quand le troisième terme neutralise les deux

(1) Plus exactement, il faudrait dire que la trinité inerte ne représente qu'un moment du mouvement universel, moment qui nous paraît définitif à cause de la petitesse de nos conceptions finies ; mais il serait inutile pour notre sujet de creuser la question jusqu'à ce point.

autres sans les rassembler ; par exemple, dans la trinité mécanique : puissance, résistance et résultante. Dans ce cas, c'est le troisième terme qui est virtuel, en même temps que neutre (1).

La trinité de la famille : père, mère, enfant, peut fournir seule un exemple de ces trois aspects qui correspondent aux trois moments, d'avant, pendant ou après l'union des contraires.

Avant sa naissance, l'enfant attendu rapproche les deux parents : la trinité est alors vivante ; nous assistons au mouvement. — Quand il est né, il absorbe en lui l'essence de ses parents (considérés seulement comme tels) ; ils sont virtuels par rapport à lui, qui existe par eux ; c'est le temps d'après le mouvement, la trinité inerte. — Si enfin nous considérons des parents retenus par la loi de Malthus, par égard pour un enfant existant déjà ou non, nous nous trouvons en présence d'une trinité d'équilibre, inerte, en potentialité ; c'est le temps d'avant le mouvement.

---

(1) La trinité la plus remarquable en ce genre est celle indienne : Créateur, destructeur, conservateur. Elle montre comment le mouvement devient stérile, en se détruisant soi-même comme dans l'aimant. Aussi, considérant le monde créé sous cet aspect, les Indous sont-ils fort logiques en le proclamant une pure illusion dont il faut sortir pour rentrer dans le Nirvâna, l'anéantissement des contraires qui ne peuvent s'harmoniser.

A l'inverse, la trinité chrétienne, essentiellement vivante, montrant le passage incessant et réel du néant à l'être (à travers les cycles partiels de la Vie, qui sont comme les moments instantanés, les différentielles de l'intégrale totale) devait faire naître la Foi en l'évolution, dans le Progrès indéfini, à travers le travail humain.

⁂

On remarquera que la trinité ainsi définie est d'une unité complète ; elle permet d'apercevoir cependant la multiplicité dans l'unité aussi bien que l'unité dans la multiplicité ; elle peut donc nous fournir cette clef d'une synthèse réelle que nous cherchons pour notre sujet spécial. Mais devons-nous préférer quelqu'un de ces trois aspects, et lequel ?

Cette question est primée par une autre encore : Il faut nous assurer si cette clef peut s'appliquer à toutes nos connaissances ; il faut nous convaincre de la possibilité de les rassembler sous la forme trinitaire.

L'axiome courant, qu'il n'y a pas d'effet sans cause, nous garantit cette possibilité, car, sur toute chose, nous pouvons toujours imaginer, sinon découvrir la trinité composée de cette chose (prise comme effet), de sa cause et du passage de l'une à l'autre. La recherche de cette trinité est précisément le but constant que poursuit notre science moderne en remontant le cours des causes, qu'elle voit se resserrer à mesure qu'elle approche de la source première. Cette longue série peut se partager idéalement en une suite de Trinités d'êtres qui vont se multipliant à travers une foule de branches, comme la longue descendance d'un père unique.

Nous apercevons par là non seulement la possibilité d'une répartition trinitaire des objets de nos connaissances, mais avec elle deux conséquences fort utiles pour nous :

La première est la loi d'*analogie*, qui doit courir à travers toute la nature aperçue sous cet aspect d'*unité*.

La seconde est la nécessité d'une unité primordiale, d'une cause première, indépendante, *absolue*. Les savants les plus positivistes peuvent se croire obligés d'en abandonner la recherche, mais ils ne peuvent se refuser à l'admettre comme une nécessité de l'existence même de toute science (1).

Nous aurons donc une trinité suprême où l'absolu s'opposera au réel :

1° L'*absolu* (inconcevable, indicible, où se rassemble l'être et le non-être, où sommeille la potentialité) ;

2° Le *réel*, contingent, multiple, unifié seulement par la trinité, qui est son type supérieur ;

3° Et, entre eux, l'*unité* même, prise dans sa plus haute abstraction, disparaissant, d'une part, par sa simplicité immense, dans le Nirvâna de l'absolu ; dominant et pénétrant, d'autre part, la trinité où elle se multiplie; passage de l'imaginaire au réel (1).

Au-dessous de cette série suprême se développe le Monde réel Trinitaire, comme nous venons de le dire. C'est ici que se présente la trinité primordiale du réel par filiation immédiate de la précédente :

1° Monde métaphysique qui se rattache à l'unité par les principes ;

2° Monde physique, concret, extrême contraire du

---

(1) Voir notamment: Spencer, les *Premiers Principes*, et Taine.

(2) En mathématique, 1 n'est-il pas le carré de $\sqrt{-1}$ aussi bien que de $\sqrt{+1}$?

précédent, assemblage d'une infinité-multiplicité en mouvement par aspiration vers l'unité ;

3° Monde des lois ou développement des principes pour harmoniser la multiplicité, pour effectuer le passage de la puissance à l'acte.

Nous pouvons revenir maintenant au choix de notre trinité fondamentale :

Notre élève, qui, par son âge et son ignorance, ne peut avoir de notion universelle, est incapable de la trinité supérieure. Si même on veut lui présenter une trinité quelconque sous son aspect vivant, comme on l'a fait dans d'autres temps, on ne réussira qu'à l'éblouir sans l'instruire. Tel n'est pas l'espoir de notre siècle qui n'entend pas que l'intelligence perde jamais pied.

Il faudra donc présenter en premier lieu à notre élève les trinités secondaires, qui forment la chaîne des causes et des effets, et les plus palpables de ces trinités ; il faudra, en outre, les lui montrer d'abord sous leur aspect inerte, où le troisième terme apparaît comme le produit des deux autres. Mais nous aurons soin de l'élever le plus tôt possible au-dessus de ce niveau grossier, d'abord par *l'analogie*, qui lui parlera de bonne heure de l'unité, ensuite en lui faisant reconnaître sous l'inertie première la vie de la trinité pour l'amener à une conception évidente de progression vers l'universel.

De cette façon, notre enseignement sera non seulement unitaire, il sera synthétisant aussi et spiritualisant; il ira toujours s'approchant de l'absolu à mesure qu'il se développera.

Cependant, pour atteindre un pareil résultat, nous avons nous-mêmes à construire la série trinitaire qui doit constituer le canevas de notre programme : il est clair qu'à l'inverse de ce que nous demanderons à l'élève, c'est de haut en bas que nous devons procéder à cette édification, si nous voulons être assurés de continuer l'unité synthétique que nous poursuivons.

C'est ce que nous allons faire à partir de notre trinité primordiale, premier type de réalité : monde métaphysique, — monde physique, — et monde intelligible.

*
* *

Deux mots encore, auparavant, sur une remarque toute pratique, dont la suite montrera l'utilité : il s'agit de la représentation graphique de la trinité et de ses aspects ; elle fournit des artifices propres à éclaircir rapidement des questions souvent ardues. Voici les symboles de cette représentation :

Les termes sont figurés : les deux opposés, par les signes du positif et du négatif, $+$ et $-$; le terme neutre, par le signe $\circ\!\frac{0}{0}\!\circ$, image du courant fermé qui rassemble les extrêmes en les croisant en un point central.

On dispose ces signes en triangle pour en exprimer la trinité, du moins quand cette trinité est inerte.

Ainsi la trinité d'équilibre s'écriera : $+ \quad \overset{\circ\frac{0}{0}\circ}{} \quad -$

Celle de génération, à l'inverse : $+ \quad \underset{\circ\frac{0}{0}\circ}{} \quad -$

Mais la trinité vivante trouve une représentation plus appropriée dans la ligne droite, signe du mouvement progressif. Et, comme ce mouvement doit s'exprimer en tous sens, on le trace par deux droites en croix où les deux termes contraires s'opposent deux à deux, tandis que le troisième est au centre.

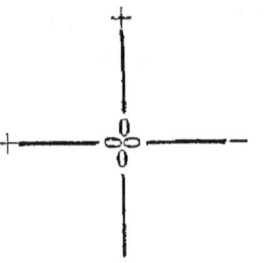

Ce dernier symbole rassemble même, comme on peut le voir aisément, l'expression des trois aspects de la trinité. Il comprend le mouvement fermé de rotation aussi bien que celui rectiligne.

Nous aurons à utiliser surtout cette représentation par la croix que la suite éclaircira mieux.

III

Arrivons aux développements de notre trinité primordiale, expression supérieure du monde réel. Celui-ci se partage, avons-nous dit, en trois autres :

Le monde métaphysique,

Le monde intelligible,

Et le monde physique ou sensible.

Correspondant aux trois éléments de l'unité réalisée : les principes, les lois et les faits.

En exprimant ici le caractère essentiel de la trinité, dont chaque terme ou chaque personne pénètre les deux autres, nous allons immédiatement multiplier cette trinité par elle-même et faire apparaître des subdivisions où nos connaissances vont trouver leur répartition; notre programme va recevoir sa première forme ; voici comment :

Chacun des trois termes abstraits : principes, lois et faits, trouve, venons-nous de dire, sa forme dans nos trois mondes, de sorte que chacun a le sien propre :

Aux principes correspond le monde métaphysique ;
Aux lois, le monde intelligible ;
Aux faits, le monde sensible.

En le remarquant, nous ne faisons toujours qu'exprimer l'existence de notre trinité primordiale, et rien de plus : comment en faire pénétrer les termes ?

En notant que : 1° les principes s'étendent du monde métaphysique qui leur est propre au monde intelligible et au monde des faits. Autrement dit, il y aura :

Des principes métaphysiques (la philosophie) ;
Des principes intelligibles (l'éthique) ;
Et des principes concrets, sensibles (l'esthétique).

2° De même les lois s'étendent du monde intelligible qui leur est propre aux mondes métaphysique et sensible, c'est-à-dire qu'il y aura :

Des lois métaphysiques (celles de la psychologie) ;
Des lois intelligibles (celles du langage) ;
Des lois du sensible (celles des représentations matérielles, écriture, dessin, etc.).

Enfin, de même, nous trouvons :

Des faits métaphysiques (les sciences mathématiques) ;

Des faits intelligibles (les sciences abstraites-concrètes, physiques, mécaniques) et des faits sensibles (ceux des sciences d'observation).

Cette énumération très sommaire, mais actuellement suffisante, apparaîtra nettement dans le tableau suivant, où se trouvent classées en même temps ces diverses matières de l'instruction (1) :

	MONDE MÉTAPHYSIQUE (*l'abstrait*)	MONDE INTELLIGIBLE (*l'abstrait-concret ou concret-abstrait*)	MONDE PHYSIQUE OU SENSIBLE (*le concret*)
LES PRINCIPES (Essence des réalités formelles)	**1** La Philosophie (Partie métaphysique) (Principes du Vrai)	**2** L'Ethique (Principes du Bien)	**3** L'Esthétique (dans la Poésie, la Musique, les Arts plastiques) (Principes du Beau)
LES LOIS (Ordonnatrices du hasard des faits par les principes)	**4** La Psychologie et la Logique	**5** Le Langage (dans le sens le plus étendu Grammaire, Rhétorique, Philologie, Langage des Arts, etc.)	**6** Les Représentations graphiques (Ecriture, Dessin, toute représentation matérielle)
LES FAITS (Substance des réalités formelles)	**7** Les Sciences mathématiques (Géométrie, Algorithmie, Analyse)	**8** Sciences physico-chimiques (Mécanique, Physique, Chimie)	**9** Sciences naturelles (Minéralogie, Botanique,

(1) On s'étonnera sans doute de ne pas trouver ici certaines connaissances, telles que l'uranographie, l'histoire, l'économie, et leur absence semble infirmer, dès le début, le système proposé ; mais elle s'expliquera par la suite, quand on aura fait apparaître le caractère *synthétique* de ces sciences, dont la place ne peut être dans les divisions d'un tableau analytique. On verra du reste aussi qu'elles demandent parfois à être morcelées, contrairement à nos procédés pédagogiques, nés **surtout de l'habitude.**

Ce tableau, où nous ne devons voir qu'une première indication, peut se mettre sous une forme plus expressive, plus féconde aussi, au point de vue pédagogique qui nous occupe spécialement :

Il est à remarquer, en effet, que les cases 1, 5, 9, donnent une série caractéristique de la trinité :

1, principe métaphysique, caractérise le premier terme ;

9, faits physiques, caractérise le troisième, opposé au précédent ;

Et 5, loi de l'intelligible, expression de la pensée, caractérise l'intermédiaire.

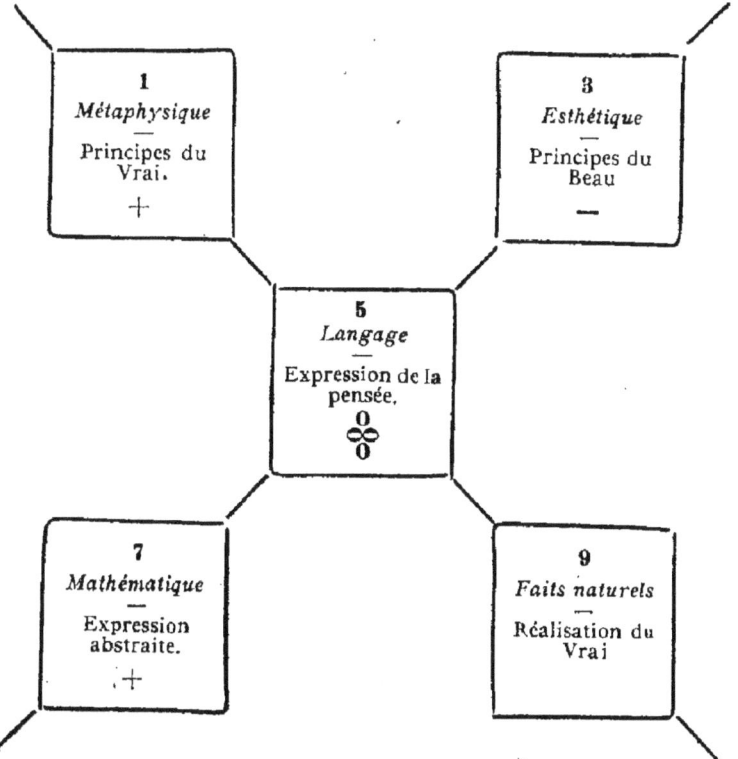

A ce dernier, nous pouvons rattacher, d'une part, la case 3, contraire de 1 dans la région des Principes, d'autre part la case 7, contraire de 9 dans la région des faits, et donnant : l'un l'expression idéale, l'autre l'expression la plus positive de la pensée. Par ce dédoublement du terme intermédiaire qui exprime plus fortement le mouvement trinitaire, nous complétons le symbole de la croix, comme il a été expliqué tout à l'heure, et comme le fait apparaître la figure ci-dessus.

Le surplus de nos 9 cases, avec celle centrale reprise encore une fois, fournit une autre croix, une autre trinité aussi nettement caractérisée.

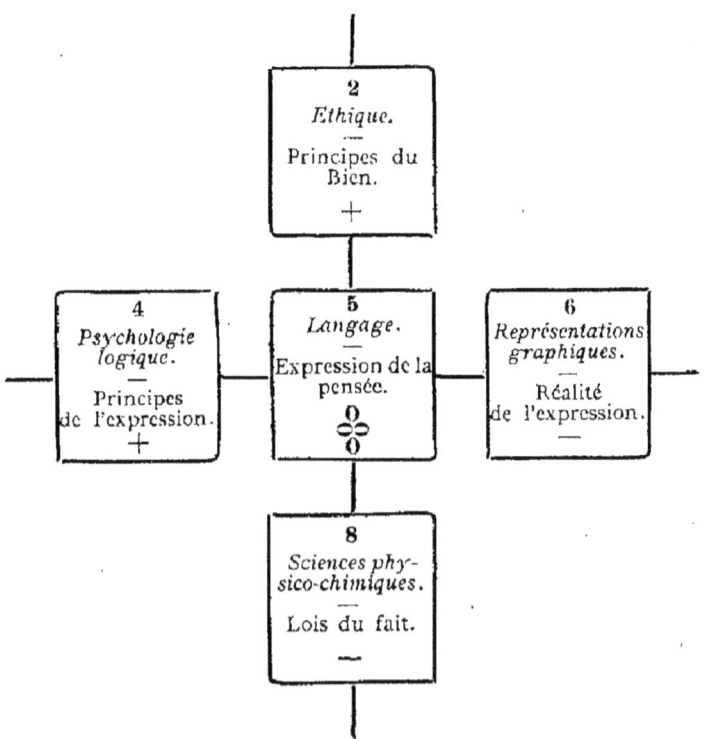

En comparant ces deux croix, qui se superposent dans notre tableau pour exprimer l'unité, nous voyons que la première est *objective*, par rapport à l'homme ; elle est en dehors de lui (physique ou métaphysique) ; par la science, il constate les quatre termes (1 et 9), il les mesure (7), il en exprime l'essence (3).

Au contraire, la seconde croix trinitaire, composée des cases paires, est bien plus sienne ; c'est sa psychologie (4), la forme de sa connaissance (logique) ; la représentation qu'il fixe pour son usage (graphique) (6); c'est sa morale (2), et son adaptation des phénomènes aux principes abstraits (8), (la physique semi-mathématique).

Avec la première de ces trinités, l'intellect humain est passif (ou au plus instinctif, comme dans l'inspiration artistique) ; il contemple le monde extérieur.

Par la seconde trinité, il est actif au contraire, il réfléchit, il formule, il extériorise ; il manie, il dompte le monde passif des faits et du destin (par l'éthique, notamment).

Ce second état accuse clairement sa supériorité sur le premier. La pensée a resserré le cercle des innombrables contingences où l'ignorance l'a laissée perdue ; elle s'est faite plus compréhensive, sous une forme plus simple.

Nous pouvons faire ressortir cette comparaison en rétablissant, sous une forme nouvelle, notre tableau primitif ainsi analysé.

Un premier carré, présentant par ses côtés la *trinité objective*, forme la base de la connaissance ; en lui est inscrit le carré qui, par ses axes, renferme la *trinité subjective*, et tous deux se résument en un troisième carré central, celui de l'expression de toute objectivité et de toute subjectivité (1).

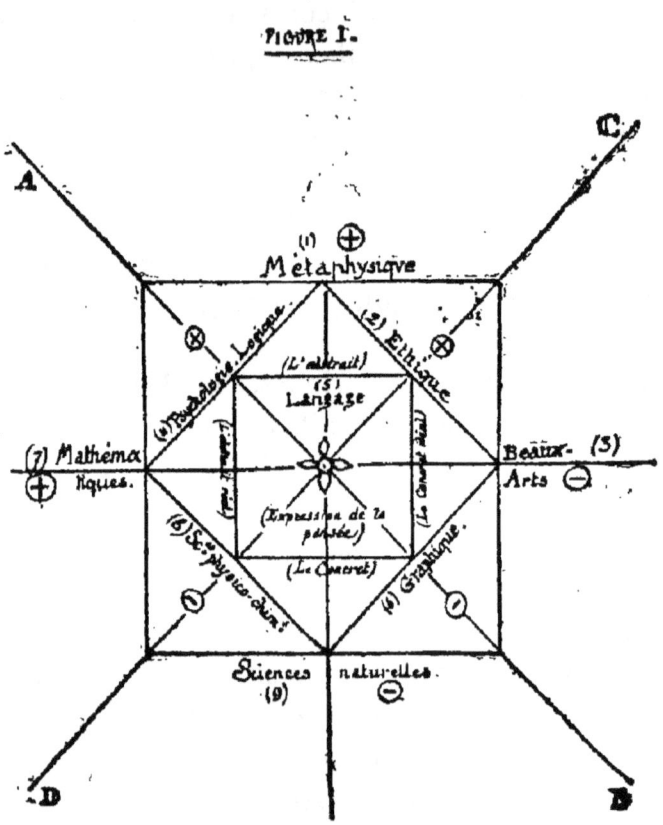

(1) On reconnaîtra aisément dans cette figure la projection d'une pyramide tronquée dont la base correspond au domaine de l'objectif, qui va en se rétrécissant à mesure qu'on s'y élève, dont la plate-forme supérieure représente la science formulée, tandis que les côtés par lesquels on s'élève à cette plate-forme correspondent aux sciences subjectives. En s'élevant davantage encore dans la région des principes, on atteindrait au principe suprême, origine et synthèse de la pyramide entière.

C'est à ce carré central que s'arrête le rôle de l'instruction ordinaire ; on peut aller au delà, concentrer, synthétiser davantage, se rapprocher encore du point central, mais on est alors dans le domaine de l'enseignement transcendant.

Il est aisé de traduire cette figure en une définition précise de l'instruction en disant :

Elle a pour but *de formuler la pensée* (1) *au moyen de la science de l'objectif et du subjectif* (2), *en vue d'éclairer et la conduite normale* (3) *et la voie vers la source de toute lumière et de toute chaleur* (4).

---

(1) Par le langage (carré central de la figure) pris, comme on va l'expliquer, dans son sens le plus étendu.

(2) On aperçoit comment cette double science est distribuée en décomposant la figure en deux parties symétriques par rapport à la diagonale CD. Au-dessus, vous trouverez les sciences *objectives abstraites* (mathématiques et métaphysiques) réunies par la *subjective abstraite* (psychologie et logique).

Au-dessous et à droite, l'*objectif concret* (sciences naturelles et esthétique) avec le *subjectif concret* pour base (le graphique).

Entre ces deux extrêmes, les intermédiaires de la physique et de l'éthique.

Cette considération de l'ensemble des sciences montre leur connexité.

(3) L'utilité morale des sciences et leur connexité au point de vue de la conduite s'aperçoit en partageant la figure symétriquement par rapport à l'autre diagonale A B.

Au-dessus et à droite, on trouve les connaissances qui *éclairent* l'action : l'éthique, la métaphysique et les beaux-arts.

A gauche et en dessous sont les sciences qui fournissent à l'action, au travail, ses moyens théoriques : sciences physiques, mathématiques et naturelles.

Et ces deux ordres sont reliés, d'une part par la logique (et la psychologie), de l'autre par le graphique.

(4) Cette dernière partie du but correspondant à l'enseignement transcendant qui synthétise les deux extrêmes, l'abstrait et le concret, en se proposant pour idéal leur unité finale symbolisée au centre de la figure.

La connexion intime des divers éléments de la figure, qui ressort des différentes manières dont on peut la décomposer pour en faire apparaître toutes les significations, montre qu'il ne faut songer à supprimer du programme aucun des ordres de connaissance qui y sont inscrits, sous peine de mutiler l'instruction. L'enseignement doit être encyclopédique.

Remarquons bien d'ailleurs que la formulation de la pensée, désignée ici sous le nom générique de *langage*, ne doit pas être entendue comme cette formule vide des rhéteurs qui se bornent à combiner des formes sans contenu. C'est l'expression complète de la connaissance, embrassant l'homme tout entier dans ses moyens et dans ses fins ; le produit du VERBE dans toute son étendue (1).

Le langage n'a ce caractère qu'à la condition qu'il traduise exactement à la pensée :

1° Les quatre ordres de faits qui constituent l'objectivité (faits naturels ou métaphysiques ; faits mathématiques ou esthétiques) ;

2° Les quatre ordres de lois que reconnaît la subjectivité humaine (lois logiques ou morales, lois physiques ou graphiques).

Il faudra donc qu'à tout degré l'élève soit capable de cette quadruple expression en proportion de la profondeur qu'il aura pu atteindre dans la connaissance.

Voilà en quel sens il sera entendu, dans le pro-

---

(1) Il est de quatre sortes, comme on le voit dans la figure première: *abstrait* (symbolique) ; *concret* (figuré ou phonétique) ; *abstrait réel* (mathématique) et *concret idéal* (artistique).

gramme proposé, que le langage est le centre de l'instruction.

Fig 2.

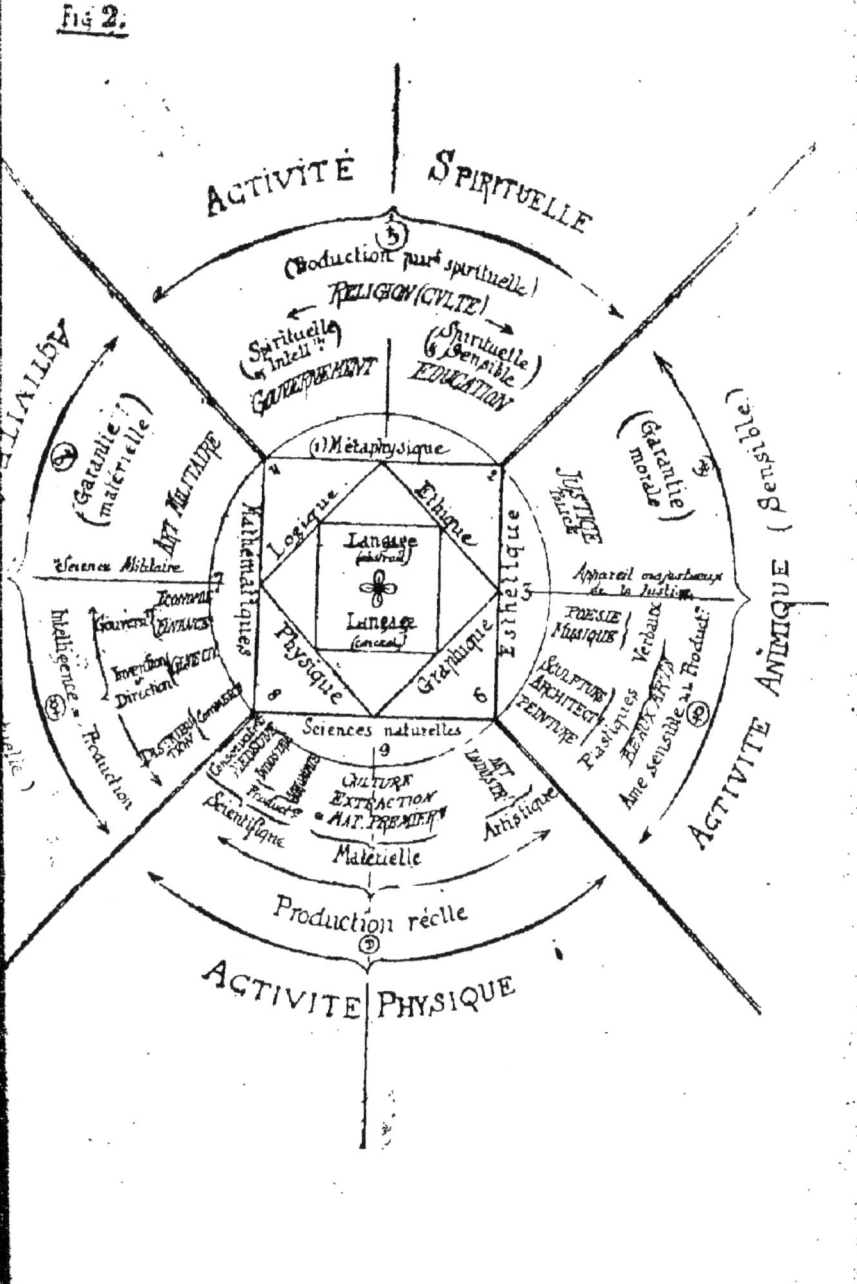

Cette distribution encyclopédique à tout degré est-elle possible, et comment ? C'est une question à laquelle nous reviendrons bientôt. Achevons d'abord de commenter notre tableau par une dernière observation fort utile au point de vue pratique ; à savoir si la distribution que nous avons faite ainsi de nos sciences peut s'adapter aux réalités de la vie, si elle correspond à une distribution logique du travail social, des professions ; si elle est capable de faire apparaître, d'aider, de rectifier la *vocation* de l'élève selon les aptitudes spéciales qu'il aura montrées dans cette instruction encyclopédique.

Le tableau ci-dessus, inscrit autour de celui de la figure première, va répondre à cette difficulté.

Il serait superflu de s'étendre sur la description de ce tableau, dont une simple lecture fera ressortir aisément toutes les concordances (1). Il prête cependant

---

(1) Qu'il soit permis seulement d'attirer l'attention du lecteur sur le caractère trinitaire de ce tableau, représentatif de l'activité humaine. Elle correspond à la constitution essentielle de l'homme que nous devrons observer par la suite :

Le corps (activité physique) s'y oppose à l'*esprit* (organe de l'activité spirituelle), c'est-à-dire aux facultés transcendantes et infaillibles de l'homme, à celles qui se traduisent en lui par les axiomes ou les principes aussi indiscutables qu'inexplicables de sa *raison*.

Entre les deux, l'*âme* est double (selon la théorie expliquée plus haut du développement de la trinité en croix) : elle est à la fois *intelligente* et *sentimentale*, ou sensible, s'inclinant passivement, par la science positive, devant la fatalité du *vrai logique*, ou s'élançant pleine de foi dans les splendeurs du *beau illogique*.

Cette triple constitution était admise par toute l'antiquité d'Aristote et Platon à saint Paul.

Nous devons nous accoutumer à l'étendre à toute trinité, notamment avec le caractère double du terme médian. Ainsi le monde que nous avons nommé jusqu'ici *intelligible* est à la

à une remarque sur laquelle il est utile d'ajouter quelques mots.

Les divisions principales de cette figure correspondent assez nettement aux distinctions sociales des peuples les plus antiques.

Le clergé s'y était réservé la trinité des fonctions supérieures ; dans ses sanctuaires, au culte il joignait l'éducation et notamment celle du prince, dont il inspirait, dont il jugeait les actes ou la mémoire. A ses côtés, mais au-dessous de lui, se tenaient la magistrature et l'armée, dont les fonctions étaient confiées à des initiés de second ordre. Quant au travail de production réelle, il était laissé à la quatrième caste ; les prêtres le secondaient seulement de leur science en en exerçant directement, ou par leurs élèves, les fonctions supérieures ; celle que le tableau assigne à l'activité animique (intellectuelle ou sensible) : l'art, le génie, l'invention, la médecine même. C'était le temps où le sacerdoce tel que nous l'avons défini s'exerçait dans toute sa pureté au profit de masses ignorantes et primitives : alors les castes étaient encore ouvertes.

Plus tard, la caste guerrière, usurpant par la force le pouvoir réservé d'abord à la suprématie spirituelle, substitua à la théocratie, déjà corrompue, peut-être, la monarchie césarienne d'abord (en Asie), puis l'aristo-

---

fois intelligible et sentimental : *animique* pour le mieux désigner d'un seul mot, comme dans le tableau. C'est ainsi que, reliant les pôles similaires des deux termes extrêmes, il ferme pour ainsi dire le courant de la *trinité vivante* en une chaîne de gradations ininterrompues où tout s'oppose en s'harmonisant dans l'*unité*.

cratie prétendue républicaine des Grecs et des Romains.

Ce fut ensuite le tour de la magistrature qui, triomphant de la force par les subtilités d'une intelligence ambitieuse, a fondé les gouvernements modernes de la bourgeoisie constitutionnelle, monarchiques ou républicains, hybrides.

Aujourd'hui, c'est le quatrième ordre, la plèbe, laissée jusque-là dans les pénibles efforts de l'activité physique, qui réclame d'une voie impérieuse, au nom de la démocratie complète, égalitaire, toutes les formes de la direction sociale.

Parmi ses revendications, la plus ancienne peut-être, la plus logique en tous cas, est celle que le socialisme désigne par le nom d'*instruction intégrale*.

En effet, développer particulièrement par l'étude de la langue les points de vue logique, moral et métaphysique, comme le faisaient, il y a quelques années encore, des programmes dont l'esprit était vieux de deux siècles et plus ; opposer même ces points de vue spéciaux, comme on le fait encore, à l'enseignement des faits (sciences positives ou naturelles), c'est, on le voit immédiatement sur notre figure, créer à priori, dès l'enfance, l'antagonisme haineux des castes spirituelles contre celles des travailleurs pratiques ; c'est imposer à une plèbe, condamnée dès sa naissance à l'infériorité, le gouvernement de magistrats, de généraux, de politiciens prédestinés ; c'est vouloir opposer au courant invincible de l'égalité démocratique la digue illogique autant qu'impuissante de castes qui ne peuvent que redoubler les forces contrariées de la masse et préparer de terribles catastrophes.

Ce n'est pas à l'endiguement qu'il faut songer en un temps de démocratie comme le nôtre, c'est à l'organisation hiérarchique comprise et par conséquent acceptée parce que chacun s'y sentira exactement à la place qui lui convient ou dont il est capable.

Seule une semblable hiérarchie peut ajouter à l'infinie variété sociale l'unité, qui y créera l'égalité, pourvu que cette hiérarchie soit *naturelle*. Et elle ne peut l'être qu'à la condition que tout citoyen, en se préparant dès l'enfance au rôle social dont il est capable, soit appelé à mesurer la limite de ses forces dans toutes les branches du savoir.

Nous retrouvons ainsi les conditions imposées à *l'instruction intégrale* objet de cet essai.

1° Il faudra qu'elle soit encyclopédique et synthétique à tous ses degrés.

2° Il faudra cependant que son ensemble encyclopédique et synthétique soit progressif avec les degrés divers, et même avec les subdivisions des degrés.

3° Il faudra enfin, et en même temps, que la nature de l'enseignement à chaque degré corresponde à l'esprit des fonctions sociales dont l'élève sera capable à la sortie de ce degré, tel que cet esprit est indiqué par notre second tableau.

Voilà la position complète du problème qu'il s'agit de résoudre.

IV

Attachons-nous d'abord à la distribution de l'enseignement synthétique en degrés progressifs.

Notre premier tableau de classification trinitaire n'est pas l'expression complète de la réalité ; nous n'y avons combiné les *trois* termes que par *deux* de leurs aspects ; ils doivent se pénétrer trois fois chacun ; la *réalité* a trois dimensions, trois aspects pour chaque monde ; il nous en reste une à représenter. Nous l'obtiendrons en superposant trois tableaux semblables au premier (fig. 3).

Cette représentation nouvelle exprime que chacune de nos sciences a ses faits, ses lois et ses principes. Par exemple, si dans notre premier tableau nous désignons les mathématiques comme des *faits* d'ordre métaphysique, il ne faut point entendre par là que les mathématiques ne comprennent que des faits ; elles ont leurs lois aussi et leur philosophie ; seulement ce qui domine, ce sont les faits, et c'est ce caractère qui leur assigne une place dans le monde des nécessités fatales, en même temps que dans celui métaphysique : leurs lois seront placées dans le tableau du second étage, leur philosophie dans celui du troisième.

De même la psychologie a ses faits et sa philosophie aussi bien que ses lois ; mais ce qui domine en cette science, c'est la loi intellectuelle et animique ; c'est pourquoi elle a sa place au deuxième rang du monde métaphysique; ses faits seront donnés par le tableau inférieur, sa philosophie par le tableau supérieur.

Figure 3.

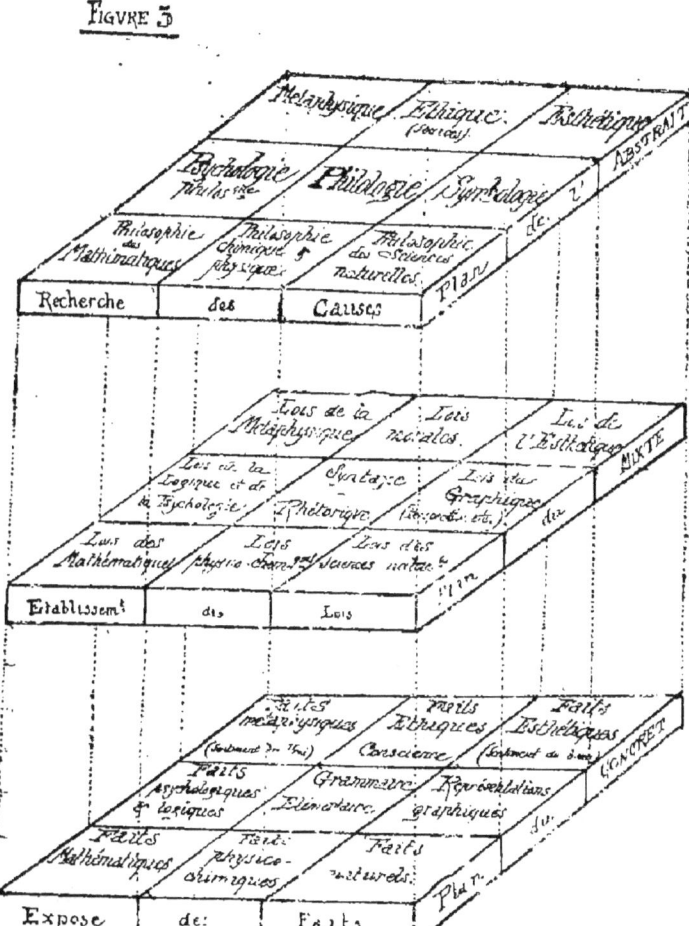

Et ainsi de toutes les autres sciences.

Donc la première table, celle inférieure, renfermera les *faits*, la substance de chaque science, en correspondance avec le monde concret, sensationnel.

2.

La seconde contiendra les *lois* de chaque science ; c'est la région de l'intellectualité.

Dans la troisième se trouvera la *philosophie*, l'essence de toute connaissance ; c'est la région métaphysique.

Chaque science sera représentée dans chacun des étages, mais les sciences positives auront leur plénitude dans le premier ; les sciences logiques et psychologiques dans le second, les sciences philosophiques dans le supérieur ; de sorte que, si chacun de ces ordres de science avait sa couleur propre (par exemple, les trois couleurs fondamentales rouge, bleu, jaune, en s'élevant des faits aux principes), nos trois plans en recevraient trois teintes bien tranchées : l'inférieur serait plus rouge, le moyen plus bleu, le supérieur plus jaune.

Il est aisé de voir l'importance pour notre sujet de la classification ternaire ainsi complétée :

La répartition des sciences entre les neuf cases de chaque table fournit le caractère encyclopédique, en combinant en *étendue* seulement les trois termes de la trinité (l'abstrait, le concret et le mixte pour la science ; le mobile, le moyen et l'instrument, pour l'action, comme on l'a montré).

La superposition des trois plans donne les degrés progressifs de la connaissance.

Chaque feuille fournit *l'espace*, c'est-à-dire le programme de l'enseignement.

Chaque étage en donne une époque, le distribue dans le *temps* en degrés successifs.

Ces degrés correspondent au développement psychologique de l'enfant : au début de ses études, il n'est capable que des observations superficielles et variées dont sa curiosité est toujours avide ; il les classe ensuite, puis les compare pour en tirer petit à petit les abstractions, les règles, les lois ; mais ce n'est pas avant l'adolescence qu'il sera capable, s'il doit jamais l'être, d'élever ces abstractions à la hauteur du métaphysique.

Nos degrés seront donc empruntés de toutes façons à la nature seule ; ils partageront les enfants selon leur âge ou leurs progrès psychologiques, non d'après leur rang social ni leur destination préjugée. En même temps et par la même raison, chaque degré sera le développement du précédent, et, comme il sera toujours encyclopédique, il n'enfermera l'élève dans aucun cercle spécial : notre enseignement restera constamment impartial.

*
* *

Entrons un peu plus dans les détails. Le caractère propre de chaque degré doit pénétrer chacun des trois facteurs de l'instruction : la *matière*, qui en es comme le corps ; la *méthode*, qui en est l'âme (et que nous indiquerons seulement), et *l'esprit*, ou essence idéale.

Le premier degré, celui de l'*instruction primaire*, est celui du concret.

La *matière* de son enseignement n'embrassera que les *faits*, mais les faits des neuf ordres de connaissance, car on ne peut trop insister sur ce point que l'instruction ne doit pas cesser un instant d'être encyclopédique. Ainsi l'élève primaire reconnaîtra les faits psychologiques, logiques, éthiques et même métaphysiques (1) aussi bien que ceux du monde palpable. Seulement, comme ceux-ci sont les plus frappants et les plus fréquents, au début surtout, c'est sur eux que porteront les premiers et les principaux développements; ils fournissent, nous l'avons dit, la teinte de ce premier plan : les autres viendront par la suite comme des généralités, un premier degré, un pressentiment de l'abstrait.

Nous dirons donc que la *matière* de l'enseignement primaire, bien qu'elle embrasse tous les ordres de connaissance, *aura son centre de gravité dans le monde des réalités matérielles*, extérieur à l'homme, ou *physiogonie*.

Le principe dominant de son programme peut s'énoncer : *Multa, non Multum.*

La devise en sera : *Cognoscere*, acquérir des représentations quelque peu reliées, en progression, sur l'instruction maternelle, qui n'a fourni que des *notions* isolées, incohérentes.

Sa *méthode*, inspirée par ces principes, devra faire

(1) Il est superflu sans doute d'énoncer que les *faits logiques* sont, par exemple, ceux qui font reconnaître les trois termes de la proposition ; les *faits éthiques* sont dans les révélations instinctives de la conscience morale (l'impératif catégorique de Kant) ; les faits métaphysiques sont ceux qui révèlent une volonté invisible, intelligente, harmonieuse (l'inconscient d'Hartmann, la volonté de Schopenhauer, etc., les arguments sentimentaux de la théodicée en faveur de l'existence de Dieu).

Les lois métaphysiques sont dans les preuves cosmologiques et morales de Dieu — la métaphysique de l'éthique est la recherche de la base morale.

procéder l'enseignement du *concret pratique* apparent au *concret théorique*. Il sera analytique ; l'élève observera beaucoup par lui-même ; mais, guidé d'abord par l'instinct plus que par le raisonnement, il s'élèvera progressivement de l'un à l'autre. La formule de cette méthode sera : *L'instinct réglé par la mesure, formulant la règle, et s'élevant vers l'intelligence.*

L'*esprit* de ce degré est indiqué par l'essence métaphysique du monde sensible (dans le tableau). C'est le *beau.*

C'est par le sentiment instinctif du beau que l'on guidera l'enfant vers le bien, le vrai et l'harmonie.

On verra de même, sans plus de développements, que l'enseignement secondaire *aura son centre de gravité* dans le monde de l'intelligence, dans l'étude de l'être humain ou *androgonie*. Il s'étendra dans le domaine de la physiogonie, surtout par l'abstraction (mathématique, mécanique, physique), et dans celui métaphysique, surtout par l'éthique et la théorie esthétique.

Le principe de son programme sera : *Multum, non multa.*

Sa *méthode* sera principalement déductive, avec la synthèse pour complément. La formule en sera : *L'intelligence formulant la loi et se préparant à l'inspiration.*

Il développera l'homme intellectuel : le raisonnement.

Son *esprit*, indiqué par l'essence métaphysique du monde intelligible (voir le tableau), est le *bien*, qui tient à la fois du beau (par le beau moral) et du vrai (par le juste).

L'enseignement supérieur *aura son centre de gravité* dans le métaphysique, dans l'étude des principes, ou théodicée.

Sa devise sera : *Omnia per unum.*

Sa méthode : l'intuition contrôlée par la raison.

Sa formule : le développement des facultés transcendantes.

Son esprit : le *vrai absolu.*

Cependant il constitue un degré tellement rare et difficile, qu'on ne peut le comprendre dans le programme de l'enseignement ordinaire, si ce n'est par la première de ses nombreuses subdivisions, celle préliminaire. Nous lui réserverons donc une place spéciale sous le nom d'*enseignement transcendant* ; le programme n'en sera que très légèrement esquissé, comme réservé aux rares candidats qui se sentent prêts au sacrifice du *sacerdoce,* et par le nom d'*enseignement supérieur* nous désignerons une instruction intermédiaire correspondant à la *philosophie* proprement dite.

Cet enseignement sera consacré à la recherche des causes secondes jusqu'aux limites extrêmes de la science positive, à la construction des théories scientifiques dans toutes les branches du savoir ; puis à la discussion philosophique de ces théories et de cette science, discussion qui, faisant entrevoir le domaine des facultés et de la connaissance transcendantes, sera comme le passage si subtil de la science subjective à la science objective.

RÉPARTITION DE L'ENSEIGNEMENT EN DEGRÉS

DEGRÉS de l'Enseignement	MATIÈRE DE L'ENSEIGNEMENT			MÉTHODE				ESPRIT de l'Enseignement
	Centre de gravité	Principes (formule)	Objet ou but effectif	Moyens	Principes (ou formule)	Objet ou but psychologique	
0 Préliminaire (maternel)	»	»	Noscere (Notions)	L'Observation	»		»
1 Primaire	Physiogonie	Multa, non multum	Cognoscere (Connaissance)	Comparaison, Classification (Mesure)	L'instinct formulant la *règle*	Formation des concepts	Le Beau
2 Secondaire	Androgonie	Multum, non multa	Scire (Science)	Déduction	L'intelligence formulant la *loi*	Formation du *jugement*	Le Bien
3 Supérieur	Cosmogonie	Multa per multum	Interpretari (Théorie)	Induction	L'imagination découvrant la cause	Formation du *Raisonnement*	Le Vrai
Transcendant	Théodicée	Omnia per unum	Intueri	Facultés transcendantes	La raison percevant les principes	Développement des sens inventifs et métaphysiques / Développement de l'inspiration ou connaissance directe	L'Absolu

Là du moins sera le couronnement suprême de cet enseignement ; peu de disciples en seront capables sans doute.

Son centre de gravité sera dans l'étude synthétique de la nature ou *cosmogonie*.

La devise sera : *Multa per multum*.

Sa formule : le développement des sens inventif et et métaphysique.

Son esprit est le *vrai*.

Cette série des degrés de l'enseignement s'apercevra d'un seul coup d'œil dans le tableau ci-dessus.

*
* *

L'adaptation des professions sociales à ces degrés ne demande que quelques mots d'éclaicissement (1).

L'instruction primaire fournira surtout les travailleurs pratiques (voir la fig. 2) avec les élèves incapables, par nature, de s'élever au second degré.

Ici encore, du reste, la triple distinction est applicable ; les aptitudes se partagent en étendue et en profondeur. En effet, parmi nos élèves, les uns auront pu s'élever jusqu'aux régions métaphysiques de cet enseignement primaire ; ils seront capables de devenir artistes. D'autres n'auront point dépassé la région intellectuelle, ils seront aptes ou à la *production réelle scientifique* (agronomie, industrie, commerce) ou à la direction secondaire du travail producteur.

---

(1) Il faut remarquer que l'enseignement dont on traite ici est celui purement théorique. Une organisation complète suppose des écoles techniques spéciales succédant aux divers degrés de cette instruction générale.

Les derniers, enfin, ne pourront espérer s'élever sans de nouveaux efforts au-dessus de la production matérielle (1).

Du reste, dans chacune de ces branches, il faut se représenter trois étages : l'exécution — la direction — et la conception — de sorte que dans les limites mêmes qui viennent d'être déterminées, le travail peut offrir encore bien des nuances.

L'instruction secondaire fournira des candidats aux professions de l'*activité animique, intellectuelle ou sensible* (médecine, génie civil, économies, finances, armée, beaux-arts, magistrature). Ils s'y distribueront selon les mêmes distinctions à trois dimensions que nous venons d'indiquer.

Par suite, ils pourront prétendre même aux derniers rangs des deux fonctions suivantes, le gouvernement et l'éducation.

Ces dernières seront remplies par les élèves de l'instruction supérieure, avec les mêmes sous-distinctions.

Quant au sacerdoce, tel que nous l'avons défini, il sera le lot aussi lourd que magnifique de ceux qui pourront s'élever au moins jusqu'au seuil du transcendant.

*_**

Ainsi se trouvent résolues deux des questions qui constituent notre problème, tel que nous l'avons posé plus haut ; il nous reste à aborder la plus nécessaire :

---

(1) Les *emplois* de la bureaucratie appartiennent pour la plupart à ce rang inférieur, sauf les sous-distinctions qui vont y être établies. Il se rattachent, du reste, par degrés insensibles, à l'activité animique et même spirituelle.

la construction de cette synthèse qui doit embrasser, à chaque degré, dans son unité, l'ensemble de nos connaissances.

La possibilité de cette construction suppose tout d'abord la synthèse de chacune de nos sciences, au triple point de vue du fait, de la loi et de la cause. Démontrer celle-ci, c'est présisément établir le programme qui va être proposé, car elle dépend beaucoup de l'état actuel de notre savoir qui n'est pas le même dans toutes les directions.

Ce sera donc là la partie de cet essai qui restera la plus soumise à l'incertitude inhérente aux régions peu explorées encore. Aussi n'est-il guère possible d'en poser les bases avec autant de précision que pour les questions précédentes.

Voici cependant quelques considérations générales qui ont présidé à la solution de cette difficulté.

La première observation a trait aux matières de l'enseignement.

Nous avons eu soin de remarquer précédemment (voir plus haut en note) que notre classification des sciences en laisse quelques-unes de côté et des plus importantes : l'astronomie, la géologie, la géographie, l'histoire, l'économie, etc. C'est que ces sortes de sciences ont un caractère particulier qui devait nous obliger à les réserver jusqu'ici pour un rang tout spécial. Elles sont essentiellement *synthétiques*.

Les connaissances classées dans notre tableau sont plus spéciales ; elles s'attachent à quelque sujet particulier ; celles-ci, au contraire, s'appliquent à des ensembles.

Les premières fournissent, pour ainsi dire, l'*anatomie* du grand tout ; elles correspondent à la trinité inerte ; celles-ci nous décrivent le fonctionnement, la *physiologie* du cosmos ; aussi supposent-elles la connaissance préliminaire des autres.

Elles correspondent à la trinité vivante.

Par l'astronomie, la géologie, la géographie physique, nous assistons à la genèse et à la vie de l'univers ou de notre planète ; ce sont les sciences de la *physiologie physiogonique*.

Par l'histoire et les sciences sociales, nous voyons les origines et les progrès de l'humanité ; nous éclairons son présent et son avenir. C'est la *physiologie androgonique*.

Au-dessus d'elle sera la *physiologie théogonique* qui embrassera et synthétisera les deux ordres précédents. C'est la *théodicée* proprement dite : la vie de l'universel !

Toutes les sciences de cet ordre (qui, nous le verrons, devront souvent être fractionnées, contrairement à nos habitudes pédagogiques), nous offrent évidemment le facteur principal de notre synthèse : elles viendront donc à chaque division de notre enseignement comme le lien physiologique des autres, préalablement synthétisées séparément. C'est ainsi que notre élève ne perdra jamais de vue l'ensemble de la nature ; bien plus, il le construira lui-même, en préparant sciemment les matériaux par l'analyse de l'inconnu confus, concret, qu'il doit disséquer pour s'élever au Tout synthétisé, vitalisé, spiritualisé.

Comment va pouvoir se faire cette construction ?

C'est la difficulté à laquelle va répondre la seconde de ces considérations générales. Avant de l'aborder, précisons celle que nous venons de développer, au moyen d'une figure propre à en traduire immédiatement aux yeux toute la signification.

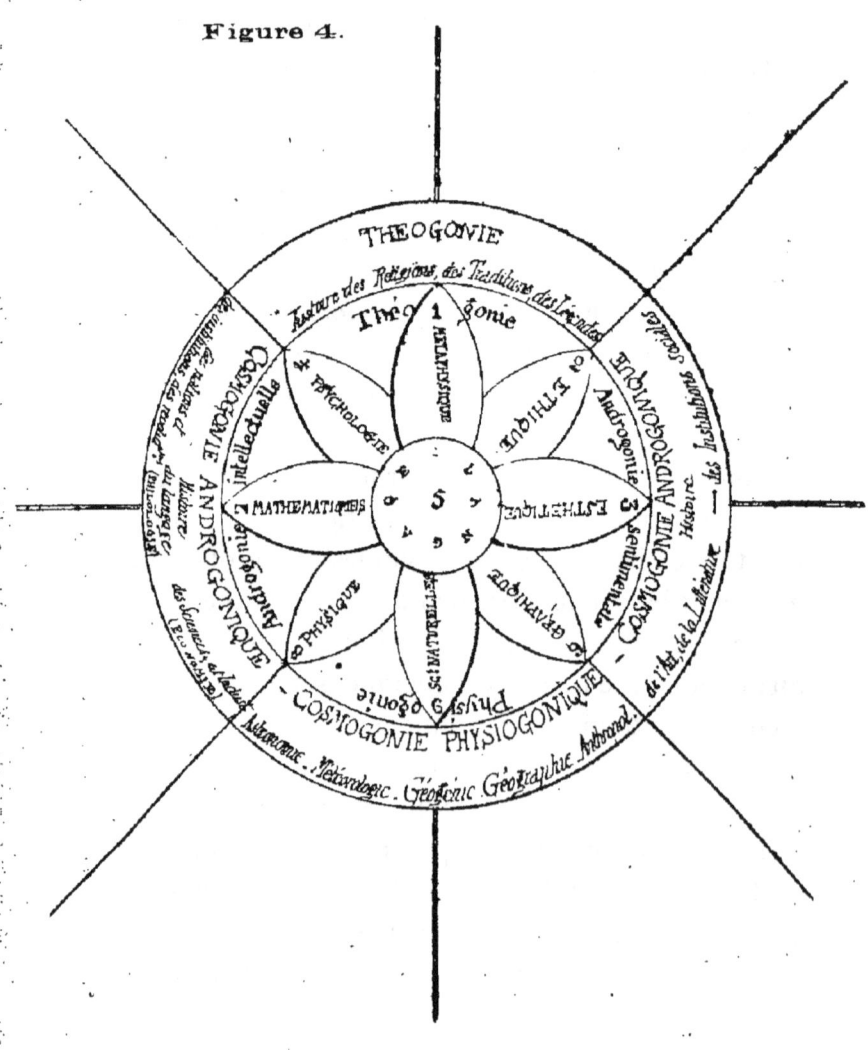

Figure 4.

Aucune de nos représentations précédentes n'était encore complète : il leur manquait d'être enveloppées des *sciences synthétiques*. Pour exprimer cet enveloppement, nous n'avons qu'à circonscrire un cercle à notre carré primitif ; en même temps, pour rappeler la signification de ses deux croix superposées, nous remplacerons le carré par ses axes et ses diagonales en les élargissant de manière à former une rosace où nos sciences s'inscriront comme précédemment (fig. 4).

Ce sera la classification en espace. Pour l'étendre dans le temps, nous avons à superposer trois cercles de ce genre ; mais, comme ces trois étages doivent aussi conserver leur unité, qui est dans la théodicée, dans l'universel réalisé et vivant, il faut les enfermer à leur tour en un symbole qui les embrasse tous, une sphère unique (fig. 5).

Le pôle sud, que l'on suppose plongé dans l'ombre complète, la lumière venant d'en haut, est l'image de l'état d'ignorance où toute connaissance est confondue en un point absolument obscur. L'instruction, en développant ce point, vient éclore, d'abord dans l'hémisphère inférieur (monde du concret sensible), au plan primaire.

Le développement, continué par l'analyse, aboutit à l'équateur, à la connaissance secondaire, qui fournit le détail de toutes nos sciences et leurs lois. A ce plan correspondent la plupart de nos fonctions sociales moyennes. Alors le soleil supérieur apparaît ; on ne s'en rapproche qu'en synthétisant toujours davantage, en vue d'atteindre le pôle supérieur, où la lumière brille de tout son éclat.

On ne commence à la concevoir suffisamment qu'avec le troisième de nos cercles horizontaux, celui de l'enseignement supérieur.

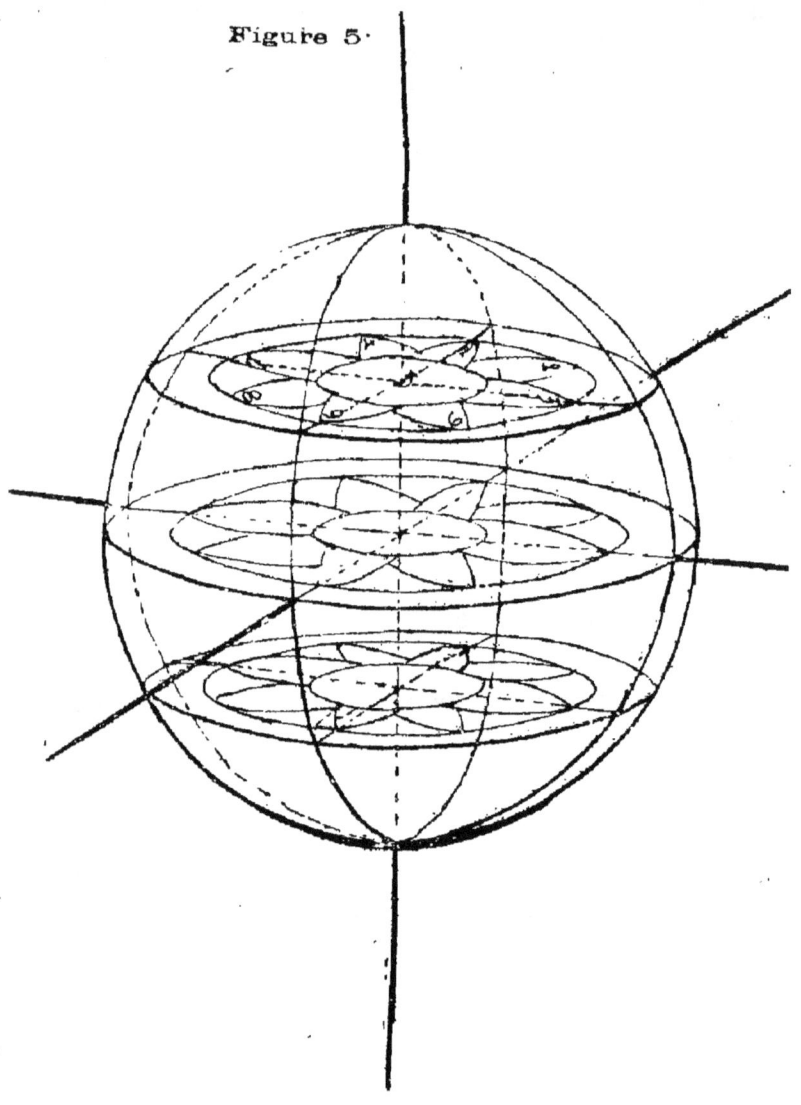

Figure 5.

Notre dernière observation générale, qui a trait surtout à la méthode, va fournir les principales subdivisions de chaque degré qui nous manquent encore.

La distribution de l'enseignement dans les deux premiers degrés est dominée par un principe dont nous n'avons pas encore eu l'occasion de parler, c'est celui de la *méthode génétique*.

Ampère a clairement établi que l'esprit humain, pour passer du connu à l'inconnu, procède selon les termes d'une trinité active qu'il a décrite ainsi :

1° Vue d'ensemble de l'objet à étudier, complexe, confus ; c'est ce qu'il appellait l'*autoptique*.

2° Terme moyen double : analyse de cet ensemble et transition à sa reconstruction ; d'où deux temps qu'il nommait :

Cryptoristique : recherche des détails élémentaires cachés sous la complexité de l'ensemble ;

Troponomique : établissement des *lois* qui rassemblent les détails ainsi analysés.

3° Enfin, synthèse ou physiologie : recherche des *causes* invisibles ; il l'appelait : *cryptologie*.

C'est cette marche si naturelle et si féconde que nous ferons suivre à notre élève, non seulement dans l'enseignement des détails, mais dans la disposition même du programme.

A cet effet, chacun de nos degrés sera divisé en trois parties encore :

1° Reconnaissance, exploration, par l'élève lui-même, sous la direction du maître, de l'ensemble des sciences, de chaque science et des divisions de chaque science ;

2° Etude analytique de chacune des divisions ainsi établies ;

3° Synthèse de cette analyse.

Nous aurons soin, du reste, de rejeter toujours à la seconde période, ou tout au moins de distinguer soigneusement des autres les sciences *synthétiques*, ou *cosmogoniques*, qui seront le lien le plus puissant et comme la base de notre synthèse générale.

A cet ensemble, qui achève l'enseignement théorique, nous ajouterons toujours une quatrième partie destinée à servir de transition entre l'école et la vie du monde où se trouve le but réel de tout enseignement. Par cette distinction voulue de la théorie et de l'application, le développement psychologique de l'enfant ne sera pas troublé, et il comprendra mieux peut-être qu'il n'a dû s'instruire qu'en vue de l'activité qui est le devoir de la vie ; il ne passera pas non plus brusquement, comme nous l'y condamnons presque toujours, du monde de l'idée à celui de la pratique sans qu'ils soient unifiés dans sa pensée.

* *

Tels sont les principes généraux qui ont présidé à la rédaction de ce programme raisonné.

On observera qu'ils sont bien empruntés à la trinité telle que nous l'avons définie au début, et, notamment, à la *Trinité vivante*, seule capable de donner à l'instruction la vie d'un progrès constant et uniforme.

On pourra remarquer aussi la concordance de tous les points de vue que nous avons eus à traiter : matières de l'enseignement, méthodes, distinction des degrés, etc., bien que chacun de ces points de vue dût être traité d'après des considérations spéciales. Le secret de cette concordance est encore dans une propriété de la division trinitaire qu'il est utile de faire ressortir ici afin de justifier le choix de ce principe.

Cette propriété consiste en ce que la trinité relie toutes choses dans la nature par la loi fondamentale de l'*analogie* : plus on l'applique, et plus ce caractère révèle la puissance de ses harmonies. C'est que la trinité est la traduction fidèle de l'*unité universelle*, en même temps que la voie de sa multiplicité ; elle est la loi suprême de notre monde.

Aussi n'y a-t-il rien d'exagéré dans cette énergique assertion d'un grand philosophe trop injustement inconnu :

« Un grand génie (saint Jean) a ouvert une voie
« sublime et féconde : En faisant de la trinité le pivot
« de son ouvrage, il a placé la philosophie sur sa véri-
« table base, car, par la trinité seule, la philosophie
« ou l'explication universelle des choses peut avoir un
« point de départ, une règle dans sa marche et un
« centre d'unité. Elle devient alors une vaste analo-
« gie, analogie non mesquine et arbitraire, mais fon-
« dée sur l'essence même des choses. »

(Lacuria, *Harmonies de l'Être exprimées par les Nombres*, ch. 1er.)

Malgré la puissance d'un pareil principe, l'auteur

de cet essai a trop conscience de sa faiblesse pour se flatter de n'avoir pas trop souvent *trahi* les riches conséquences de la trinité. Son ambition se borne à appeler sur ce terrain fécond l'attention de plus capables, qui sauront en exploiter toute la fertilité.

ÉCOLE MATERNELLE

(INSTRUCTION PRÉLIMINAIRE)

PREMIÈRES NOTIONS

Il est inutile d'insister sur ce degré préliminaire de l'instruction. Perfectionné maintenant en France, comme chez toutes les autres nations européennes, d'après les principes de l'école pestalozzienne, dont il a particulièrement profité, on peut le considérer comme ayant atteint sensiblement son type normal. Il va suffire d'indiquer en quelques mots comment il concorde avec les principes posés dans l'introduction.

L'enseignement maternel a pour but d'apprendre à l'élève encore dans la première enfance à se rendre compte de ses impressions, c'est-à-dire :

A rendre distincts les concepts confus ;

A s'élever des concepts simples aux concepts complexes, et des inférieurs aux supérieurs, aux représentations générales et abstraites fondamentales.

Ce but est poursuivi simultanément, au moyen

d'observations variées et multiples, dans les trois sphères physiologiques de l'enfant.

Dans celle des sensations, on l'exerce à distinguer les apparences dues à l'espace (les formes et les couleurs), au temps (la quantité), à l'essence des choses (la qualité).

Dans la sphère psychique, on éveille les instincts d'amour-propre, de pudeur morale, la sensation d'altruisme, le sentiment des égards dus aux parents, aux camarades.

Son développement d'intellectualité plus abstraite comporte l'habitude donnée à l'enfant de nommer tous les objets qu'il a distingués, toutes les qualités, tous les actes qu'il réussit à abstraire : ce sont les premières notions de langage, les premiers exercices de mémoire, aussi.

Puis il apprend à reproduire les formes reconnues (par les batonnets, d'abord, le dessin élémentaire, le tissage, la coloration); il s'élève de cette représentation primitive à celle de l'écriture (reproduction de voyelles d'abord correspondant à des sons, puis de syllabes comprenant une consonne, etc.). La lecture ne vient, logiquement qu'après ces études graphiques, et précède l'écriture courante.

Enfin le degré supérieur de cet enseignement en forme la synthèse.

L'enfant, qui jusque-là a reconnu des éléments, des concepts détachés, les rassemble en acquérant la notion du mouvement, de la transformation de la vie.

On lui fait alors reconnaître les trois règnes; on lui montre que leurs variétés s'étendent dans l'espace (première notion de géographie commencée par les produits naturels ou industriels et par la région de l'enfant) et dans le temps (premières notions d'histoire, commencées par les variétés de costume, d'industrie, de mœurs décrites en remontant en arrière, par grandes époques, jusqu'aux siècles barbares).

Premières notions sur la vie familiale et sociale, sur la subordination, l'avenir et les devoirs de l'enfant (récits d'anecdotes suggestives, de voyages, de portraits historiques, appuyés de nombreuses illustrations).

La méthode à cet âge est à peu près contenue dans la formule *Instruire en amusant;* l'effort doit y être de courte durée et presque dissimulé, jusqu'à ce que l'enfant prenne peu à peu l'habitude de l'apercevoir et de s'y prêter en vue d'un succès qui l'intéresse.

Tous ces préceptes ne sont qu'un très bref résumé des ingénieuses pratiques répandues maintenant dans les *jardins d'enfants*, ou dans nos *écoles maternelles*. Nous supposons que notre élève en a profité quand il arrive à notre école primaire.

LIVRE PREMIER

ENSEIGNEMENT PRIMAIRE

But : *Cognoscere* (la Connaissance).
Principe : *Multa non multum*.
Centre de gravité : la Physiogonie.
Méthode : la Comparaison : la Classification, la Mesure ; l'Instinct formulant la règle. Développement psychologique du *Jugement*.
Esprit : Le Beau.

PRÉLIMINAIRES

Nous venons de voir quelles notions l'élève de l'école maternelle apporte au début de l'enseignement qu'il va recevoir (notions de forme, de couleur, de quantité, de qualité, de mouvement, de modifications, de vie sociale, mais notions vagues, confuses, désordonnées, purement instinctives) ; nous savons par les principes posés précédemment que nous devons, de là, le conduire à l'habitude de formuler des *jugements* précis, des règles exactes, coordonnées, pratiques.

Nous savons encore que nous devons demander ce développement surtout à la démonstration semi-instinctive, semi-intelligente, des phénomènes, des faits de tous ordres, que nous ne pouvons compter que sur des notions entrevues du monde des lois et de celui des principes.

Il nous reste à déterminer par quelle disposition des matières dans l'espace et dans le temps nous pourrons adapter ces ressources au but proposé.

Sur quel canevas disposer notre programme pour répondre aux données de notre problème ? Ce point a été indiqué dans l'introduction (voir le paragraphe de la méthode génétique), mais il n'est pas inutile d'y revenir maintenant avec un peu plus de détails pour en justifier et en préciser la solution.

***

La question qui se pose est de savoir comment nous devons distribuer les diverses connaissances à enseigner, même en nous bornant aux neuf ordres entre lesquels nous les avons partagées.

Nous avons du reste à les distribuer en étendue et en temps, c'est-à-dire à reconnaître d'une part lesquelles devront l'emporter en étendue, en développements, d'autre part dans quel ordre elles devront se succéder.

De ces deux difficultés, la dernière est la plus urgente ; il faut savoir avant tout par quoi débuter pour s'emparer utilement de l'attention de notre élève.

Or, dès que nous cherchons laquelle de nos sciences

doit lui être présentée tout d'abord, nous ne pouvons manquer de nous apercevoir qu'il n'est en état de n'en aborder aucune utilement, par la raison simple que l'idée même de science particulière suppose une abstraction dont notre élève est incapable, à laquelle il n'a pas été encore accoutumé.

La première éducation que son intelligence doit recevoir est donc celle de la *distinction même* de la science et des divisions qu'elle comporte; et cette éducation demande certainement un temps assez long; ce ne sera pas trop lui accorder que de lui consacrer une année entière, eu égard à l'état de confusion et aux facultés encore instinctives de notre élève.

C'est seulement après que cette distinction sera bien claire dans son esprit que nous serons en état de le faire pénétrer, autant que le comportera son degré, dans le détail de chacune de ces siences d'abord par l'observation, l'analyse, ensuite par l'aperçu de leur ensemble, par la synthèse.

Voilà donc trois divisions principales qui s'imposent à notre enseignement primaire; ce n'est qu'à l'intérieur de chacune d'elles que se représentent maintenant les deux questions, posées tout à l'heure, de la distribution des diverses sciences en étendue et en succession.

Reprenons d'abord la seconde :

La solution en est facile : Nous savons que notre enfant, encore tout sensitif et instinctif, doit passer de cet état à celui d'être assez intellectuel pour rassembler en *règles*, les abstractions nées de la comparaison des concepts. Il a pour cela trois étapes à parcourir :

Il devra d'abord rapprocher par leurs analogies les plus apparentes les concepts de plus en plus variés que sa mémoire s'accoutumera à retenir ;

Il faudra ensuite qu'il apprenne à les comparer avec plus de précision, à les *mesurer*, à en déduire les *abstractions* qui les différencient ou les identifient.

Et c'est la comparaison, la généralisation de ces abstractions, qui lui fourniront les *règles*.

Nous avons donc à nous demander quelles sciences sont les plus aptes à fournir de nombreux concepts ; elles devront être les premières à utiliser ; — lesquelles ensuite fournissent les mesures ; ce seront celles du second rang ; — lesquelles enfin sont les plus générales ; et nous les offrirons en dernier lieu.

Or la réponse est aisée (1) :

Les sciences riches en concepts sont celles de faits, de phénomènes (9e ordre de notre classification, sciences naturelles) ; celles abondantes en mesures, en abstractions, sont, dans l'ordre d'abstraction croissante, les sciences chimiques, physiques et mathé-

---

(1) Il est clair que pour traiter complètement la question il faudrait examiner la valeur pédagogique des diverses sciences, tant au point de vue objectif qu'à celui subjectif : c'est-à-dire se demander non seulement quelle science est la plus riche en concepts et jugements de tel ou tel genre, mais aussi laquelle est capable de tel ou tel effet pédagogique, notamment de développer ou l'observation, ou la mesure, ou l'abstraction. Mais on voit aisément que ces deux points de vue concordent exactement, grâce aux analogies strictes du classement trinitaire.

matiques, puis celle logique; enfin les sciences synthétiques rassemblent les règles de détail qui ont couronné les précédentes.

Ainsi distribué, notre programme, dans son ordre progressif, répond tout à fait aux conditions imposées par nos premiers principes; il accorde la prépondérance à la physiogonie, où repose le centre de gravité de l'enseignement primaire; il fournit l'abondance plus que la profondeur, parce qu'il faut comparer, classer, mesurer; il conduit de la simple observation passive à l'examen, au jugement.

Nous n'avons pas compris le *langage* dans l'énumération de nos sciences, parce que, d'après la définition même de l'instruction, il se répartit, nous le savons, sur toute sa durée. Pour l'instruction primaire, il en sera de même d'une part pour le graphique, qui ne peut guère être ici plus qu'un *instrument* accessoire du langage, et d'autre part pour les sciences métaphysiques (esthétique et éthique), par la raison que, l'*intelligence* de l'élève primaire ne pouvant encore s'élever à leur hauteur, son *instinct* seul les peut embrasser. Elles restent, nous l'avons dit, comme *l'esprit* de cet enseignement; elles doivent le pénétrer continuellement, mais indistinctement, être senties plus qu'aperçues.

Si maintenant nous nous demandons comment disposer nos sciences en étendue, les conclusions seront évidemment analogues ou plutôt calquées sur les précédentes.

Dans la période d'emmagasinement et de classement des concepts, les sciences naturelles seront les plus importantes. La seconde époque donnera la prépondérance aux sciences physico-chimiques et de mesure. Dans la troisième, ce seront les sciences synthétiques qui atteindront leur plus grand développement.

Voilà donc les traits principaux de notre enseignement primaire : traduisons-les en données pratiques :

Première période. — Reconnaissance des divers ordres de sciences (principalement de celles du monde physique et du monde intellectuel).

Deuxième période. — Etude détaillée de chaque science en passant de celles naturelles (monde physique) à celles de la sphère intellectuelle, puis à celles du monde métaphysique ; mais en restant toujours dans la région *des faits*.

Troisième période. — Synthèse des connaissances reconnues et analysées, unifiées au moyen des sciences synthétiques (enseignées, toujours, dans l'ordre des faits seulement).

Pendant toutes ces périodes, développement progressif du langage et du graphique suivi selon la même évolution, calqué pour ainsi dire sur les connaissances acquises ; développement (surtout instinctif, l'intellectualité en étant seulement entrevue) de l'éthique et de l'esthétique, de la morale et du goût.

Nous avons dit que nous ajouterions une :

Quatrième période, celle où seront enseignées sommairement les applications des sciences étudiées.

En précisant davantage encore, nous attribuerons, comme il a été dit déjà, une année à la première période (constatation et distinction des sciences ; une année suffira encore pour la troisième période, mais lui sera certainement nécessaire si l'on veut que l'élève se pénètre bien de l'unité et de l'esprit des sciences qu'il aura apprises et qu'il devra alors achever d'acquérir, de posséder.

Une année encore sera nécessaire à la quatrième période, celle des applications des sciences enseignées.

Mais le même temps serait certainement insuffisant pour l'étude analytique des diverses sciences, étude qui constitue la partie la plus pénible, sans contredit, de cet enseignement. Le programme proposé lui accordera trois années entières pendant lesquelles le travail sera réparti encore d'après les principes qui viennent d'être développés.

La première année sera consacrée à reconnaître les divisions de chaque science, à en faire une première analyse générale semblable à celle que l'on aura construite pendant la première période pour l'ensemble des sciences.

Dans la seconde année, on pénétrera plus à fond en développant l'analyse de chaque subdivision reconnue.

Enfin la troisième année fournira une première synthèse de chaque science séparément.

Pendant ce temps, les diverses connaissances n'auront plus à se succéder ; l'étude en marchera de front ; cependant, ici comme dans la distribution d'ensemble des périodes, le temps consacré à chaque sorte de connaissance sera mesuré surtout sur la valeur pédagogique. Ainsi, dans la première de ces trois années, on insistera spécialement sur les *sciences de fait* (naturelles et chimiques); les *sciences plus abstraites* de la physique, de la mécanique, du calcul, de la psychologie, domineront l'année intermédiaire; la dernière consacrera ses plus grands efforts aux *sciences synthétiques*.

1ᵉʳ AGE (SENSIBLE) 7 ans		DISTINCTION des diverses sciences	(En commençant par les sciences naturelles.)
2ᵉ AGE (INTELLECTUEL) 8, 9, 10 ans	Leur étude détaillée	(8 ans) 1º Leur construction,	(Prédominance des sciences naturelles et chimiques.)
		(9 ans) 2º Leur étude analytique.	(Prédominance des sciences physico-mécaniques et de mesure.)
		(10 ans) 3º Leurs synthèses séparément.	(Prédominance des sciences synthétiques.)
3ᵉ AGE (MÉTAPHYSIQUE) 11 ans		Synthèse générale	Des sciences synthétiques presque exclusivement.
4ᵉ AGE (PRATIQUE) 12 ans		Applications des sciences	

L'enseignement du langage, dont l'importance doit être toujours égale, suivra du moins ces distinctions dans les détails de sa marche (troisième année, le *verbe*;

quatrième année, la proposition; cinquième année, la phrase et la période).

L'ensemble de notre instruction primaire est ainsi fixé par le tableau ci-dessus.

En même temps, seront répartis sur toute la durée :

Le langage, le graphique, la morale et l'esthétique (ces deux dernières surtout par développement et exercice de la *conscience instinctive*).

On remarquera la symétrie de cette répartition, que la figure suivante fait ressortir complètement :

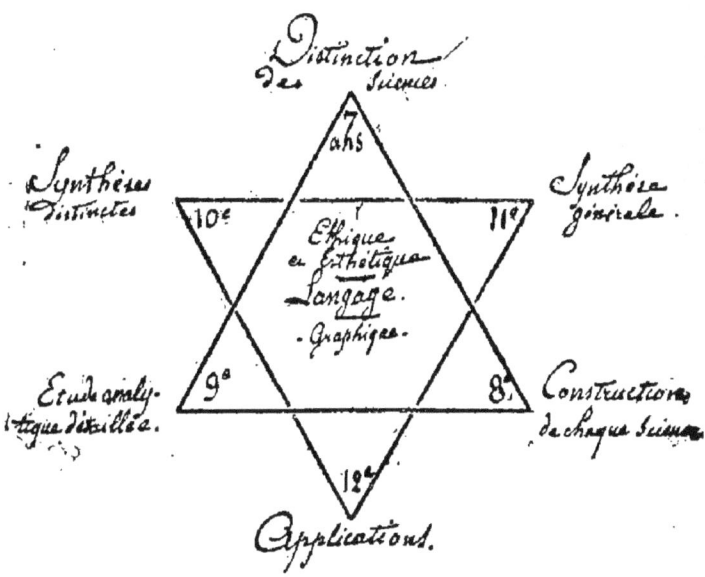

Par les trois premières années, l'enfant pénètre progressivement par l'analyse la masse d'abord confuse des choses; dans les trois dernières, il reconstruit cet ensemble et en tire les déductions pratiques; il est devenu capable de la vie sociale correspondante à ce degré d'instruction, et il y entre avec une idée générale de l'univers, tout en sachant que cette idée n'est pas entièrement approfondie.

On verra aussi que les âges indiqués correspondent à ceux que nos mœurs actuelles ont consacrés : 7 ans est le début de ce genre d'instruction (c'est l'âge dit de raison). A 11 ans vient le degré métaphysique (c'est l'âge où l'on fait habituellement participer complètement l'élève à la religion). A 12 ans, il commence à entrer dans la pratique par les applications de la science (c'est l'âge habituel des apprentissages).

Si, cependant, par quelque circonstance que ce soit, l'élève arrête son instruction à l'une quelconque de ces années, il n'en aura pas moins une instruction encyclopédique ; chacune des années ne diffère de la précédente que par la profondeur de la connaissance. Pénétrons maintenant dans les détails de ce programme.

PREMIÈRE ANNÉE PRIMAIRE

(7 ans)

DISTINCTION DES SCIENCES

1. — L'enfant étant particulièrement sensible à la satisfaction des besoins matériels, étant à même, du reste, d'assister principalement chaque jour au travail qu'ils nécessitent, c'est d'eux, c'est-à-dire de l'industrie la plus commune et la plus simple, que l'on devra faire ressortir pour lui d'abord l'idée de science.

Les travaux nécessaires à la confection de la nourriture, du vêtement, de l'habitation, seront rappelés, passés en revue, afin de faire observer par l'élève même, autant que possible, d'où en proviennent les matières premières et par quelles transformations elles diviennent utilisables.

Il apprendra ainsi, grâce à des observations répétées en ce sens, à reconnaître l'utilité que l'homme retire des trois règnes de la nature, et à constater l'existence d'une science de ces trois règnes nécessaire à l'industrie (1).

(1) On trouvera les détails de cette constatation dans la deuxième année, où il était plus clair de les rassembler.

2. — Le travail des matières premières lui permettra de constater les transformations chimiques, physiques, mécaniques, et les sciences correspondantes.

Ce sera l'œuvre du premier trimestre. Dans le second, précisant un peu plus ces premières notions, et toujours au moyen d'exemples journaliers, passant aussi de la petite industrie commune et locale à la grande industrie, où la science apparaît plus clairement, on fera toucher à l'élève la nécessité. toujours croissante, de la précision dans la science et la puissance qu'on en retire, d'où la distinction des sciences de mesure.

Mais toutes choses ne sont pas susceptibles de mesure exacte ; il y en a une quantité qui ne relèvent que du sentiment, du goût, de la conscience. Il y a donc des sciences qui enseignent à reconnaître, à diriger, à exprimer les pensées correspondantes ; ces sciences sont la *psychologie, la logique* et la science du langage ou *grammaire*.

On fera voir ensuite comment toutes ces productions sont embellies par les arts répandus sur toutes les choses nécessaires et utiles à la vie : il faut apprendre encore à exercer ces sentiments délicats, à développer le goût.

Cependant, parmi les sentiments que l'on apprend ainsi à exprimer, tous ne sont pas bons; il y en a que la conscience réprouve. Il faut savoir les distinguer : c'est le but de la *morale*.

Enfin le dernier trimestre sera consacré à donner un tableau de l'activité sociale embrassant et animant le résumé de tout ce que l'élève aura reconnu pendant les deux trimestres précédents. On élèvera même, en terminant, sa pensée jusqu'aux premières notions d'un monde terrestre qui a eu son commencement, ses vicissitudes, sa vie, qui a ses harmonies, et surtout jusqu'à l'idée d'une humanité qui ne trouve le bonheur croissant que dans le travail manuel, intellectuel et artistique, rectifié par la conscience morale.

3. — Il est inutile d'entrer dans les détails de ce programme ; on vient d'indiquer suffisamment comment il s'élève, ainsi qu'il est prescrit par tous les principes précédents, à travers nos trois ordres de sciences : sciences de fait (ou physiogoniques), sciences intellectuelles (androgoniques) et sciences d'ensemble (cosmogoniques).

On ajoutera cependant quelques lignes sur deux parties dont le programme n'apparaîtrait pas suffisamment sans cela, savoir : celui des sciences cosmogoniques (troisième trimestre), et celui du langage.

SYNTHÈSE DE LA PREMIÈRE ANNÉE

4. — 1° Tableau d'ensemble de l'industrie résumant toutes les analyses faites précédemment — provenance et extraction des matières premières (mines, carrières, chasse, pêche) — culture et élevage.

2° Tableau d'ensemble du travail des matières premières — classement des industries tant d'après les sciences sur lesquelles elles s'appuient (industries purement extractives, mécaniques, physiques, chimiques, etc.) que par leur fonction dans le travail général (extraction, transformation, distribution, etc.)

— la première de ces distinctions fournissant les subdivisions des secondes qui constitueront un degré nouveau de la synthèse générale.

3° Idée d'ensemble de la société : police, justice, administration, gouvernement.

Distribution des nations étrangères : le commerce, la guerre, l'armée.

4° Idée de la diffusion des nations sur la terre : variété des produits, du travail, des mœurs ; première idée de la géographie.

5° Même extension dans le temps : première idée de l'histoire et de la chronologie.

6° Première idée de la mesure du temps. Ce que c'est qu'une année, des saisons, des mois, d'après les mouvements du soleil et de la lune. Nécessité d'une science astronomique.

7° Les harmonies cosmologiques : précision des mouvements naturels. Puissance et fatalité des forces naturelles. Première idée d'un Dieu créateur et ordonnateur.

8° Les harmonies sociales. Coopération des hommes travaillant chacun pour tous et tous pour chacun. Première notion du devoir.

PROGRAMME DU LANGAGE (1)

5. — *Partie analytique.* — 1° Reconnaître les

---

(1) Tout ce programme du langage dans l'instruction primaire est emprunté surtout au chef-d'œuvre, trop peu connu, du P. Girard : *Cours éducatif de langue française*. C'est le plus grand et le plus ingénieux effort fait de nos jours pour unifier l'instruction.

divisions d'un discours suivi : la phrase, la proposition et les trois parties de la proposition.

2° Reconnaître le nombre, le genre et le temps.

3° Lexicologie correspondant à toutes les conceptions successivement fournies à l'élève : on lui apprendra à employer, en connaissance de cause, le mot approprié à chaque objet, à chaque qualité, en s'attachant d'abord aux plus simples et aux plus sensibles, en même temps qu'au sens propre des mots.

Partie synthétique. — 1° Accord des mots en genre et en nombre.

2° Construction par l'élève de propositions simples.

3° Conjugaisons (au moyen de propositions simples toujours) de *l'indicatif seul*, au présent, au parfait et au futur (sans les temps composés).

Ces divers exercices seront obtenus au moyen de lectures analytiques, ou de réponses de l'élève, le tout fourni par les récits, les anecdotes, les descriptions, les données de toute sorte que comporte le reste de l'enseignement. Ainsi l'élève devra être exercé à dire correctement ce qu'il sait, ce qu'il pense, ce qu'il a vu ; la leçon de langage consistera dans ce travail, gradué comme on vient de le dire, de l'expression de sa pensée toujours empruntée aux faits qu'il apprend d'ailleurs ou qu'il observe. On voit assez combien ces faits descriptifs de la nature, de l'industrie, de l'activité humaine, prêtent à ce travail du langage tout en intéressant l'enfant.

Pour le graphique, on lui enseignera à en distinguer les variétés : celle précise, le simple croquis ou le dessin artistique.

6. — Enfin la musique aidera l'harmonie de tous les mouvements d'ensemble qu'on aura à lui faire exécuter ou sera cultivée pour elle-même en l'appliquant à des chants pittoresques, instructifs et moraux. Ce sont là des points trop bien réglés maintenant dans nos écoles pour qu'il y ait utilité à s'y étendre.

DISTRIBUTION DU TEMPS

7. — On proposera que le langage avec la morale, qui à cet âge s'y rattache, parce qu'elle doit être prise surtout comme objet de lecture, le dessin et la musique prennent la moitié du temps, et plus spécialement le soir, tandis que le matin sera consacré au travail plus abstrait de l'étude des autres sciences.

SECONDE ANNÉE PRIMAIRE

(8 ans)

CONSTRUCTION DES SCIENCES

8. — Cette année comme chacune des suivantes s'ouvrira par un résumé des notions acquises dans l'année précédente, résumé qui, à l'inverse de celui de fin d'année, descendra de la synthèse générale à la distinction de ces parties.

On précisera ainsi à l'élève, en les classant, les sciences dont l'existence a été reconnue, savoir :

1ᵉʳ ORDRE
(Sciences où dominent les faits.)
- 1º *Sciences naturelles*, par lesquelles on obtient les matières premières de l'industrie.
- 2º *Sciences physico-chimiques et mécaniques*, grâce auxquelles l'industrie transforme les matières premières.
- 3º *Sciences de mesure*, grâce auxquelles on perfectionne la théorie du travail industriel.

2ᵉ ORDRE
(Sciences de l'intelligence humaine.)
- 1º *Le graphique*, par lequel on fixe les représentations et les idées (pour seconder la science ou le sentiment).
- 2º *Le langage*, expression complète de la pensée, scientifique ou sentimentale.
- 3º *La psychologie*, qui enseigne on - naître et à diriger les facultés eu- res.

3ᵉ ORDRE (Sciences supérieures.)	1º *La connaissance du Beau.* 2º *La connaissance du Bien.* 3º *La connaissance de la Puissance universelle invisible.*
4 ORDRE (Les sciences synthétiques.)	1º De la nature. — *Astronomie physique du globe.* — *Géogénie.* 2º De la société humaine. — *Histoire et Géographie.* — *Économie et sociologie.* 3º Métaphysique. — *L'art, la Morale sociale, la Religion.*

(On aura soin, du reste, de conserver dans l'esprit de l'élève le caractère avec lequel chacun de ces ordres lui est intelligible ; le deuxième, comme un instrument de la pensée ; le troisième, comme un ensemble de sentiments à cultiver pour la satisfaction de la conscience).

9. — Pour pénétrer dans le détail de ces sciences, on va maintenant mener de front celle des deux premiers ordres ; celles du troisième seront *exercées* à toute occasion, elles auront cependant quelques développements théoriques croissant avec les périodes de ce degré. Le quatrième ordre ne sera étudié qu'en dernier lieu.

Un tableau final de répartition du temps rappellera, du reste, et précisera cette observation. Le lecteur voudra bien l'avoir présente à l'esprit pour se figurer l'instruction de cette année, sans la prendre dans l'ordre sériel où l'on va être obligé d'exposer le programme de chaque science.

Il ne faudra pas non plus mesurer l'importance d'un enseignement aux développements qui lui seraient donnés dans le programme, parce que ces développements seront dus surtout à la nouveauté du sujet.

Sous le bénéfice de ces restrictions essentielles, passons aux détails :

PREMIER ORDRE DE SCIENCES
(Sciences réelles)

1re CLASSE : SCIENCES NATURELLES

10. — C'est au point de vue industriel, utilitaire, que l'élève est accoutumé jusqu'ici à les considérer; c'est encore de ce point de vue qu'il doit partir; ses distinctions seront donc semblables à celles de la science à son début; on va avoir soin cependant d'y déposer le germe de nos sciences actuelles (1) :

11. — Pour réussir dans la récolte, dans la culture, des matières premières ou dans l'élevage des êtres qui les fournissent, ou pour se défendre du tort qu'ils nous causent, il faut connaître avec précision la constitution, l'habitation, la vie, les besoins, les mœurs de ces êtres. Comme ils sont excessivement nombreux (on en donnera une idée par des chiffres statistiques), la première chose à faire est de réduire ce nombre par la classification.

Essayons ce classement.

La première distinction est celle déjà connue des

---

(1) Les explications qui vont être données ici à l'appui de chaque distinction sont autant de thèmes que le maître doit développer, faire découvrir même autant que possible par l'élève au moyen d'exemples vulgaires et multipliés. Les classements trouvés, et qui seront appris soigneusement, une fois fixés, ne doivent être que le couronnement de ce travail commun.

êtres inertes (les pierres), ou vivants (les animaux), ou intermédiaires (les végétaux). On va donc les étudier séparément d'après cette division fondamentale.

I. — *Zoologie.*

12. — Les animaux se distinguent à première vue par *les fonctions* de nutrition, locomotion, sensation et reproduction, à quoi correspondent autant de sortes d'*organes*.

Ces organes varient selon le milieu où vivent les animaux; ils varient aussi entre ceux qui vivent dans un même milieu, de façon à produire une série de perfection décroissante, qui descend jusqu'à l'animal tout à fait rudimentaire.

On a donc là un moyen précis et évident de classer les animaux.

Voici à quelle classification conduisent les premières apparences :

LES ANIMAUX VIVENT :

	OU SUR TERRE et dans l'air (très peu dans l'eau)	OU DANS L'AIR surtout se posant sur terre et même nageant	OU DANS L'EAU et très peu ou point dans l'air et sur la terre	
ANIMAUX A OS (sans métamorphoses).	ANIMAUX A *POIL* à os pleins dont les petits naissent vivants et se nourrissent de lait (MAMMIFÈRES) (respirent par des poumons).	ANIMAUX A *PLUMES* à os creux (naissent dans des œufs) (OISEAUX) (respirent par des poumons).	ANIMAUX à *ÉCAILLES* à arêtes (naissent d'œufs) (POISSONS) (respirent par des branchies).	Animaux naissant d'un œuf.
		ANIMAUX *AMPHIBIES* (Reptiles à branchies et poumons)		
	Sur *Terre* et dans *L'Air*		Dans l'*Eau* et sur *Terre*	
ANIMAUX SANS OS (à métamorphoses). { à squelettes extérieur / sans squelette extérieur	INSECTES. (Quelques insectes).		CRUSTACÉS. MOLLUSQUES (en partie). VERS (partie des mollusques). ZOOPHYTES.	— Parthénogénèse. — Bourgeonnement.

On voit que ce classement s'exprime d'après différents organes : le squelette, la respiration, les téguments ; cependant il y a bien d'autres rapprochements et d'autres distinctions aussi à faire, car ces classes sont trop étendues encore, évidemment.

Il faudra donc s'attacher à l'étude des organes.

Par conséquent, la science de la zoologie consistera à connaître : 1° l'*anatomie* des diverses sortes d'organes ;

2° Le fonctionnement de ces organes (*physiologie*) ;

3° Le *classement* précis qui en résulte.

Tels seront les objets d'*étude de l'année* suivante.

II. — *Botanique.*

13. — C'est la science des êtres vivants *sans nerfs*.

Ils se distingueront d'après les modifications de leurs organes selon le milieu ou le perfectionnement.

Leurs organes se réduisent à ceux de nutrition.

Quelques-uns ont le bois, qui correspond à l'os des animaux, mais tous naissent d'un œuf (la *graine* que produit la *fleur* ; il y en a cependant qui naissent de graines sans fleurs apparentes, ou même par bourgeonnement.

D'où la première classification suivante.

LES VÉGÉTAUX VIVENT :	
Ou en Terre avec une grande partie dans l'*Air*	Ou en *Terre* et *eau* ou en *air et eau* ou dans l'*eau* seule
(Structure fibreuse avec vaisseaux) A *Fleurs* apparentes (phanérogames)	(Structure cellulaire sans vaisseaux, sans fleurs) Cryptogames (Fougères, Mousses, algues, lichens, champignons, etc., jusqu'aux microscopiques) ——— (acotylédonés)

Et plus ou moins complètes		à fleurs nues (gymnospermes) (les arbres verts, etc.)
Exogènes (correspondant aux animaux à os ——— (polycotylédonés)	Endogènes (correspondant aux animaux *sans os* ——— (monocotylédonés)	

C'est encore la structure et le fonctionnement vital qui fournissent les caractères ; l'étude sera donc semblable à celle de la zoologie :

1° Anatomie,
2° Physiologie,
3° Classement.

III. — *Minéralogie.*

14. — Plus d'organes, plus de fonctions. Les modifications sont purement physiques ou chimiques. Leur structure dépend donc de leur formation, et fournit tout d'abord à première vue la classification suivante :

A. Les pierres d'Eau.
(Déposées par les eaux en couches sédimentaires, et empruntées aux squelettes des êtres vivants.)

VÉGÉTAUX	ANIMAUX
(Tourbe, charbons, etc.)	(Crustacés ou mollusques.) La craie, le calcaire.

(Les fossiles de tous genres).
(Démonstration par les phénomènes actuels.)

B. Les pierres de Feu.
(Formées par fusion, en dépôts irréguliers, en pâtes solidifiées, plus ou moins cristallisées.)

TERREUSES	OU MÉTALLIQUES
(Granites, basaltes, etc.)	(Minerais métalliques.)

(Distinction purement chimique.)

C. Les pierres mixtes ou Terres.
(*Sédiments inorganiques*, empruntés aux pierres de *feu*, au moyen de *l'eau*.)
(Les argiles, les sables, les marnes, etc.)

D. Les pierres célestes (ou d'air) aérolithes, beaucoup plus rares.

On voit que les distinctions sont empruntées aux actions physiques ou chimiques.

L'étude de la minéralogie consistera donc à se rendre compte de la formation, d'après la structure, selon les connaissances physiques et chimiques, et à classer d'après cette formation.

Ce sera une science bien moins étendue que les précédentes.

2ᵉ CLASSE : SCIENCES PHYSICO-CHIMIQUES

Premières distinctions.

15. — 1° Les sciences de cet ordre sont celles qui servent, comme on l'a vu dans la première année, à transformer les matières premières pour les approprier à notre usage. C'est en examinant comment nous effectuons ces transformations que nous allons établir dans ces sciences les distinctions nécessaires à leur étude.

2° Nous apercevons d'abord un premier genre de procédé qui consiste à changer la forme des matières premières en les fondant, les taillant, les forgeant, les rassemblant ; c'est ce que font par exemple les forgerons, les menuisiers, les charpentiers, etc. Ce sont les *moyens mécaniques* et *physiques*.

3° Ces moyens-là sont insuffisants ; ils ne peuvent pas effectuer même les transformations les plus pressantes, comme celles des minerais de fer, d'étain, de cuivre, etc. (qui sont à l'état de pierre, mêlée de terre), en outils tels qu'il en faut pour tailler, assembler, forger. Nous trouvons d'autres moyens dans les *procédés chimiques*, qui consistent à séparer les *éléments* des corps, en les opposant les uns aux autres, ou au contraire à les rassembler pour faire un corps nouveau. Par exemple, la métallurgie qui sépare le minerai de sa gangue ; la potasse, la soude, qu'on sépare des cendres, le vin qu'on tire du raisin ; la bière, le vinaigre, la bougie, le savon et une foule d'autres produits obtenus par extraction, ou par combinaison, et plus généralement par l'un et l'autre à la fois.

4° Entre ces deux moyens, il en est un qui leur est commun et qu'il faut remarquer tout particulièrement, tant à cause de ce caractère que par sa puissance et son emploi continuel. C'est celui qui fournit *le Feu*. C'est un moyen physique, différent de celui mécanique en ce qu'il change la forme en agissant sur les éléments ; différent aussi cependant du moyen chimique en ce qu'il ne modifie pas toujours les combinaisons ; en tous cas, il a des effets à la fois mécaniques, physiques et chimiques.

Observons un peu mieux ces effets ; ils le méritent d'autant plus que l'usage du *Feu* est propre à l'homme à l'exclusion de tous les animaux ; c'est un des facteurs essentiels de son industrie. (On racontera à ce sujet à l'élève la légende de Prométhée.)

5° Le feu *chauffe*, produit la *chaleur*.

Quels sont les effets de la chaleur ?

Chauffons de la glace : elle était solide (comme la pierre, la *terre*) ; à mesure que nous la chauffons elle devient liquide (comme *l'eau*), puis gazeuse (comme *l'air*), et enfin elle peut même *brûler* (faire à son tour du *feu*) quand ses éléments sont séparés par la chaleur.

Nous produirons le même effet sur tous les autres corps (sauf quelques exceptions que la science explique très bien). — Donner l'exemple du soufre, de l'étain, de l'alcool, etc.

6° Quand une matière a été fondue, s'est vaporisée, on peut, en la refroidissant seulement, lui faire reprendre l'état de vapeur ou l'état solide (la faire redescendre de l'état *d'air* à celui *d'eau* et de *terre*), et elle n'est pas changée.

Mais, au contraire, quand elle a brûlé, quand elle a fait du feu, on ne peut plus la ramener à son premier état en la refroidissant : elle est changée.

(Ex. : l'allumette chimique est fabriquée avec des substances que l'on fond et que l'on mêle, pour les mettre au bout du bois ; refroidies, elles sont comme avant ; mais, une fois les allumettes frottées, elles se transforment).

Les trois premières modifications sont *physiques* : elles n'ont produit qu'un changement temporaire qui cesse avec sa cause.

Celle qui correspond au *Feu* est *chimique* : elle a produit un changement définitif.

7° Le *Feu* n'est pas seulement dans les corps qui *brûlent*, il est aussi dans l'*Électricité*, qui fond les corps, qui les enflamme, les subtilise et les décompose.

Qu'est-ce donc que ce feu ? Voyons de plus près ce qu'il a fait en brûlant la matière.

I. — *De la Chimie* (1).

16. — 1° Nous avons dit que le feu peut faire brûler l'eau, l'enflammer ; mais ce n'est qu'après l'avoir séparée en deux gaz différents ; ce sont eux qui brûlent, et cette séparation peut se faire par l'électricité aussi bien, plus aisément même, que par la chaleur.

Autres exemples de décomposition par la chaleur, la *rouille*, l'eau-forte, etc.

2° Mais toutes les substances ne peuvent pas se dédoubler ainsi par la chaleur ; il y a donc des substances simples et des substances composées. (Ex. de simples : le soufre, les métaux, etc.)

3° Quand les substances simples *brûlent*, elles se composent. (Ex. : le soufre et le fer, le chlore et les métaux, le phosphore dans l'air, etc.)

Quand les substances composées brûlent (par exemple la pâte des allumettes chimiques), il en résulte :

1° Ou leur décomposition (séparation des corps simples qui les constituaient) ;

2° Ou des corps encore plus composés (par exemple l'acide sulfurique et la potasse) ;

3° Ou des corps autrement composés, parce que les éléments (ou *atomes*) combinés de part et d'autre seront unis plus fortement par l'autre combinaison.

(1) C'est particulièrement pour ce qui va suivre que le lecteur est prié de se rappeler que chacun des paragraphes est un thème à développer longuement par le professeur au moyen d'exemples nombreux, répétés, aidés d'expériences au besoin, et aussi vulgaires que possible.

(Exemples : ou de décomposition simple avec dégagement, comme craie et vinaigre, ou de double décomposition.)

On se sert de ces propriétés chimiques pour séparer les éléments des corps composés et par conséquent *extraire*, préparer les substances dont on a besoin, par exemple tirer les métaux des minerais.

4° Ainsi, *toute combustion est une combinaison qui se produit entre des atomes différents.*

Elle a lieu parce qu'il y a des substances qui tendent à en absorber d'autres plus spécialement ou plus fortement. Il y a des substances *comburantes* et des substances *combustibles*. Ces dernières, qui *semblent manquer de feu*, ont une tendance à absorber les autres, et cela d'autant plus qu'il y a plus de différence entre elles. Leur union est la *combustion* : au moment où elle se fait, le *feu* se dégage sous forme de chaleur et d'électricité, et la substance nouvelle est rendue froide, l'union est intime en proportion du *feu* dégagé (1).

Si l'on rend à un corps composé le *feu* (la chaleur qu'il a perdue quand il s'est composé, c'est-à-dire quand il a brûlé, on rétablit le corps comburant dans son premier état, et la combinaison est défaite, les contraires se séparent à nouveau. C'est pourquoi le feu *décompose*, comme on l'a expliqué plus

---

(1) C'est avec intention qu'on évite ici la définition ordinaire de la combustion par l'oxygène : elle n'est ni assez étendue ni en concordance suffisante avec la théorie atomique.

Pour apprécier le rapprochement du présent exposé avec les théories les plus modernes, voir l'*Essai de Chimie synthétique* (Chamuel, éditeur).

haut. (Ex. : l'eau décomposée par la chaleur, etc.)

5° La tendance qu'ont les corps combustibles à s'unir aux corps comburants se nomme *affinité*.

Son intensité varie d'un corps à l'autre : c'est-à-dire que chaque substance a une affinité différente pour chacune des autres.

6° Nous avons maintenant des données suffisantes pour un premier classement des corps au point de vue chimique.

Nous pouvons distinguer des corps de *feu* (corps *comburants*) et des corps froids (*combustibles*).

Entre eux nous en trouverons de mixtes, se rapprochant les uns du feu (ou des comburants), les autres du froid (ou des combustibles), ou restant à peu près neutres (comme l'eau, les sels, les éthers, les savons, etc.).

Ces distinctions s'appliquent aux corps composés comme aux corps simples ; on les peut préciser aussi par la mesure de l'affinité.

Cette classification préliminaire se résume dans le tableau ci-contre.

7° L'étude de la chimie consistera à distinguer ces diverses classes des corps simples ou composés, et à savoir comment l'affinité les rassemble ou aide à les séparer, afin d'en déduire les transformations qu'on peut leur faire subir, les préparations qu'on en peut tirer. Ce sera encore quelque chose d'analogue à l'étude biologique; il y aura *une anatomie chimique* (énumération des corps simples), et une physiologie chimique (production des corps composés par la combinaison des simples). Cette étude s'applique à tout l'ensemble de la matière, considérée comme un grand être dont les organes sont les corps simples et qui fonctionne par l'*affinité*, pour produire la *combinaison*, forme de sa *Vie*.

	CORPS COMBURANTS	CORPS INTERMÉDIAIRES	CORPS COMBUSTIBLES
SIMPLES :	Ex. : Les Métalloïdes (Chlore, Soufre, l'Oxygène, etc.)	Ex. : La Silice Le Plomb, etc.	Ex. : Les Métaux
COMPOSÉS :	Ex. : Les Acides » »	Ex. : Les Sels Les Ethers »	Ex. : Les Bases Les Alcools Les Alcaloïdes

II. — *De la Physique.*

17. — 1° C'est encore l'action du *feu* qui va nous fournir le plan d'étude des phénomènes physiques.

Un corps froid est généralement plus serré, plus rapproché de l'état solide (de l'état de *terre*) qu'un corps qui renferme plus de feu. (Ex.: le fer et le soufre, le chlore ou l'oxygène et même plus généralement les métalloïdes et les métaux).

2° Si l'on ajoute de la chaleur (du feu) à un corps plus ou moins froid, il se desserre, se dilate, jusqu'à **fondre**, jusqu'à se volatiliser.

3º Comment s'explique cet effet ? — Par la structure moléculaire des corps (prouvée par la porosité et la compressibilité). Dans les trois états que peut traverser un corps : solide, liquide ou gazeux, les molécules se conduisent différemment.

A l'état solide (absence de feu), elles s'attirent l'une et l'autre (preuve par la solidification des poudres abandonnées à elles-même, et en général la cohésion).

A l'état gazeux (feu ajouté), elles se repoussent (preuve par la *pression* des gaz sur les vases).

A l'état liquide, elles sont dans une situation intermédiaire et tout à fait instable, ne se repoussant ni ne s'attirant, toujours prêtes à se solidifier ou à s'évaporer selon la température ambiante (*tension* des liquides).

4º Par conséquent, ce qui nous apparaît comme *Feu*, c'est une force répulsive, *expansive*, qui tend à subtiliser les corps en écartant indéfiniment leurs molécules.

Mais il y a une force contraire, attractive, *astringente*, condensante, concentrante (celle qui resserre les solides).

5º Les molécules des corps sont sollicitées à la fois par ces deux forces :

L'Expansion et *l'Astringence.*

La première est active par nature ; elle produit le mouvement, le rayonnement, la dilatation, la Vie.

La seconde est de nature passive, résistante ; elle ramène au centre, elle éteint le mouvement ; elle tend à *l'inertie*. C'est elle qui produit la cohésion, la *pesanteur* (par attraction vers le centre de la terre).

6° Si ces deux forces, exactement contraires, s'opposent l'une à l'autre, entrent en lutte, les molécules alternativement attirées et repoussées, comme hésitant entre elles deux, ballottées entre les deux efforts, mettent en jeu l'élasticité du corps que leur assemblage compose : elles *vibrent*.

Ces vibrations, selon leur grossièreté ou leur rapidité, constituent ce que nous appelons la *Lumière*, la *Chaleur* et le *Son*.

On expliquera à l'élève l'effet de la transmission de vibrations par des ondes produites sur l'eau, et on lui fera comprendre ainsi très sommairement la propagation, la réflexion et même la réfraction du son, de la chaleur et de la lumière. On lui donnera une idée des couleurs et des sons par la gamme musicale montée avec une corde.

Ces deux mouvements d'écartement ou de vibration ne sont pas les seuls ; il peut s'en produire un troisième, si l'atome chimique même est ébranlé dans la molécule. Il se fait alors en celle-ci une *orientation*. On en donnera une idée précise au moyen d'aimants disposés en série et figurant la molécule.

Cette orientation est ce qu'on nomme l'*Électricité;* elle se compose de deux forces contraires, rejetées aux deux extrémités opposées de la molécule, comme dans l'aimant.

On peut la disposer ou en forme de courant (circuit fermé), ou en forme d'aimant (circuit ouvert).

L'étude de la physique apparaît donc clairement indiquée :

1° On apprendra à connaître chacune des deux

forces contraires, l'Astringence et l'Expansion, considérées isolément (cohésion, pesanteur, dilatation, changement d'état des corps).

2° On les étudiera ensuite en conflit, produisant les vibrations (son, chaleur, lumière, leur propagation et ses effets).

3° On les verra, par polarisation, produire les phénomèmes de l'électricité (statique, dynamique ou magnétique).

Le tableau suivant présente l'ensemble de ces distinctions.

18. — Résumé de la Physique :

Comparaison de deux manifestations de la Force (lorsque l'une domine l'autre considérablement).	L'Astringence :	Attire vers le point central (par exemple pour la terre, son centre), resserre, condense.
		Son intensité diminue rapidement à mesure qu'on s'éloigne du centre (en raison inverse du carré de la distance).
		Elle ne domine pas dans la même proportion dans toutes les substances ;
		D'où les différences de densités (attraction d'une molécule à l'autre) et de poids (attraction de tout le corps vers le centre de la terre).
	L'Expansion :	Eloigne, écarte, diminue la densité.
		Son intensité diminue avec la distance du point d'où elle émane, comme celle de l'astringence, en raison inverse du carré des distances.
		Elle ne domine pas dans la même proportion en toutes les substances.
		D'où les différences d'état des corps (solide, liquide ou gazeux).

CONSTRUCTION DES SCIENCES

Conflit des deux forces dans les corps	Mouvement vibratoire des molécules produisant 3 sortes de phénomènes.	1° Chaleur. Amplitude maxima (moindre nombre par seconde).
		2° Lumière ; Amplitude moyenne.
		3° Photochimie ; Amplitude minima (plus grand nombre par seconde).
	Mouvement de translation des molécules produisant 2 sortes de phénomènes.	1° La cohésion (et l'état solide, gravitation des molécules).
		2° La liquidité (rotation des molécules les unes sur les autres).
		3° L'état gazeux (répulsion des molécules). (Et au delà, l'état radiant.)
	Mouvement apparent de la force qui semble polarisée (elle oriente les molécules).	Translation de la force entre les molécules : à l'état de courant (s'il y a circuit), à l'état statique (s'il n'y a pas circuit, avec distinction de deux forces contraires qui écartées à l'origine se rapprochent à l'extrémité.
		Courant de la force autour des molécules : Magnétisme (produisant dans le corps magnétique deux pôles contraires).

OBSERVATIONS. — Ces trois genres de phénomènes coexistent sans se nuire, et peuvent se transformer (en apparence) l'un dans l'autre.

III. — La Mécanique.

19. — 1° Nous venons d'explorer deux des sciences qui permettent à l'homme de transformer la matière première pour l'approprier à son usage ; il reste à parler de la troisième, celle par laquelle on modifie la forme **extérieure seule, sans atteindre ni la constitution,**

comme par la chimie, ni généralement la disposition des molécules, comme avec la physique. Cette science est la mécanique. On se rend compte de ses divisions en passant en revue les diverses forces de travaux qui ne sont ni physiques ni chimiques, comme dans le tableau ci-contre.

2° Toutes ces opérations consistent à utiliser l'une des deux forces physiques (astringente ou expansive) ou à la vaincre par la force contraire.

On ne peut les effectuer convenablement (surtout dans la grande industrie par machines, dont on donnera une idée rapide) sans *mesurer* exactement les forces à vaincre ou à employer.

3° La *Force*, qui est invisible, ne peut être mesurée que par son effet visible, qui est le *mouvement*, c'est-à-dire le chemin parcouru dans un temps donné par une *masse* donnée de matière.

4° Il ne suffit pas, du reste de mesurer l'intensité de la force, il faut savoir aussi la direction qu'elle donne au mouvement, car cette direction change quand il y a plusieurs forces, et n'est la direction d'aucune de ces forces (preuves expérimentales vulgaires).

5° Enfin, comme on l'a vu par l'énumération des travaux, les opérations se réduisent toutes à deux sortes d'actions :

Ou résister aux forces actives (comme par la pression, le martelage, le feutrage, la superposition de maçonnerie, etc.) ou, au contraire, produire de l'activité, du mouvement, en triomphant des forces passives (comme en arrachant, transportant, divisant, etc., la matière).

TABLEAU de l'Enumération méthodique des travaux mécaniques destinée à donner une idée précise de la mécanique et des forces.

BUTS DES TRAVAUX	MOYENS		FORCES EN JEU
	OPÉRATIONS	OUTILS	
Extraire.	Arracher (les minéraux). Récolter (les végétaux).	Pioches, explosifs. Haches, faux, etc.	Vaincre la cohésion (ou astringence).
Transporter.	Elever ou descendre. Emporter.	Pelles, treuils. Voitures, bateaux.	Vaincre la pesanteur et la cohésion.
Trans-former par addition.	Feutrer (filer). Coller, cimenter. Coudre, clouer, etc., assembler.	Le rouet. La presse. Aiguilles, clous, etc.	Utiliser la cohésion ou la vaincre (par le coin).
	Superposer (en maçonnerie).		Utiliser la pesanteur.
par soustraction.	Sculpter (au sens le plus large) ou enlever l'excédent de la forme désirée.	Le marteau (p' la pierre), la scie, le ciseau, les rabots de tout genre, la lime.	Vaincre la cohésion.
sans addition ni soustraction.	Ecraser, forger, allonger. Mouler. Tordre, plier, tisser.	Le marteau, la presse, la filière. La presse. A la forge ou à la main.	Utiliser la pesanteur. Vaincre l'expansion. Vaincre l'astringence ou cohésion.

Dans le premier cas, on emprisonne la force, on produit ce qu'on nomme de la *force morte* (réduite en puissance inactive, ou potentielle) ; on fait de l'*équilibre*.

Dans le second cas, au contraire, on dégage la force emprisonnée, la puissance inactive, le potentiel, pour lui faire produire du *travail utile* à l'homme.

Il est clair que chacune de ces deux opérations contraires demande un examen particulier.

6° Voilà donc les différents sujets de la mécanique :

1° Etude du *mouvement* (pour savoir *mesurer* la force) (Cinématique).
  - *En direction* (selon les forces qui la produisent).
  - *En vitesse* (en tenant compte de la *masse* ébranlée et selon l'intensité ou le nombre des forces.

2° Etude des conditions de l'*équilibre* ou de la *force morte* (Statique).

3° Etude de la force en travail, ou *force vive* (Dynamique).
  - 1° *Conditions* pour qu'un travail se produise ;
  - 2° De sa *mesure*, par celle des forces actives et passives en jeu.

C'est par cette troisième partie que nous pourrons comprendre ce qu'est et ce que doit être en principe *une machine*.

3ᵉ CLASSE : LES SCIENCES DE MESURE

Préliminaires.

20. — 1. Quand on passe en revue les diverses quantités que l'on a besoin de mesurer, on en trouve de deux sortes :

1° Les objets visibles, matériels, qu'il s'agit d'apprécier selon leur *forme* (par exemple une distance, l'étendue d'un champ, la contenance d'un magasin, d'une voiture, d'un tonneau ; savoir combien une voiture peut contenir de sacs de grains, combien un tonneau tient de bouteilles, etc. Toutes ces mesures peuvent se connaître exactement d'après la *forme* du champ, de la voiture, du tonneau, etc.

2° Il y a ensuite la mesure des choses invisibles, des quantités qui ne correspondent à aucun objet parce qu'elles peuvent s'appliquer à tous ; par exemple, savoir quelle quantité produit une mesure donnée qui se répète plusieurs fois ; quelle mesure donne un assemblage d'autres mesures données, et, en général, toutes les manières *de compter*, quel que soit l'objet que l'on compte : c'est la mesure du *Nombre*.

2. Il y a donc deux sortes de sciences de mesure :

1° Science de la *Forme*, ou *Géométrie*.

2° Science du *Nombre*, de la *Quantité*, ou *Mathématiques* proprement dites (qui se partagera plus tard quand on l'approfondira).

Commençons par la moins abstraite (1) la Géométrie.

---

(1) Le lecteur doit se rappeler ici que l'enfant sait déjà compter, par routine : additionner, soustraire et même mul-

I. — *Géométrie*.

21. — 1° On montrera d'abord par des *expériences* très simples que la mesure dépend de la forme ; autrement dit, qu'une même forme donne des mesures qui ne diffèrent que d'après les dimensions des éléments de cette forme (par exemple, une feuille dépliée donne une mesure double, triple, etc., parce qu'un des côtés est double, triple, etc. Pour peindre un cercle de rayon double d'un autre, il faudra quatre fois plus de couleur que pour cet autre ; un vase aussi large de fond qu'un autre, mais double, triple, etc., de hauteur, contiendra deux, trois fois plus de grain, ou bien se multipliera encore selon le diamètre de sa base, etc., etc.).

2° Donc on pourra mesurer les formes par la longueur, si l'on sait trouver : 1° les éléments caractéristiques des formes ; 2° les rapports qui unissent ces éléments pour caractériser chaque forme.

3° Or les éléments de toute forme sont faciles à reconnaitre. On les fera constater par l'élève : d'abord par analyse en lui montrant dans toute forme le *volume*, dans tout volume la *surface*, dans toute surface *la ligne*, dans toute ligne *le point*. En second lieu, par synthèse, en lui montrant le mouvement du point engendrant la ligne ; celui de la ligne engendrant la surface, celui de la surface engendrant le volume,

---

tiplier un peu ; du reste, il s'agit cette année de lui faire trouver le plan d'étude de la géométrie. Il ne lui faut pas pour cela plus d'arithmétique qu'il n'en a déjà ; il est donc naturel qu'il s'occupe de la géométrie, du concret avant l'algorithmie, l'abstrait.

et, par suite, la génération des trois *dimensions* : longueur, largeur et profondeur (1).

4° D'ailleurs ces éléments engendrent des formes diverses selon la façon dont on les combine ; par exemple trois lignes droites peuvent être trois parallèles, ou deux parallèles traversées par une autre ligne, ou un triangle, etc. (Ces exemples seront aisément multipliés.)

Et les caractères changent avec chacune de ces sortes de figures. Mais, pour les *mesurer*, il suffit toujours d'en apprécier une, deux ou trois dimensions, d'après le mode de génération des formes, selon qu'on veut connaître une ligne, une surface ou un volume.

5° Par là se trouve indiqué le plan d'étude de la géométrie :

1° Nous rechercherons les *principales formes* que donnent les combinaisons des éléments.

2° Nous verrons comment, dans ces formes, nous pouvons mesurer les trois dimensions.

3° Et enfin comment de cette mesure nous pouvons déduire celle de la forme quelconque.

---

(1) A titre à la fois mnémotechnique, historique et psychologique (à cause de l'analogie), on pourra faire remarquer à l'élève, **selon les anciens**, que la *ligne*, trajectoire de tout projectile, rappelle l'élément *air*.

La *surface*, comme celle des rivières, des mers, etc., rappelle l'élément *eau*.

Le *volume*, qui a la profondeur, rappelle l'élément *terre*. Quant au *point*, élément primordial, générateur de tous les autres, par son activité, il rappelle l'élément *feu*.

II. — *Arithmétique*.

21 bis. — 1° Qu'est-ce que mesurer ? — On montrera par des exemples variés que c'est comparer à un étalon nommé *Unité* ; le résultat est le *Nombre*.

2° Pour mesurer, on applique (réellement ou idéalement) l'unité sur la quantité ; donc les nombres se forment en répétant toujours l'unité ; ils font une série indéfinie.

3° Il faut leur donner des noms ; on ne peut en donner à tous ; on les classe par ordres très limités. C'est en quoi consiste la *numération*, que l'on enseignera au moyen de billes, de boulier, etc., *expérimentalement*.

4° Mais, pour pouvoir *compter*, il ne suffit pas d'énumérer ainsi l'unité. ou ce serait d'une longueur impraticable dans bien des cas qui sont des combinaisons de nombre. On montrera par de nombreux exemples vulgaires la nécessité de savoir additionner ou soustraire, et l'on enseignera ces deux opérations au moyen de billes, bouliers, etc., expérimentalement.

Quand elles seront connues. on fera comprendre la multiplication comme une addition particulière abrégée ; la division comme une abréviation de la soustraction, en un cas spécial, et la table de multiplication sera apprise.

Enfin on indiquera la puissance et la racine comme simplification de la multiplication et de la division en certains cas.

5° On montrera, toujours expérimentalement, que

l'unité peut être incommensurable avec la quantité, et on fera comprendre ainsi la *fraction*.

On indiquera seulement la nécessité des opérations sur les fractions comme sur les nombres entiers.

Enfin, toujours par une suite d'exemples, on fera voir que, dans la pratique, et le plus généralement même, on n'a pas seulement à comparer les quantités à leurs unités (c'est-à-dire à mesurer directement) ou à combiner des nombres (c'est-à-dire à mesurer indirectement), on a surtout à comparer des nombres entre eux, ce qui se fait en les ramenant à leur unité, et correspond à un mode de mesure dont on se contentera de faire voir la nécessité, sans même l'indiquer (1).

7° Par conséquent, pour étudier l'arithmétique, il faudra apprendre :

1° La numération (ou noms et classement des nombres).

2° Les opérations et tout ce qui s'y rapporte (ou savoir combiner les nombres) : entiers ou fractionnaires.

Ce qui fera une subdivision de cette étude.

3° Il faudra apprendre à comparer les quantités entre elles, ou directement, ou à les mesurer l'une par l'autre (ce qui est le problème général de l'arithmétique, problème auquel aboutissent les deux autres, comme des accessoires).

---

(1) On voit ici une première notion de cette fameuse *règle de trois*, qui est la règle générale de l'arithmétique et que si peu d'élèves comprennent faute d'en apercevoir la raison d'être.

II⁰ ORDRE DE SCIENCES

(Sciences psychologiques)

OBSERVATIONS PRÉLIMINAIRES

22. — Comme les sciences de cet ordre, appartenant au plan intellectuel, sont en dehors de ce que nous avons nommé la région de centre de gravité pour l'instruction primaire, elles ne peuvent avoir dans son programme qu'un poids assez limité, sous peine d'en rompre l'équilibre.

Elles ne sauraient y figurer qu'à titre de faits, de connaissance pratique ; l'enfant ne peut avoir encore les notions nécessaires à leur coordination ; leur exploration seule lui est permise ; il n'a rien de plus à faire que d'en rassembler les matériaux. Ce n'est qu'à l'instruction secondaire qu'il peut appartenir d'aborder le centre des sciences de cet ordre.

Cette importante remarque doit, du reste, se combiner avec le caractère propre à chacune des trois sciences qui vont nous occuper.

L'enfant peut encore saisir, sinon trouver la coordination de la *graphique* qui est la plus concrète. La *psychologie*, au contraire, est tellement au-dessus de sa portée qu'elle doit être réduite aux quelques éléments tout à fait primordiaux indispensables pour éveiller la conscience psychique de l'enfant.

Quant au *langage*, les limites que lui assignent ces remarques ne font que mettre en relief le caractère que nous avons dû lui assigner, de but central de toute instruction. C'est ce caractère qui inspirera surtout son programme ; nous y reviendrons spécialement tout à l'heure.

1re CLASSE : LE GRAPHIQUE

23. — 1º La reproduction la plus directe et la plus simple des formes est le *moulage*, imitation complète dans toutes les dimensions.

2º Vient ensuite le dessin. On en fera comprendre la nature en le représentant comme le tracé sur une vitre d'un objet placé au delà de ce plan. Il se borne à figurer l'essence des formes au moyen de l'élément géométrique étendu le plus simple : la ligne (à quoi il ajoute la couleur et la lumière, mais grâce à des études plus approfondies).

Le dessin a deux variétés selon que l'on figure l'objet apparaissant sous ses trois dimensions, ou sous deux seulement.

Dans le dernier cas, les longueurs et les angles se reproduisent dans leurs proportions véritables ; dans le second cas, *la Perspective* le complique et demande une étude spéciale (ce que l'on montrera par expérience).

Enfin quand les formes sont géométriques, le dessin peut s'aider d'instruments précis qui en assurent la complète exactitude, et le facilitent.

Il y aura là autant d'études distinctes.

3º Après le moulage et le dessin, on peut exprimer et conserver les impressions au moyen du graphique symbolique, ou *écriture* qui reproduit non plus seulement la forme, mais la pensée en fixant la parole.

L'écriture a un corps (les formes des lettres) et une âme (l'emploi de ces formes variées, selon la pensée ; les alinéas, la ponctuation, etc.).

Elle a ses variétés aussi, selon l'ordre de pensées à exprimer (les symboles scientifiques, télégraphiques, etc., les abréviations, etc.).

4° Ainsi l'étude de la science graphique se partage comme suit :

1° MOULAGE ; trop peu pratique pour mériter de la part de l'élève une étude réelle.

2° LE DESSIN
- Esquisse (ou au trait)
  - d'Imitation
    - Géométrique
    - Plan (sans perspective).
    - Avec perspective. (ou à 3 dimensions).
- Achevé
  - par les ombres
  - par les ombres et la couleur.

Pratique. — L'élève recevra les premiers éléments de chaque espèce de dessin (1).

2ᵉ CLASSE : LE LANGAGE

24. — 1° Puisqu'il ne peut s'agir du langage en tant que science, mais seulement du maniement raisonné de la langue pour en tirer l'expression fidèle de l'état intellectuel de l'élève, le programme ne sera pas, on l'a dit tout à l'heure, un plan d'étude. Il ne

---

(1) Il est inutile de s'étendre sur ce sujet, dont les programmes sont maintenant parfaitement dressés dans nos écoles.

renfermera qu'un degré plus avancé des études de la première année, une étape nouvelle dans la formulation de la pensée.

Cependant ce programme est encore encyclopédique en ce qu'il embrasse tous les éléments primordiaux du langage, de sorte qu'il n'y aura qu'à les approfondir par la suite pour y trouver un instrument plus parfait.

2° De ces éléments l'élève a reconnu les principaux dans la première année ; il va trouver les autres en ajoutant à ses notions fondamentales sur la constitution de la proposition :

1° L'idée de *complément*, applicable tant à la structure des mots qu'aux parties du discours (étymologie, déclinaisons, etc.) ;

2° Celle de *suppléance*, qui fournit des mots propres à abréger, à commenter le langage tout en le précisant (article, pronom, adverbe).

3° Celle de *mode* qui s'ajoute à celle de temps pour parfaire dans le verbe l'âme du langage (toutefois on se bornera à ceux des modes qui sont accessibles à l'intelligence de cet âge) (1). Du reste, le maître aura soin d'emprunter en toute occasion ces notions aux sciences du premier ordre, afin de les rendre plus sensibles aux enfants : cette observation s'applique même à toute la grammaire ; elle n'est qu'une conséquence du caractère que nous avons reconnu au langage.

3° De là le programme suivant :

(1) On rappelle que ces dispositions sont presque entièrement empruntées au magnifique *Cours éducatif* du P. Girard.

1ᵉʳ PARTIE, THÉORIQUE (ou exploratrice).

découverte le plus possible par les efforts de l'élève, au moyen de l'observation analytique.

De la Suppléance. — *Le Pronom.*

Du Complément.
- *Dans les mots.* — Ils produisent la composition, la dérivation, d'où naîtra la distinction du *radical*, avec la notion d'étymologie.
- *Dans la proposition (qui devient complexe).*
  - Accessoires seulement : Amplifiant l'idée au moyen de *Qualificatifs* — ou même par des propositions supplémentaires — d'où la *Conjonction* qui les relie au principal.
  - Déterminatifs : Concrets (*ubi, quod, quomodo, quando*, etc.), ou Abstraits (de raison, de proportions, etc.), d'où les *Prépositions* (et par suite la *déclinaison* de la *racine*).
    L'Article.
    Le Possessif, etc.
    Et l'*Adverbe*.

Du Mode. — On ne traitera que *du conditionnel*, mais dans les trois temps (le subjonctif se rattache à la syntaxe).

2ᵐᵉ PARTIE, PRATIQUE.

(Au moyen de lectures analytiques et de constructions synthétiques où l'élève sera appelé à rendre ses propres idées.)

Recherche des radicaux des mots usuels; classement par familles.

Déclinaison; recherche des déterminatifs et des accessoires.

Leur placement logique.

Reconnaissance des pronoms et de leurs variétés.

Conjugaison par propositions doubles (à l'indicatif et au conditionnel).

Construction de propositions de plus en plus complexes.

3ᵉ CLASSE : PSYCHOLOGIE

25.— Quelques leçons qui devront précéder l'époque des sciences synthétiques suffiront à faire reconnaître à l'élève, au moyen d'exemples simples et multipliés, que son action est déterminée par la *Volonté;*

Que la Volonté est éclairée par la *conscience,* qui indique immédiatement ce qui est beau et bien, et par le *jugement,* qui fournit aussi la *connaissance,* la *mesure* (précise pour les choses naturelles, plus flottante pour tout ce qui s'élève au-dessus du monde physique) ;

Que la volonté, malgré la conscience, que le jugement même, sont influencés par le *désir* et la *crainte,* c'est-à-dire la *sensation ;*

Qu'ainsi il a en lui une triple puissance :

Celle du *Corps,* qui lui cause la sensation et le rend *passif* (analogue à la force *résistante* ou astringente de la physique);

Celle de la Volonté ou de *l'Esprit,* qui lui permet de résister à la souffrance, au mal, et le rend *actif* analogue à la force *puissante* ou expansive de la physique).

Et, entre les deux, celle de la *Conscience* et de *l'Intelligence,* qui lui apprend ce qu'il faut faire pour commander par la volonté, ou lui fournit la manière de le faire.

2° Ainsi sera fondée la première base de la morale (confinée encore dans la conscience morale).

Nécessité d'affermir sa volonté contre la crainte, la paresse, etc.; toutes les sensations que la conscience morale condamne;

Nécessité de développer l'intelligence pour éclairer la volonté;

Et pour développer l'intelligence, il faut trois opérations :

1° Apprendre beaucoup (en suivant les instructions du maître);

2° Retenir (sans quoi on ne peut comparer), c'est-à-dire développer la *mémoire* par un exercice constant;

3° Juger (en mesurant le plus possible) par une comparaison attentive.

Et par-dessus tout, comme condition suprême, avoir *bonne volonté*.

IIIe ORDRE DE SCIENCES

(Sciences supérieures)

OBSERVATIONS PRÉLIMINAIRES

26. — Les sciences de cet ordre sont encore plus éloignées que les précédentes du centre de l'instruction primaire; l'étude analytique n'en pourra être abordée qu'à peine dans l'enseignement secondaire. Mais ces principes supérieurs fournissent l'Esprit de l'instruction primaire comme de tout autre; elles le pénètrent, elles y apparaissent à chaque instant; l'enfant peut et doit en prendre conscience toutes les fois que l'occasion s'en présente plutôt que par aucun exposé dogmatique.

Il n'y a donc pas lieu d'en construire un programme proprement dit, mais seulement d'indiquer comment on peut faire ressortir des enseignements précédents les *faits* de l'esthétique, de la morale et de la métaphysique.

Les observations de ces faits trouveront leur place dans le cours de langage (sauf ce qui va être dit de la musique) à l'occasion des lectures qu'il comporte par exemple ; elles seront indiquées cependant en toutes occasions, de façon qu'il n'y ait qu'à les rassembler par la suite.

Elles prendront toute leur importance à propos des sciences synthétiques.

1re CLASSE : L'ESTHÉTIQUE

27. — C'est aux principes de l'Esthétique qu'il faudra le plus de développement : la morale (par le beau moral) et la métaphysique (par la considération de *l'harmonie*) y seront rapportées utilement pour l'intelligence sensible de notre élève primaire.

L'Esthétique aura son enseignement spécial dans ce dégré par la *musique* ; la pratique de cet art par la Voix est la plus simple, et il est le plus propre à élever la sensibilité en la spiritualisant.

On emploiera la musique d'abord comme régulatrice de mouvements d'ensemble rhythmés. L'enseignement en est trop bien réglé dans nos écoles pour qu'il soit utile du reste d'en dire plus long à son sujet.

Pour les arts plastiques, on fera comprendre à l'élève exercé déjà au dessin qu'il n'est pas seulement un procédé graphique pour fixer des documents nécessaires à la science ou à l'industrie ; qu'il exprime aussi :

1° La beauté des formes, des couleurs et de leur harmonie (ce sentiment sera développé en commençant par les formes simples de l'ornement);

2º Le mouvement, la vie, le sentiment, saisis au moment où ils s'expriment par le geste.

Enfin l'Esthétique sera étendue au langage proprement dit en faisant sentir à l'élève la *musique* de la *diction* : cet enseignement aura ses leçons spéciales (celles de lecture expressive ou de diction), qui devront être plus instinctives qu'analytiques. (Elles fourniront en grammaire la justification de l'interjection.)

2ᵉ CLASSE : L'ÉTHIQUE

23. — Voici d'abord des exemples de quelques données morales à tirer des sciences positives :

Sciences naturelles. — Les animaux les moins forts résistent aux autres par leur nombre, en s'associant : première idée de la mutualité, de la solidarité.

Les animaux sont *beaux* et *innocents*, mais instinctifs ; l'homme est libre plus qu'eux et devient *laid* en se faisant coupable. Du traitement envers les animaux : devoirs imposés à l'homme par la puissance et la supériorité de son intelligence.

Sciences physico-chimiques. — Infériorité de la force aveugle et fatale de la matière en comparaison de la vie qui se l'approprie et de l'intelligence qui l'utilise.

Nécessité du travail pour triompher sans cesse de ces forces fatales.

Rôle de l'homme dans la nature : y faire dominer par son travail l'ordre, l'harmonie, la beauté.

Sciences de mesure. — L'harmonie des formes dépend de celle des nombres (comme dans la musique), des proportions ; exemple par l'architecture.

L'harmonie doit être de même dans nos actions : on l'y met par la tempérance, la prudence, la sagesse, qui fournissent la mesure, le *nombre* moral.

2° La morale aura en outre une synthèse de son enseignement dans le développement des principes suivants empruntés à de nombreux exemples (voir déjà la 3ᵉ classe de l'ordre précédent) (1).

De même que les deux forces, l'Astringence et l'Expansion, sont en lutte dans le monde physique, de même deux forces contraires se disputent la *Volonté* : *l'Egoïsme* (analogue à l'astringence) et *l'Altruisme* (analogue à l'Expansion).

C'est la conscience, aidée, s'il le faut, par le jugement, qui nous indique comment nous devons décider dans cette lutte : il y a, en effet, des désirs honteux et des désirs avouables ; il faut écouter sa conscience. Un principe très clair indique le devoir, c'est le principe chrétien : « Ne fais pas aux autres ce que tu ne « veux pas que l'on te fasse à toi-même. »

Sinon on est puni, au moins par le remords.

---

(1) Ces principes ne sont à peu près que ceux de la morale *négative* suffisante à cet âge : le dévouement, du reste, ne se commande pas, il s'inspire. A cet âge, à supposer qu'il fût accepté, il risquerait de dégénérer en fanatisme, faute de pouvoir être réglé par la raison.

Si l'on s'est trompé, il faut racheter la mauvaise action par une bonne.

Il faut tenir toujours la conscience en éveil, de peur qu'elle ne s'engourdisse, ce qui est une maladie très grave.

Il faut exercer continuellement son *courage* dans les petites choses, en exécutant les ordres de la conscience, afin qu'il soit dominant dans les grandes circonstances.

Celui qui ne se corrige pas lui-même sera corrigé par les autres ou par le destin.

3ᵉ CLASSE : FAITS MÉTAPHYSIQUES

29. — C'est par les sciences synthétiques principalement qu'on pourra faire apercevoir à l'enfant l'immensité de la création dans l'espace ou dans le temps, et l'intensité de la Puissance qui y est déployée ; le programme de ces sciences va suivre, terminé par ces considérations.

De ce qui précède on pourra tirer plus spécialement la notion de Beauté et de Bonté dans la Création.

La nature géométrise (cristallisation ; symétrie de structure de tous les êtres).

Elle fait tout par nombre, poids et mesure (les combinaisons chimiques, les lois physiques).

Elle équilibre sans cesse (les deux forces astringente et expansive, la mort engendrant la vie ; les nécrophores). Les êtres les plus faibles sont partout les plus nombreux, de façon à subsister malgré la rivalité des autres, et souvent à les dominer.

Elle vient au secours de tous les êtres vivants à qui elle a donné une liberté relative proportionnée à leur puissance au milieu des autres. (Exemples d'instinct chez les végétaux ; exemples d'instinct et d'intelligence chez les animaux.)

Les animaux sont soutenus par *l'instinct* surtout.

L'homme plus puissant, donc plus libre, est guidé par la *Conscience*. C'est la *voix divine* en lui, celle qu'il faut écouter par-dessus tout pour bien faire. L'intelligence doit être au service de la conscience.

IVe ORDRE DE SCIENCES

(Sciences synthétiques ou cosmogoniques)

INTRODUCTION

30. — La Nature *ne varie pas* dans ses principes de nombre, de mesure, d'harmonie ; mais les êtres particuliers, au contraire, *varient continuellement*, se modifient par l'action de ces principes : les êtres inertes, par les phénomènes physiques et chimiques ; les autres, par la vie (les phénomènes physico-chimiques terrestres constituent la vie de la terre). C'est l'ensemble des variations des êtres que l'on va étudier maintenant.

Ire CLASSE : SCIENCES PHYSIOGONIQUES

31. — *Météorologie, Géologie.* — Description élémentaire de l'action de l'air, de l'eau et du feu sur la terre ; formation du fonds des mers ; volcans, notions sur le soulèvement des montagnes.

Paléontologie. — Les animaux n'ont pas toujours été tels qu'ils sont aujourd'hui sur la terre : notions sur les animaux fossiles; la suite des animaux dans le temps correspond à leur classement du plus imparfait au plus parfait.

Astronomie. — Toute la vie physico-chimique, végétale et animale sur la terre vient du soleil; ses périodes correspondent à la hauteur variable du soleil sur l'horizon (1).

Elles servent aussi à mesurer le temps (par année, d'après les saisons, par jour d'après le lever et le coucher); la lune varie de même et fournit la semaine et aussi le mois, mais avec quelques modifications dues à l'indivisibilité d'une période par l'autre.

Les étoiles ne changent pas de place l'une par rapport à l'autre, sauf quatre non scintillantes (seules visibles à l'œil nu), qui se meuvent autrement que le soleil et la lune (on n'insistera pas sur les planètes, qu'on représentera seulement comme inusitées dans la mesure du temps) (2).

Géographie. — Par suite des phénomènes de la géologie et de la paléontologie, la terre en son état actuel offre une grande variété d'aspect, de produits et d'animaux que l'industrie a besoin de bien connaître.

---

(1) On ne donnera pas la théorie des mouvements réels qui, même montrés expérimentalement, passe la portée de cet âge. Elle sera réservée pour l'année de synthèse.

(2) On comprend, du reste, qu'en tout ce qui précède il ne s'agit que de notions exactes, précises, mais brèves, pour lesquelles quelques leçons peuvent suffire, puisque leur but est seulement de spécifier les sciences.

Voici donc ce qu'il y aura à apprendre dans les années suivantes, celle-ci ne comportant rien de plus que les indications nécessaires pour que l'enfant puisse apercevoir clairement les distinctions suivantes, sans en acquérir méthodiquement les détails.

Le soulèvement des montagnes a distingué les mers et les terres, fait les vallées, les fleuves et les rivières : Description orographique et hydrographique générale de la terre (préalablement représentée comme un globe avec preuve) (1).

Puis il faudra connaître la géographie naturelle, générale. Distinction des zones ; pôle et équateur. — Variétés de climats dus aux différences orographiques ; les déserts. — Distinction des cinq parties du monde et de leurs produits.

Les hommes eux-mêmes diffèrent ; il en faudra connaître les races et leur distribution, et les mœurs générales.

2ᵉ CLASSE : SCIENCES ANDROGONIQUES

32. — *Histoire industrielle.* — Comme les animaux, les hommes ont varié dans le temps ; leurs mœurs n'ont pas été les mêmes ; ils ont fait des découvertes qui ont modifié leur industrie ; elle est passée ainsi de l'état sauvage à l'état actuel (preuves archéologiques jusqu'au préhistorique inclus).

---

(1) Si l'enfant demande comment ce globe est suspendu, et accessoirement il sera utile de provoquer cette question, le maître a de quoi lui répondre par la distinction connue des deux forces astringente et expansive, en équilibre : on en donnera une idée réelle au moyen de deux aimants opposés de chaque côté de la terre et de force égale.

Il y aura donc à apprendre l'histoire de l'industrie de toute espèce.

Le Travail, le Commerce, Économie. — On ne travaille pas, on ne consomme pas seulement ce que l'on tire par récolte de son propre pays ; on le prouvera en indiquant la provenance des divers objets élaborés ou consommés dans le pays (le sapin, le fer, l'épicerie, les cuirs, etc., etc.). La variété des produits des divers pays, la variété des mœurs et de l'industrie a produit l'échange d'un pays à l'autre, le *commerce* et, par suite, la *navigation*, puis la *monnaie*, le *crédit* (on donnera une première notion, bornée presque à la définition, de ces deux instruments du travail humain).

Histoire commerciale et économique, Géographie commerciale. — Il y a donc à apprendre une histoire du commerce et une géographie du commerce, faisant connaître les échanges principaux qui se font entre les peuples, les voies principales de navigation et de transport; les principaux ports et centres de commerce et d'industrie dans le monde, maintenant ou autrefois.

Gouvernement, Droit, Histoire politique. — En tout temps les hommes ont désiré, *envié* les produits de toute la terre, notamment ceux des pays plus riches. D'ailleurs la différence des climats, jointe à celles des races et des peuples, a produit chez les uns l'abondance, l'indolence, la vie spéculative; chez les autres, avec la misère, l'activité, l'industrie et l'ambition dominatrice. Il en a toujours été de même aussi à l'intérieur de chaque peuple (assertions à justifier par les mœurs des diverses races, et dans chacune par la comparaison des habitants de la montagne ou de la plaine, des déserts, des vallées, des côtes).

En tous temps, il y a eu des despotes, des parasites, des voleurs et des assassins (peuples ou particuliers); d'où la nécessité d'un *gouvernement* pour protéger les particuliers, de la *guerre* pour défendre le peuple entier; d'où aussi les révolutions, la guerre civile, pour ou contre le gouvernement ; toutes choses qu'il faut connaître dans leurs variétés.

Il faudra donc se faire une idée des fonctions du gouvernement (faire les lois, la police, protéger au dehors, etc.), et des diverses sortes de gouvernements possibles (choix des chefs, durée de leur pouvoir, son contrôle, etc.), ce qui constituera les premières notions de *Sociologie* ;

Puis voir comment les peuples ont vécu les uns à l'égard des autres : *Histoire internationale*.

Ou comment les gouvernements se sont succédé chez eux, à quelles révolutions ils ont donné lieu : *Histoire politique ou des révolutions*.

3ᵉ CLASSE : SCIENCES MÉTAPHYSIQUES.

33. — La vie sociale comme la vie individuelle a son esthétique, sa morale et sa métaphysique.

Il y a une *histoire de l'art* chez les divers peuples. (On montrera à l'élève les différences d'architecture égyptienne, grecque, du moyen âge.)

La sociologie a ses devoirs et ses droits, ses vertus et ses vices (le patriotisme, l'héroïsme, le civisme;

l'ambition, etc.), il faut apprendre à les connaître, à les juger; il faut éveiller et entretenir la *conscience sociale;* c'est ce que fait l'*Histoire biographique ou anecdotique.*

Les religions même diffèrent actuellement ou ont différé dans le temps; il y a donc aussi une *histoire des religions*.

Enfin, la vie de la terre, la vie des peuples, considérées dans leur ensemble, forment encore une vaste histoire; elle fait apparaître, par la vie divine, la puissance et la providence du Créateur à travers tous les changements de la création, laquelle vit par Dieu, en Dieu et pour Dieu. Ce sujet forme une science très élevée dont il faut aussi prendre une idée: c'est la *Théodicée cosmogonique.*

34. — Distribution des Cours dans l'Année

		LES SCIENCES DE FAITS		LES SCIENCES SYNTHÉTIQUES et supérieures	L'EXPRESSION de LA PENSÉE
		SCIENCES CONCRÈTES (Naturelles, physico-chimiques)	SCIENCES ABSTRAITES (de mesure et phychiques)		
1er Trimestre (Science de la nature)	1er Mois.	Zoologie.	»	Morale instinctive (éveil de la conscience)	Graphique, musique, langage.
	2e Mois.	— et botanique	»	id.	id.
	3e Mois.	Botanique et Minéralogie.	»	id.	id.
2e Trimestre (Sciences mixtes)	1er Mois.	Chimie, physique.	»	id.	id.
	2e Mois.	Physique.	Géométrie, arithmétique.	id.	id.
	3e Mois.	Mécanique.	Géométrie, arithmétique, psychologie.	id.	id.
3e Trimestre (Sciences cosmologiques) (métaphysique primaire)	1er Mois.	Météorologie, paléontologie, géologie, géographie physique	Astronomie (uranographique) géographie climatologique.	Géographies.	id.
	2e Mois.	»	»	Histoire économ. Sociologie.	id.
	3e Mois.	»	»	Histoire artistique, biographique, religieuse	id.

TROISIÈME ANNÉE PRIMAIRE

(9 ans)

ÉTUDES ANALYTIQUES

35. — Résumé préliminaire rapide des connaissances acquises dans la deuxième année, descendant de la synthèse qui a terminé cette année au détail des diverses sciences, et du point de vue cosmique au point de vue industriel, pratique.

Après ce résumé, on entamera l'étude détaillée de chacune des sciences particulières en rappelant d'abord les conclusions posées dans l'année précédente comme plan d'étude de celle-ci.

PREMIER ORDRE DE SCIENCES

(Sciences réelles)

1re CLASSE : SCIENCES NATURELLES

I. — *Zoologie.*

36. — 1° Parmi les êtres vivants, les animaux se distinguent par les fonctions suivantes (que l'élève sera appelé à trouver par lui-même et sur lui-même), à chacune desquelles correspond un ensemble d'organes ou appareils :

FONCTIONS		APPAREILS CORRESPONDANTS
1. Se nourrir (le subjectif) (1).	De solides et de liquides. De gaz (l'air).	Appareil digestif. id. de circulation. (sont à l'intérieur du corps).
2. Sentir (relation du sujet à l'objet).	Consciemment ou inconsciemment (l'action réflexe), pour se préserver des dangers ou profiter des avantages extérieurs.	Appareil des nerfs (répandus à l'intérieur et à l'extérieur).
3. Se mouvoir (l'objectif).	Pour échapper aux dangers, ou rechercher les avantages extérieurs.	Muscles et squelette qui les supporte. (Os et viande des animaux), partie extérieure du corps.

2° Ces fonctions, en se renouvelant, constituent la série vitale : Naître et se développer.

Vivre et se défendre.

Mourir.

37. — Reprenons en détail ces notions d'ensemble, en les étudiant successivement chez l'homme, en qui elles ont leur plus haute perfection, et chez les animaux.

(1) Ces caractères abstraits de chaque fonction sont utiles à faire observer à l'élève, pour les connaissances grammaticales qui leur correspondent (tels que sujet, verbe et régime, etc.).

A. — Chez l'homme (1) :

DÉTAILS DE LA FONCTION (PHYSIOLOGIE)				ORGANES (ANATOMIE)	
1. Nutrition — *Étude analytique de la Physiologie à l'Anatomie.*	1. Formation de la force vitale par la nutrition.	Aliments solides et liquides (Digestion).	Transformation chimique des aliments triturés en chyle, par l'action chimique des sucs digestifs (passage de la *terre* à l'*eau*). { prendre, manger, digérer }	Bouche. Dents, langue. Œsophage. Estomac. Intestins.	} Le Ventre.
		Aliments gazeux (Respiration).	Transformation chimique du chyle en sang vivant (et aussi du sang mort en sang vivant), par l'action du gaz de l'air (passage de l'*eau* au *feu*).	Poumons (trachée et bronches).	} La Poitrine.
	2. Circulation — *Distribution du liquide actif*.	1. Emmagasinement central et appareil de projection.		Le Cœur.	} Tout le corps.
		Sang vivant + grande circulation	Du centre à la périphérie (les muscles). De la périphérie au centre (des muscles au cœur).	Artères. Capillaires. Veines.	
		Sang mort. petite circulation ou inverse.	du Centre aux poumons. des Poumons aux centres.	Veines. Capillaires. Artères.	
	3. Expulsion des résidus (excrétions et sécrétions).			Intestins (partie). Reins, sueur, etc.	
3. Transformation en force nerveuse propre à la locomotion, à la sensation et à la distribution (passage du *feu* à l'*air*).			Transformation.	Le Cerveau.	} La Tête.
			Distribution.	Les Nerfs.	

(1) Ce programme pour la physiologie est établi d'après la *physiologie synthétique* de G. Encausse.

ÉTUDES ANALYTIQUES

		DÉTAILS DE LA FONCTION (PHYSIOLOGIE)		ORGANES (ANATOMIE)
Étude analytique de la Physiologie et de l'Anatomie.	2. Sensation.	Formation de la sensation.	Réception de la force extérieure.	Peau et organes des cinq sens.
		Distribution.	De la périphérie au centre.	Ramifications nerveuves — Les nerfs sensitifs. Le Cerveau (substance blanche) — Les nerfs et la moelle. Nerfs locomoteurs.
			Emmagasinement central.	
			Du centre à la circonférence.	
			Inconsciente (action réflexe).	Les Ganglions et le grand sympathique.
		Transformation supérieure.	Consciente (en sentiment et désir puis en volonté et ordre).	Le Cerveau, substance grise. — Cerveau.
	3. Locomotion.	Formation de la force locomotrice.	Ordre donné (ou inconscient et par action réflexe) (ou conscient à la suite du désir et de la volonté).	Cerveau (et accessoirement, ganglions).
		Distribution.	Les nerfs locomoteurs.	
		Exécution.	Contraction des muscles produisant le mouvement des membres ou des organes.	Nerfs muscles et os.
De l'Anatomie et de la Physiologie.	4. Ensemble synthétique.	(Dans l'espace.) Structure générale.	Charpente générale. Distribution des organes intérieurs. Distinction des diverses sortes de tissus.	Le Squelette.
		(Dans le temps.) Fonctionnement général. La vie.	Naissance (Omnia ex Ovo). — De la Cellule, développement de l'œuf, d'après l'œuf de poule.	
			La Vie. Croissance, maturité, vieillesse (maladies, hygiène et médecine).	
			La Mort. Accidentelle ou naturelle.	

B. — Chez l'animal (Anatomie comparée).

38. — Les *fonctions* sont les mêmes chez les animaux que chez l'homme, mais les *appareils* et leurs *organes* varient et distinguent les différents animaux.

Les modifications correspondent à deux conditions :
1° L'habitat de l'animal (la terre, l'eau ou l'air).
2° Sa place dans l'échelle animale, c'est-à-dire sa perfection.

Les appareils varient en proportion de la nécessité de la fonction, c'est-à-dire que ceux qui varient le plus sont ceux qui correspondent à la sensation (l'appareil nerveux) ; ceux qui varient le moins sont ceux propres à la nutrition, et entre les deux sont ceux de la locomotion.

Variations de l'appareil nerveux. — Tableau comparatif très sommaire et purement *graphique* du système chez les vertébrés, les insectes, les crustacés, les mollusques (collier œsophagique), les vers, les zoophytes.

Variations de l'appareil locomoteur. — Elles dépendent surtout de l'habitat de l'animal.

Sur terre : les pattes, les animaux rampant.

Dans l'eau : les nageoires, la vessie, les cils vibratoires.

Dans l'air : les ailes.

Variations de l'appareil nutritif. — En ce qui concerne la *digestion*, elles correspondent au perfectionnement de l'animal (la préhension très variée appartient cependant en général à la *bouche*; la main de l'homme est presque une exception). Tableau graphique de l'appareil digestif chez les vertébrés, les insectes et les crustacés, les mollusques, les vers, les zoophytes, détail entre les vertébrés : mammifères, oiseaux (gésiers), poissons.

En ce qui concerne la *respiration*, elle dépend de la communication avec l'air, donc de l'habitat encore.

Pour la terre (avec l'air) : le poumon.
Pour l'eau : la branchie.
Pour l'air : la respiration directe (oiseaux, insectes).

VARIATIONS DE L'ENSEMBLE

Structure générale.
- Le Squelette.
  - Intérieur (forme vertébrée).
    - Mammifères : pattes, forme cylindrique.
    - Oiseaux : ailes et queue (voiles et gouvernail). } forme ovoïde.
  - Extérieur (animaux sans os)
    - Forme insecte (ailes).
    - Forme crustacée (amphibie).
    - Forme coquille (eau).
  - Nul.
    - Forme de ver.
    - Forme de zoophite (rayonnée).
- Armes diverses (offensives ou défensives).

Naissance et développement.
- 1° par œufs
  - Animaux vivipares (œuf intérieur sans enveloppe).
  - Animaux ovipares (œuf avec enveloppe).
- 2° par bourgeonnement (animaux inférieurs).
- 3° par parthénogénèse.
- *Pendant le développement* : Métamorphose de certains animaux.

(Ces variations fournissent les éléments de la classification qui sera étudiée l'année suivante.)

II. — *Botanique.*

39. — La vie des plantes est, comme celle des animaux inférieurs, à peu près réduite aux fonctions de *nutrition* et de *reproduction ;* celles de sensation et de locomotion sont tout au plus rudimentaires.

En voici le tableau qui sera présenté et développé à l'élève, comme celui des animaux. — On remarquera qu'ils sont dressés tous deux d'après les mêmes distinctions.

ÉTUDES ANALYTIQUES

Étude analytique de la Physiologie à l'Anatomie.

FONCTIONS (PHYSIOLOGIE)				ORGANES (ANATOMIE)	
1. Nutrition.	Formation de la force vitale.	Aliments solides.	Transformation chimique, par un acide, de l'aliment absorbé (passage de la *terre* à l'*eau*, formation de la *sève*).	Prendre. Absorber. Digérer.	Racine (poils radicaux). id. id.	Ventre de la plante.
		Aliments gazeux.	Transformation chimique de la sève par la chlorophylle, sous l'influence de la lumière.		Feuilles.	Poitrine de la plante.
	Distribution du liquide vital.	Circulation.	Pas d'emmagasinement central. Sève active. Sève (descendante) nourricière. Sève informe. Sève ascendante.		Cellules cambiformes (fibres allongées de l'écorce). Faisceaux ligneux.	(Corps de la plante). Tige et ses ramifications
		Excrétions et sécrétions.	Essences, parfums, huiles et poisons. Résines, gommes. Latex (fécule, matières colorantes, caoutchouc, sucre, etc).		Poils glanduleux. Canaux excréteurs. Vaisseaux laticifères et cellules.	
2. Sensation.	Réduites aux nécessités les plus essentielles de la nutrition ou de la reproduction, et à des mouvements partiels, savoir :				Pas d'organes spéciaux.	
	Mouvement.	des racines vers leurs aliments. de la tige (en roulement). des feuilles (le sommeil). des fleurs (corolle ou étamines et pistils).				
3. La Locomotion n'a lieu que pour quelques graines (locomotion apparente de quelques oignons (ex. : les orchidées).						

Structure générale. (Anatomie).	Pas de muscles ni de nerfs (faute de locomotions).		
	Pour charpente, le *ligneux* (pour les plantes de plus grande taille).		
	Structure particulière	des racines et de ses extrémités.	
		de la tige.	Ses vaisseaux et son tissu.
			Ses variétés. } Souterraine, aérienne.
		Des feuilles (proprement dites ou à l'état de fleur).	
		Des divers tissus.	
Développement dans le temps (physiologie).	Naissance.	L'œuf de la plante et la graine, formée par l'union du *pollen* et de l'ovule dans la *Fleur*.	
	La Vie.	Structure ou anatomie { De la Fleur.	
		{ Du Fruit (ses espèces principales seulement).	
		Développement de la graine (germination, cotylédons).	
		id. des feuilles, des fleurs (bourgeons).	
		id. du fruit (maturation).	
	La Mort	Partielle. { Chute des feuilles, des tiges.	
		{ Plantes annuelles, bisannuelles et vivaces.	
		Prolongation par bouture, marcotte, greffe.	
		Totale, décomposition (humus).	

4. Ensemble synthétique de l'Anatomie à la Physiologie.

B. — Anatomie végétale comparée.

41. — Les variations propres à différencier les plantes ne portent plus que sur les appareils de nutrition et sur ceux de reproduction ou les phases du développement, puisqu'il n'y a ni appareil sensoriel ni appareil locomoteur.

Variations de l'appareil de digestion. — Les racines ne s'épaississent pas toujours de productions secondaires (exemples vulgaires de plantes endogènes); elles perdent ensuite leurs fibres, restant exclusivement cellulaires, et enfin disparaissent même complètement. (Exemples de cryptogames.)

Les feuilles présentent des nervures droites au lieu de ramifiées; puis elles perdent leurs fibres pour devenir cellulaires (souvent enroulées en crosse au début), et enfin elles disparaissent complètement.

Variations de l'appareil de circulation. — La tige ne présente plus de moelle, ni de cambium; les vaisseaux y sont disséminés irrégulièrement (on montrera au moyen de bois ces deux variétés de tige). Ensuite les vaisseaux se font de plus en plus rares, la tige devient cellulaire, et enfin elle disparaît complètement.

Variations de la fleur, du fruit et du développement. — La partie colorée de la fleur (corolle) cesse de se distinguer de l'enveloppe (calice); en même temps les divisions sont par 3 ou 6, au lieu de 4 ou 5 ou les multiples. (Exemples : les lis, le blé, etc.) — Puis l'enveloppe de la fleur disparaît, laissant les graines à nu (gymnospermes), et enfin il n'y a plus de fleurs du tout (cryptogames).

Les fruits, par suite, d'abord enveloppés dans un ovaire, deviennent nus, puis les graines ne sont plus rassemblées en fruit ; le fruit disparaît.

Le développement correspond à ces distinctions : Les plantes à fleurs complètes à 4 ou 5 divisions ont deux cotylédons dans la graine ; celles à fleurs de 3 ou 6 divisions n'en ont qu'un ; ceux sans fruit ni fleurs n'en ont plus du tout.

Ces variations fournissent les distinctions du classement qui sera enseigné l'année suivante.

III. — *Minéralogie.*

42. — Ici il n'y a plus de fonctions ni d'organes ; la vie proprement dite n'existe presque plus. Pour la plus grande partie des minéraux, toute transformation est arrêtée ; il n'y en a plus que quelques-uns (à la surface des masses) qui subissent des modifications du reste fort lentes, à quelques exceptions près (citer le fond des mers, l'action des eaux ou de l'air et les volcans). On peut dire qu'en général, dans le règne minéral, il n'y a plus qu'une inertie indéfinie entre une vie et une mort tout accidentelles. L'anatomie se réduit donc à la description de la structure, et la physiologie à celle de l'origine.

ÉTUDES ANALYTIQUES

	STRUCTURE	ORIGINE
Terre et Pierres d'eau. — Organiques (Fossiles) — Disséminées dans les autres pierres	Ou l'individu lui-même pétrifié (diatomées, bois, graines, ambres, etc.). Ou un squelette intérieur ou extérieur, ou des restes. Ou un moule de sa forme.	Débris d'animaux ou de végétaux.
Réunies en une seule roche	Conservées (craies, calcaire à milliolites), etc. — (structure granuleuse).	
	chimiquement décomposées : Bitumes, pétroles. Charbons de terre. Tourbes et lignites humus.	Produit de décomposition végétale surtout.
Inorganiques	Les calcaires (carbonates de chaux à structure grenue plus ou moins fine), pierre proprement dite.	Provenant de la décomposition des squelettes animaux par les eaux.
Pierres mixtes.	Structure granuleuse plus ou moins agglomérée par une pâte argileuse (silicates de chaux, d'alumine, etc., et silice pure). Les grès, les schistes, les argiles, les marnes, les sables.	Provenant de la décomposition, surtout mécanique, des roches ignées par les eaux
Pierres de feu.	Structure généralement cristalline, plus ou moins mêlée de pâte amorphe.	Provenant de la fusion par le feu.
Composition calcaire ou silicates, etc.	Ex. : le marbre (roches métamorphiques). Les pierres précieuses (tourmalines, etc. diamant).	Provenant des pierres d'eau ou mixtes.
	Granits et porphyres. Cristaux de silice, etc. Filons métalliques.	Provenant des éléments chimiques primitifs
Pierres célestes (ou d'air).	Aérolithes (pâte fondue avec cristaux).	Origine inconnue.

2ᵉ CLASSE : SCIENCES PHYSICO-CHIMIQUES

I. — *Chimie.*

43. — *Résumé préliminaire.* — La Chimie nous est apparue comme l'étude de la vie de la matière considérée dans son ensemble, à quelque individu qu'elle appartienne (qu'elle soit pierre, bois ou chair).

A l'appui de cette définition, on indiquera que notre chair, qui est la matière à l'état le plus complexe, ne comprend cependant que des éléments qu'on retrouve non seulement dans les tissus végétaux, mais aussi dans l'air, l'eau, le bitume, la terre ; notre corps n'est vraiment que poussière organisée.

Nous savons aussi que cette vie ne comprend pas de *développement*, n'a que deux termes, la naissance et la mort, se conservant entre les deux dans l'inertie complète.

Pour la connaître, il n'y a donc qu'à étudier la naissance, laquelle met fin en même temps à un ou plusieurs autres corps, c'est-à-dire la *combinaison*, seule fonction de la vie matérielle.

Il faut d'abord se rendre compte de l'anatomie de la matière.

44. — *Anatomie*. — Celle des corps composés (rouille, plâtre, calcaire...) est toute dans la connaissance des corps simples qui les ont formés et de leurs proportions ; cette connaissance résultera de l'étude physiologique de la combinaison ; il n'y a donc à étudier que l'anatomie du corps simple.

Nous savons (physique du cours précédent) que toute matière est composée de *molécules*. Cet élément n'est pas encore le plus simple, car un corps chimiquement composé peut abandonner l'un de ses éléments (on le montrera en faisant un *précipité* entre deux dissolutions ; la poussière du précipité faisant apparaître la *molécule* du corps enlevé à la combinaison) : la molécule du corps composé (et ce sont les plus abondants, formant presque la règle) contient donc plusieurs éléments inséparables ; on les nomme *atomes* (c'est-à dire insécables).

Distinction des atomes. — Ils ne sont pas tous semblables ; ils se différencient par les propriétés suivantes :

1° Ils n'ont pas tous la même affinité pour un même corps (ex. : le chlore a beaucoup d'affinité pour l'or, le fer, etc., peu pour le soufre, l'oxygène, etc.) ; aussi la combinaison de corps différents, se faisant avec plus ou moins d'intensité, ébranle plus ou moins les molécules, les fait *vibrer* plus ou moins, donne plus au moins de *chaleur* ; c'est ce qui peut servir de mesure à l'affinité.

2° Les atomes n'ont pas tous la même électricité. (On le prouvera par l'électrolyse, un voltamètre étant un instrument à portée aujourd'hui de toutes les écoles. et l'on indiquera dans cette distinction l'origine de la galvanoplastie, dont l'expérience sera facile aussi.)

La force d'affinité est, généralement, en rapport avec la nature électrique en ce sens que la combinaison est le plus facile entre les corps les plus opposés à ce point de vue.

3° Les atomes n'ont pas tous le même poids ; à affinité égale, il faut un poids différent d'une même substance pour se combiner avec une série d'autres. (Ex. : le soufre avec le fer, le cuivre, etc.)

Ces trois caractères mesurés aussi exactement que possible (ce que la science a su faire en grande partie) servira au classement des corps simples, que l'on apprendra l'année suivante.

45. — *Physiologie.* — 1° La facilité des combinaisons, et par conséquent l'affinité, sont surbonnées à l'état physique ; en général, plus les molécules sont écartées, plus la combinaison est facile : sa puissance est en raison inverse de la cohésion. La chimie demande donc très souvent l'emploi du feu pour chauffer, et de l'eau ou des autres dissolvants.

La *cuisine*, la cuisson des aliments dans l'eau n'est pas autre chose qu'une opération chimique destinée à modifier les combinaisons qui forment le tissu animal ou végétal, afin de le rendre plus assimilable, c'est-à-dire plus facilement décomposable par les sucs digestifs qui produisent cette opération chimique, la *digestion*.

Cependant, si la chaleur est trop forte, elle peut défaire les combinaisons, décomposer, *brûler*.

En chimie comme en cuisine, il faut se garder de *brûler* ce qu'on doit chauffer.

2° Les combinaisons se font suivant l'ordre des affinités, c'est-à-dire que la plus puissante l'emporte sur celle qui l'est moins (à conditions physiques égales). L'affinité puissante peut même se faire aux dépens de la combinaison moins forte déjà faite ; elle produit alors une décomposition préalable ; c'est le cas le plus fréquent. (Exemple expérimental : le fil de fer plongé dans le sulfate de cuivre dissous.) Il peut même y avoir échange par double décomposition. (Exemple expérimental : précipité entre deux liquides.)

3° Ainsi la naissance d'un corps se fait de trois manières :

1º Simple addition de corps simples. (C'est la préparation. Ex. : sulfure de fer.)

2º Soustraction d'un ou plusieurs corps constituants. (C'est ce qu'on appelle l'extraction. Ex. : la métallurgie.)

3º Substitution de corps.

Par conséquence inverse, la mort d'un corps en tant qu'individu se fait ou par addition, ou par soustraction, ou par substitution d'atomes dans chacune de ses molécules, ces trois opérations donnant naissance à des individus nouveaux, *car rien ne se perd dans la nature.*

C'est pourquoi le cultivateur emploie tous ses détritus et ceux des villes (boues, immondices, etc.) en *fumiers*, c'est-à-dire profite de ce que par leur décomposition ils forment des corps nouveaux, ceux qui constituent le terreau, et les gaz (ammoniaque notamment) dont les végétaux se nourriront.

4º *Des proportions.* — Les combinaisons ne se font pas en toute proportion. Il faut toujours la même quantité de soufre pour se combiner avec une quantité donnée de fer, la même quantité d'hydrogène avec une quantité donnée d'oxygène, etc. (C'est la *loi des proportions définies*, qui s'applique aux volumes comme aux poids.)

Mais les mêmes substances peuvent donner plusieurs combinaisons définies ; celles-ci sont alors entre elles dans des proportions très simples, bien que ce soient des produits bien distincts. (Ex. : S et O ; Az et O, etc.) (C'est la *loi des proportions multiples.*)

Par conséquent, un corps composé se distinguera

non seulement par l'énonciation de ceux qui le constituent, mais aussi par leurs *proportions* (d'où les formules. Ex. : SO, SO^2, SO^3, etc., AzO, AzO^3... AzO^5, etc.).

Cependant tous les corps ne font pas un même nombre de ces combinaisons multiples ; ainsi S en fait 7 avec O ; Az n'en fait que 5 ; C n'en fait que 2.

Les corps simples, outre les différences signalées plus haut, se distinguent donc encore par leur *atomicité*.

Elle est variable, du reste, comme l'affinité, pour un même corps, par rapport à tous les autres. (C'est biatomique avec O, tétraatomique avec H, etc.)

46. — *Résultat de la combinaison.* — 1° Les corps composés peuvent se combiner entre eux, à leur tour, d'après les mêmes principes ; le premier ordre de résultats de ces combinaisons comprend les corps *composés binaires*.

Ils ont leur affinité d'élection, leur puissance de combinaison qui se mesure par la chaleur développée.

Ils sont d'électricité diverse, les uns actifs, les autres passifs. Les actifs les plus remarquables résultent de la combinaison des *métalloïdes* avec l'oxygène : ce sont les *acides* ; les passifs les plus remarquables résultent de la combinaison des *métaux* avec le même oxygène : ce sont des *bases*.

Il y a aussi des composés binaires neutres ; soit qu'ils soient acides avec certains corps, bases avec d'autres (par exemple l'eau), soit qu'ils soient tout à fait neutres (comme les huiles essentielles).

Les corps composés binaires ont aussi des poids atomiques différents, selon les poids atomiques de leurs constituants.

2° Ils se combinent entre eux pour former un second ordre de combinaisons *ternaires*, ou *quaternaires* pour lesquelles on peut redire ce qui s'applique aux binaires.

3° Et c'est là à peu près que s'arrête la série de complexité de combinaisons.

Mais il y a une distinction capitale à faire dans ce second ordre de composés :

Les uns résultent du rapprochement de corps qui avaient un élément commun (ex. : les *acides* et les *bases* cités plus haut, formant les *sels*, comme le sulfate de chaux, — les sulfosels, etc.); les autres au contraire sont composés de quatre éléments différents (comme l'amidon, le blanc d'œuf, etc.).

Le premier genre comprend à peu près tous les corps du règne minéral et ceux-là seulement.

Le second genre, à peu près tous les corps des deux règnes vivants, et ceux-là seulement ; les quatre corps simples qui les composent à peu près exclusivement sont H. O, C et Az. Leurs proportions son tellement nombreuses qu'ils forment à eux quatre (et souvent à trois ou deux seulement) une série presque indéfinie de composés dont la connaissance et le classement seront réservés à l'année suivante (1).

(1) On voit que le pas est donné ici à la théorie dualistique sur celle atomique ; ce qui est non seulement sans inconvénient, mais logique même, la première étant plus appropriée à la chimie inorganique, seule enseignée à ce degré (voir l'*Essai de chimie synthétique*).

Il résulte de là que l'étude de la chimie se partage en deux divisions fondamentales :

Chimie inorganique et *Chimie organique.*

47. — La classification des corps composés basée sur ces données est réservée à l'année suivante.

On achèvera celle-ci par des notions simples de nomenclature chimique inorganique (dénomination des bases, des acides et des sels et formules).

48. — L'enseignement de cette année se résume dans le tableau suivant :

ANATOMIE	ÉLÉMENTS : Les atomes (éléments de la molécule, ou grain de poussière) sont, *les uns par rapport aux autres,*	d'affinité plus ou moins forte ; électropositifs ou électronégatifs ; d'atomicité différente (mono..., bi..., tri... atomique) ; de poids plus ou moins grand.
	STUCTURE GÉNÉRALE : La molécule est constituée :	d'un seul atome (les corps simples). de plusieurs atomes (corps composés) { binaires. ternaires. quaternaires.
PHYSIOLOGIE *Les Combinaisons*	Se font de quelle manière	1° par juxtaposition de molécules simples. 2° au détriment d'un autre corps. { par décomposition simple. par double décomposition.
	En proportions fixes	définies pour chaque corps. multiples entre deux mêmes corps et de multiplicité variable.
	Produisent pour la chimie inorganique	des composés binaires : { *Acides. Basiques.* ou *Neutres*. des composés ternaires ou *sels* qui peuvent être multiples.
	pour la chimie organique, une quantité innombrable de produits qu'on distinguera l'année suivante.	

II. — *Physique.*

49. — On résumera d'abord les cours de l'année précédente en insistant particulièrement sur la distinction des deux forces contraires : l'astringence et l'expansion, et sur les effets caractéristiques de chacune d'elles.

Cet année doit s'attacher principalement au conflit de ces deux forces, pour étudier les trois sortes de mouvements qui en résultent (de vibration, de translation, de polarisation).

1° **Mouvement vibratoire**

50. — 1° On rappellera qu'il consiste en une série d'expansions et de restrictions autour d'une position médiane. Elles se traduisent à l'extérieur par des ondes se propageant avec une certaine vitesse autour du centre vibrant.

Quand il s'en fait de 64 à 73,700 par secondes (s'étendant de 5 mètres à 5 millimètres), nous les percevons comme *son*.

Quand il s'en fait de 200 trillions à 500 trillions par secondes (avec une étendue d'environ 60 millièmes de millimètre, au plus), nous les percevons comme *chaleur obscure*.

Quand il s'en fait de 500 trillions à 800 trillions environ (avec une amplitude de 60 millièmes à 30 millièmes de millimètres), nous les percevons comme *Lumière*.

Enfin de 800 trillions à 1,600 trillions par seconde, nos sens ne les perçoivent plus, mais nous leur voyons produire des *effets chimiques* (notamment ceux employés en photographie).

2° Quel que soit l'effet produit, les ondes nées de la vibration se propagent toutes de la même manière, faisant comme une infinité de rayons qui partent du centre de vibration et finissent par s'éteindre après s'être affaiblis rapidement à mesure qu'ils s'éloignaient de ce centre.

Ces rayons sont droits (ni courbes ni brisées), comme il est facile de le prouver au moyen d'écrans.

3° S'ils rencontrent un corps plus dense que le milieu où ils sont nés, ils se divisent en deux portions inégales (selon l'angle d'incidence).

L'une des deux rebondit comme la bille d'un billard qui a touché la bande. C'est ce qui produit l'*écho* du son, la *réflexion* de la lumière.

L'autre portion pénètre dans le corps et en fait vibrer les molécules (ex. : les tables d'harmonie, des instruments à vent, — l'éclairage d'un aquarium, l'échauffement, la phosphorescence). Le rayon pénétrant se propage donc dans ce milieu plus dense, mais avec une aisance ou une difficulté qui dépendent de la densité du milieu, de la mobilité de ses molécules. — C'est ce qui constitue la *conductibilité* propre de chaque corps.

Après s'être propagé ainsi dans ce milieu différent, il en ressort, mais alors il a été dévié par les résistances rencontrées, et en proportion de ces résistances. Il est dévié en entrant à cause de ces obstacles ; il l'est à nouveau en ressortant, parce que ces résistances cessent.

On expliquera au moyen de figures comment on a pu utiliser ces déviations pour concentrer ou disperser les rayons ou construire ainsi des *lunettes*.

La propagation n'est pas instantanée (comme on peut le voir par les ondulations d'un liquide ébranlé), — elle a une vitesse qui est de 337 mètres par seconde pour le son (dans l'air) et de 300,000 kilomètres par seconde (environ) pour la chaleur et la lumière.

4° Comme on l'a vu, les ondulations ne sont pas toutes de même amplitude ou de même rapidité ; il y en a donc une série de plus en plus rapides ou de moins en moins amples. Pour le son, cette série forme la suite des gammes. Pour la chaleur et la lumière, elles apparaissent distinctement par la réfraction, formant le spectre (où l'on distingue les rayons chauds, lumineux et chimiques, et, parmi les lumineux, les sept couleurs de l'arc-en-ciel).

2° Mouvement de translation des molécules

51. — 1° On rappellera les trois états des corps correspondant à la prédominance d'une des deux forces ou à leur balancement.

On montrera comment il en résulte que les gaz poussent les parois des vases qui les renferment, exercent une *pression* en tous sens pour s'échapper, (c'est cette force, généralement considérable, qui est utilisée dans les machines à vapeur, celles à gaz, les armes à feu, les mines de matières explosives). Que les liquides attirés par la pesanteur prennent toujours une surface horizontale, pressant le fonds et les côtés des vases, produisant la *poussée* pour soulever les corps moins lourds qu'eux (ce qui permet la navigation aquatique ou aérienne).

Les liquides tendent toujours à l'état gazeux ; ils ont une *tension* de vaporisation qui dépend soit du corps, soit de la pression extérieure (d'où les *parfums*).

2° Ces trois états sont variables ; tout corps peut passer de l'un à l'autre dans le sens de l'expansion ou dans celui de la contraction.

L'expansion s'obtient ou en multipliant les vibrations moléculaires au moyen de la chaleur (en chauffant) ou en augmentant l'espace (s'il s'agit de fluides), ce qui permet à la tension de s'exercer. On obtient ce dernier résultat en faisant le *vide*, en raréfiant la matière autour du fluide à dilater. (Ex. l'aérostat qui se gonfle en montant.)

3° Le changement d'état par la chaleur n'est pas également facile pour tous les corps. Comme ils n'ont pas tous la même proportion d'astringence (voir la chimie), il faut une expansion, une vibration différente pour les dilater. Chaque corps a sa *chaleur spécifique*.

4° En outre, à cause de la différence radicale qui distingue chacun des trois états des corps, il faut ajouter un surcroît de force vibratoire expansive au moment où doit s'effectuer le passage d'un état à l'autre. C'est ce qui constitue la *chaleur latente*.

(Ainsi l'élève apprendra qu'il ne faut pas la même quantité de feu pour chauffer de l'eau pure, une lessive, une teinture, du lait, etc., et qu'il faut un excédent de feu pour faire fondre ou bouillir une substance quelconque.)

5° A l'inverse, la contraction s'obtient soit par la *pression*, la diminution de l'espace (ex. : la fabrication de l'eau de Seltz), soit par le refroidissement (ex. : la condensation dans la machine à vapeur, employée pour faire le vide).

3° Mouvement d'orientation des molécules

51 bis. — 1° Si par une action chimique on dérange l'équilibre atomique d'un corps quelconque, on fait apparaître deux forces contraires qui semblent correspondre aux qualités opposées que nous avons vues en chimie, propres à deux corps qui se combinent (par exemple un acide et une base).

Ces deux forces constituent ce que l'on nomme l'*Électricité*.

2° On peut aussi la développer par le dérangement *mécanique* de l'équilibre des atomes, au moyen de la chaleur ou du frottement. Une électricité différente se répand sur chacun des deux corps frottés, d'après ses caractères spécifiques ou relatifs. (D'où distinction des électricités *vitrée* ou *résineuse*, positive ou négative.)

3° Ainsi séparées, les deux espèces d'électricité tendent à se réunir à travers les corps qu'on leur offre comme supports ; c'est ainsi qu'on peut *électriser* un corps positivement ou négativement.

4° Elles se propagent donc, elles courent pour ainsi dire à travers les corps comme le ferait un fluide ; on peut ainsi constituer un *courant* où on les voit entraîner quelques molécules dans leur course ;

5° Cette propagation ne se fait point par ondes

comme les vibrations, mais par *influence* d'une molécule à la suivante; c'est-à-dire par attraction de la force contraire dans le voisinage de la force propagée et sans oscillations autour de la position d'équilibre.

Cette attraction se fait d'ailleurs non seulement aux distances moléculaires, mais même à des distances plus grandes, quoique très limitées (l'influence diminuant très rapidement avec la distance).

De sorte que la propagation prend deux formes : la *conductibilité* quand elle se fait aux distances moléculaires ; et l'*influence* (qui prend le nom d'*induction* quand il s'agit d'un courant dans un circuit) (1), lorsque la propagation se fait à travers des distances plus grandes.

52. — *De la conductibilité.* — 1° Elle n'est pas la même pour tous les corps (métaux, métalloïdes, solides, liquides et gaz) ; il y a même des corps isolants.

2° Si les corps ne sont pas disposés en circuit, produisant un courant, la force se répand à l'extérieur, retenue par l'air, qui est mauvais conducteur. D'où la *tension* (l'effet des pointes et les paratonnerres) ; c'est l'état d'équilibre *statique* ; si l'on approche un corps d'électricité contraire, il se produira une étincelle, et la neutralisation des deux forces (c'est la *foudre*).

3° Si l'électricité se propage dans un corps bon conducteur disposé en circuit, et que le circuit soit

---

(1) Cette assimilation des deux électricités dynamique et statique, malgré la distribution à la surface ou dans l'intérieur, est justifiée par la théorie de Faraday.

ouvert, elle se répand dans toute l'épaisseur en deux forces contraires qui s'opposent de chaque côté du centre de production, de façon à produire deux pôles extrêmes. Ces deux pôles s'attirent et se rapprochent s'ils sont mobiles (ce qui permet notamment le mécanisme du télégraphe), ou sinon peuvent produire des étincelles.

Si le circuit est fermé, il y a courant (deux courants en sens contraire dont un plus fort) dû à la neutralisation continuelle des deux électricités contraires.

4° Si, dans ce circuit, la force rencontre quelque résistance, comme si sa voie se trouve, pour ainsi dire, soit resserrée, soit obstruée (par une conductibilité plus difficile), au lieu d'une simple influence moléculaire il se produit des vibrations, et par conséquent de la chaleur, de la lumière, des actions chimiques (d'où lumière électrique, fusions, combustions, décompositions, etc.). L'étincelle du reste produit les mêmes phénomènes, mais instantanés.

5° La propagation de l'électricité est très rapide, mais moins que celle de la lumière (on en donnera les chiffres).

6° Si l'on dispose le circuit du corps conducteur en spires rapprochées (de la forme dite solénoïde), on obtient un cylindre qui se polarise à ses deux extrémités en deux électricités contraires.

Il y a, dans la nature, des corps constitués de cette façon (*les aimants*) de sorte que sans aucune préparation ils offrent toujours ces deux pôles opposés.

On peut produire des aimants artificiels autrement

que par les solénoïdes (les barreaux de fer, aimant en fer à cheval).

53. — *De l'Influence* (ou propagation à distance, c'est-à-dire à travers l'air, ou à travers tout autre mauvais conducteur, comme le verre).

1° On la facilite en faisant communiquer l'extrémité opposée avec un bon conducteur (comme le sol).

D'où les accumulateurs de tout genre (bouteille de Leyde, etc.), qui permettent d'emmagasiner et de conserver l'électricité.

54. — *Induction*. — 1° Si le corps qui reçoit l'influence d'un courant est lui-même disposé en circuit, et bon conducteur, au moment où il s'approche et à celui où il s'éloigne, il se produit en lui un courant instantané d'autant plus intense que le mouvement est plus rapide.

Un solénoïde ou un aimant naturel ou artificiel produisent le même effet que le courant inducteur.

(D'où les machines d'induction, bobines et autres du même genre, où l'on combine le courant et l'aimant.)

2° Enfin, si le circuit voisin d'un courant est lui-même traversé par un courant, notamment s'il est en solénoïde, ou aimant, il est attiré à l'un de ses pôles, repoussé à l'autre avec une intensité qui dépend de celle du courant qui l'influence (d'où le rhéomètre).

55. — TABLEAU RÉSUMANT LA PHYSIQUE

Le conflit entre les deux forces d'ordre contraire produit trois sortes d'effets :

1° **Mouvement de *vibration*** (chaleur, lumière, photochimie), qui se propage :
- Dans l'espace libre, en ligne droite et par rayonnement.*
- À travers les corps.
  - Par *conductibilité*.
  - Avec
    - Retour partiel par *réflexion*.
    - Déviation intérieure (à l'entrée et à la sortie).
    - par *réfraction*.

2° **Mouvement de *translation*** des molécules produisant fusion et vaporisation (ou l'inverse) lesquelles s'effectuent pour les divers corps, selon :
- Leur chaleur spécifique.
- Leur chaleur latente
  - de fusion.
  - et de vaporisation.

3° **Mouvement d'*orientation*** donnant par propagation de proche en proche l'apparence de deux fluides électriques contraires qui :

SELON LA DISPOSITION DU CONDUCTEUR

FORME AUTRE QUE CIRCUIT	DISPOSITION EN CIRCUIT
Se propagent par orientation de proche en proche, sans rayonnement (donc sans réflexion ni réfraction).	Se répandant à la surface. Avec *tension* pour s'échapper (selon la conductibilité qui peut être presque nulle).	Se répand dans toute l'épaisseur. Avec tension variable et échauffement des parties résistantes (selon la conductibilité qui peut être presque nulle).
S'attirent à travers les mauvais conducteurs.	Électrisant par *influence* les corps bons conducteurs voisins.	Donnant un *aimant* si le circuit est solénoïde.
Se réunissent	À travers les mauvais conducteurs qui les séparent en produisant l'*Étincelle*.	Produisant les courants d'*induction* dans le circuit voisin, conducteur.
		Se réunissant dans le circuit à l'extrémité opposée à celle où ils se séparent (si le circuit est ouvert).

III. — *Mécanique.*

56. — 1° *Résumé du cours précédent.* — On a à savoir : 1° quelles sortes de mouvements produit la force ; 2° comment on arrête l'effet de la force pour produire l'équilibre ; 3° comment, à l'inverse, on peut rendre la force utile, produire du travail.

2° *Du mouvement.* — Parlons d'abord d'une seule force : Un corps poussé ou tiré (un coup de pied dans une balle, etc.) se meut dans la direction de la force, et rentre progressivement en équilibre comme il était d'abord.

Si on répète l'impulsion, le mouvement *s'accélère* (ex. : la toupie, le cerceau, la balançoire, etc.), pourvu qu'on aille toujours dans le même sens.

Si l'impulsion nouvelle n'est pas dans le même sens : en sens contraire, elle ralentit ; en tout autre sens, elle se compose. (Ex. : le bateau tiré des deux côtés de la rivière, etc.)

La résultante est au *milieu* si les forces sont égales, ou se rapproche de la plus intense des deux forces.

S'il y a plusieurs forces, on peut se figurer qu'elles se composent ainsi deux à deux, et l'on arrive généralement à une résultante unique (1).

3° Voilà pour la direction ; quant à la vitesse, c'est-à-dire le chemin parcouru dans un temps fixé, elle dépend à la fois de la force qui donne le mouvement, et de la masse à remuer.

4° *De l'équilibre.* — L'équilibre a lieu quand deux

---

(1) On ne parlera pas du *couple.*

forces sont égales (c'est-à-dire pouvant donner la même vitesse à la même masse) et de sens contraire.

Pour produire l'équilibre, il faut appliquer une force (directe ou unique, ou comme résultante de plusieurs) en sens contraire de la résultante de celles qui produisaient le mouvement, et de même intensité. (Ex. par la pesanteur : si la direction n'est pas en sens contraire, il y a plan incliné, *chute* ; si la résistance n'est pas suffisante, le corps passe à travers le plan, ou le déplace, il y a encore chute ; et autres exemples à multiplier.)

5° *Du travail.* — Pour produire du travail, il faut d'abord faire équilibre à toutes les résistances et, en outre, ajouter un excédent de force. (Ex. : pour transporter un fardeau, il faut d'abord le maintenir soulevé, et ensuite le faire avancer, les deux effets semblant se confondre en un seul effort quand on le pousse, et autres exemples multipliés.)

Le travail se mesure, comme toute force, par la vitesse et selon la masse. (Ex. : combien de terre transportée, à quelle distance et dans quel temps, etc.)

3ᵉ CLASSE : LES SCIENCES DE MESURE

I. — *Géométrie.*

De la génération des formes

57. — 1° Rappel des trois éléments de la forme (point, ligne, surface) et de la façon dont ils s'engendrent successivement par mouvement ou par combinaison.

Recherche de ces combinaisons faites principalement avec l'initiative de l'élève.

1° *Point avec ligne* (on ne prendra que la droite après l'avoir définie comme le plus court chemin d'un point à un autre, comme le trajet d'une balle, d'une flèche, etc., de petite distance; un fil tendu, etc.). — Cela donnera : le point sur la ligne (extrémités notamment) ou en dehors (et il y aura alors à s'occuper de sa *distance*).

2° *Des lignes*. — D'abord sur le plan. Pour deux lignes, on trouvera l'*angle* et les *parallèles*.

Pour trois lignes on trouvera : le triangle, deux parallèles et un sécante, ou trois parallèles, ou trois lignes concurrentes.

Pour quatre lignes, le quadrilatère, des parallèles coupées par des sécantes (entre autres le parallélogramme), ou seulement des parallèles, ou quatre lignes concurrentes.

Et ainsi de suite indéfiniment.

Ce que l'on pourra résumer par un tableau représentant les formes les unes sous les autres, savoir :

	FIGURES FERMÉES	PARALLÉLISME	CONCURRENCE EN UN POINT
2 lignes.	»	Parallèles.	Angle simple.
3 lignes.	Triangle.	Parallèles coupées ou non.	Angle multiple.
4 lignes.	Quadrilatère.	Parallèles ou triangle coupé	Idem.
5 lignes.	Pentagone.	Parallèles ou triangle coupé 2 fois, ou quadrilatère coupé.	Idem.
Etc.	Etc.	Etc.	Etc.

Dans l'espace. On ajoutera simplement la démonstration *expérimentale* que deux lignes droites peuvent ne pas se rencontrer (en donnant des exemples, comme la ligne télégraphique qui passe au-dessus des rails, etc.), que si elles se rencontrent, elles sont dans le même plan et produisent un angle ; et le plan sera étudié plus loin dans ses combinaisons avec la ligne.

La *courbe* est une ligne brisée dont chaque partie est infiniment petite : ainsi à la figure fermée correspondra la courbe fermée.

3° *Des surfaces.* — D'abord celle plane définie par la propriété de contenir une droite en tous sens.

Le plan et le point : peuvent être l'un sur l'autre ou non.

Le plan et la droite. Elle peut être : 1° dans le plan ; 2° ne le toucher que par un point (le traverser) ; 3° lui être parallèle.

Le plan avec le plan. Ici on trouvera des constructions analogues à celles qu'ont données les droites, mais avec un peu plus de complications, savoir (1) :

---

(1) Ces formes se construiront avec le papier, et par l'élève.

	FIGURES FERMÉES (Complètement ou non).	PARALLÉLISME	CONCURRENCE EN UN POINT.
2 plans	Angle dièdre.	2 plans parallèles.	»
3 plans	Prisme ouvert aux 2 bouts et triangulaire.	1° 3 plans parallèles. 2° 2 plans parallèles coupés par un transversal.	L'angle trièdre.
4 plans	Prisme { quadrangulaire ouvert. triangulaire fermé d'un bout. Pyramide triangulaire.	1° 4 plans parallèles. 2° 3 plans parallèles et 1 sécant. 3° 2 plans parallèles et 2 sécants.	L'angle tétraèdre.
5 plans	Prisme { pentangulaire ouvert. quadrangulaire fermé d'un bout. triangulaire fermé. Pyramide { quadrangulaire. triangulaire tronquée.	Plans parallèles coupés ou non par d'autres sécants.	L'angle pentaèdre.

La surface courbe est une surface composée de plans infiniment étroits.

Par là, le prisme passe au cylindre;

L'angle au cône.

Le polyèdre au volume fermé, irrégulier et régulier, et notamment à la sphère.

58. — Propriétés de ces figures (1)

1° *Figures planes*. — Des diverses espèces d'*angles* et de leur génération par la rotation d'une des droites.

Triangle. Au plus grand angle est opposé le plus grand côté et réciproquement. — Des diverses espèces de triangles, et de leur génération par la variation des angles.

De la hauteur, de la bissectrice, de la médiane, du centre.

Quand la hauteur et la base augmentent, la surface s'accroît aussi.

Quadrilatère. Des diverses espèces de quadrilatères, et de leur génération par la variation des angles.

Des diagonales. — Décomposition en triangles.

(On n'ira pas plus loin pour la description, mais on ajoutera :)

Des polygones réguliers. De leur centre.

D'où le *cercle* et sa définition par le centre.

2° *Figures dans l'espace.* — Des angles dièdres ; leurs diverses espèces et leur génération par rotation d'un plan autour de l'arête.

Du *tétraèdre.* Au plus grand angle dièdre est opposée la plus grande face et réciproquement : des

---

(1) Toutes ces propriétés seront, non pas démontrées rigoureusement, mais reconnues et appréciées d'instinct, comme faits d'observation. On indiquera cependant à l'élève, par des exemples simples, que les géomètres ne se contentent pas de cette appréciation vague, ne laissent rien sans démonstration rigoureuse.

diverses espèces de pyramides triangulaires formées par variation des angles dièdres.

De la hauteur et de la base ; des plans médians, bissecteurs ; du centre.

Le volume augmente avec la base et la hauteur.

Du *prisme fermé* ou pentagone ; ses diverses espèces.

De l'*hexagone* et de ses variétés (parallélépipède, cube). Décomposition en pyramides triangulaires.

De là on généralisera en traitant :

Des polyèdres décomposables en pyramides triangulaires.

Des polyèdres réguliers ; de l'axe et du centre.

Des corps ronds comme limites des polyèdres réguliers.

II. — *Arithmétique*.

59. — Pratique des quatre règles, en montrant à nouveau par expérience comment la multiplication et la puissance se rapportent à l'addition ; la division et la racine, à la soustraction.

Calcul sur les fractions, par la pratique.

Des fractions décimales : leur signification.

Passage d'une sorte de fractions à l'autre.

Idée des logarithmes comme simplification des calculs, et par la pratique seule (au moyen des deux séries : voir la *petite table* de logarithmes de J. Vinot).

II° ORDRE DE SCIENCES

(Sciences psychologiques)

Ire CLASSE : LE GRAPHIQUE

60. — 1° *Théorie.* — Théorie géométrique de la règle, de l'équerre et du compas : de la division de la circonférence pour la mesure des angles (expliquée par le mouvement de rotation qui produit l'angle) et du rapporteur.

2° *Pratique.* — Appréciation des angles par l'œil.

Construction avec la règle, l'équerre et le compas d'abord, à main levée ensuite, des diverses variétés de figures géométriques, puis de leurs combinaisons.

Dictées de dessins de ce genre.

Exercices propres à donner l'habitude de trouver dans les objets à dessiner les angles et les lignes directrices, les formes rectilignes enveloppantes.

3° A cette classe se rapportent les collections d'objets naturels et leur classement.

Dans des promenades appropriées, on apprendra aux élèves à récolter des plantes et des fleurs, à les reconnaître selon les distinctions apprises jusque-là, à les conserver et à les étiqueter ; on leur fera ordonner de même les échantillons de produits qui pourront être obtenus. (Ces objets pourront être ensuite donnés en récompense à mesure qu'ils seront obtenus en double.)

2ᵉ CLASSE : LE LANGAGE

61. — L'élève a maintenant des notions sur la proposition complexe, et sur toutes les parties du discours; il en va pénétrer un peu plus les détails en en reconnaissant les nuances.

1° Il devra se rappeler avant tout, et il lui sera rappelé continuellement que les nuances du langage sont données par les affixes et terminaisons; il aura donc à reconnaître le radical et à savoir comment se forment autour de lui les nuances étudiées.

2° Des diverses sortes d'adjectifs. — Et des degrés de comparaison.

Des divers sortes de pronom.

3° C'est au verbe surtout qu'on s'attachera en cette année.

On y reconnaîtra : d'abord les temps *surcomposés* (qui sont les nuances dans le temps). — Ce qui comporte les nuances correspondant aux deux verbes auxiliaires.

Ensuite des modes autres que le conditionnel (ou des nuances dans les modes), et du conditionnel surcomposé.

En troisième lieu, de la voix active ou passive (la forme réfléchie peut être considérée comme voix intermédiaire ou moyenne).

Enfin on passera à la *forme* ou division en quatre conjugaisons en montrant avec soin que, différente des principes précédents qui touchent au fond de la langue, elle est due seulement aux nécessités d'harmonie dans la réalisation des modifications fondamentales ; aussi correspond-elle à la désinence de l'infinitif selon les trois voyelles : *e* (1re et 4e conjugaisons), *i* (2e), *o* (3e), qui sont les seules de notre langue (la 1re et la 4e conjugaisons n'étant que les deux formes inverses de la combinaison *e-r*. (Dans d'autres langues où les terminaisons sont autres, cette répartition est différente aussi.)

4° *Pratique*. — Elle portera principalement sur l'analyse de la proposition complexe pour en séparer les éléments complexes ou simples, et sur la reconnaissance par l'analyse de toutes les nuances détaillées dans la théorie. — Pour le reste, comme à l'année précédente.

3ᵉ CLASSE : PSYCHOLOGIE

62. — On reviendra souvent sur les principes déjà indiqués dans l'année précédente, en insistant particulièrement, et par expérience : 1° sur la nécessité d'entretenir la vivacité de la conscience, au moyen de la *véracité*, sinon elle s'oblitère par *l'habitude ;* le mensonge est le commencement du vice ; 2° de développer l'intelligence, lumière de la volonté, et, pour cela, d'une part de cultiver la *mémoire*, de la meubler solidement, — de l'autre part de *juger* avec le plus de précision possible, de s'habituer à la mesure, à la coordination, à l'ordre.

(Les tableaux des sciences naturelles, physico-chimiques, géométriques, la table de multiplication, devront être reproduits de mémoire.)

IIIᵉ ORDRE DE SCIENCES

(Sciences supérieures)

Iʳᵉ CLASSE : L'ESTHÉTIQUE

63. — Il n'y a rien à ajouter pour cette classe au programme de l'année précédente, qui continuera d'être suivi.

Dans l'enseignement de la musique, on pourra faire reconnaître à l'enfant (grâce à la physique) la différence de valeur esthétique des divers tons et des modes, la phrase musicale (dans la mélodie). La pratique de quelques ensembles (de canons surtout) lui donnera un premier sentiment de l'harmonie.

2ᵉ CLASSE : L'ÉTHIQUE

64. — Le programme est encore le même que pour l'année précédente ; on reviendra sur les mêmes principes généraux fondés sur la psychologie ou empruntés aux sciences positives ; mais on y pénétrera un peu mieux en commençant à fixer et à classer les diverses sortes de devoirs moraux que la conscience impose.

3ᵉ CLASSE : FAITS MÉTAPHYSIQUES

65. — Encore même programme qu'en l'année précédente ; il sera plus apparent encore par suite des détails dans lesquels on a pénétré davantage ; on devra le faire ressortir surtout de la précision et des harmonies des sciences physico-chimiques.

IVᵉ ORDRE DE SCIENCES

(Sciences synthétiques)

OBSERVATIONS PRÉLIMINAIRES

66. — Comme cette année insiste particulièrement sur les sciences physiques et mathématiques, c'est aussi sur la première classe des sciences cosmogoniques qu'elle devra s'étendre plus spécialement (d'après les principes posés à la page 45).

En androgonie, elle comprendra l'histoire de l'industrie humaine, et en métaphysique l'histoire des beaux-arts ainsi expliqués comme l'âme de la société humaine.

Iʳᵉ CLASSE : SCIENCES PHYSIOGONIQUES

67. — *Géographie, Géologie, Paléontologie, Astronomie.* — *1° Géographie.* — Le programme en est suffisamment indiqué dans l'année précédente ; il n'y aura qu'à en donner, dans l'ordre qui vient d'être indiqué, les développements élémentaires toujours appuyés le plus possible d'exemples quotidiens et locaux, de promenades, d'échantillons, de photographies et de dessins ; c'est-à-dire aussi figuré et pittoresque que possible. C'est sur la géographie surtout ou dans les autres sciences en vue de la géographie que cet enseignement s'étendra.

2° Pour la *Géologie*, l'élève devra posséder la division des terrains en 1° azoïques, 2° paléozoïques, 3° secondaires jurassiques (on ne mentionnera pas le trias, ou on le comprendra dans les paléozoïques), 4° secondaire crétacé, 5° tertiaire, 6° quaternaire, 7° contemporain. La distinction en est facile par les roches (1° plutonniennes et schisteuses, 2° carbonifère, 3° calcaire compact, 4° craie, 5° calcaire grossier), et par la paléontologie (1° nulle, 2° zoophytes et mollusques, crustacés, insectes, poissons, 3° vertébrés, sauriens surtout et quelques oiseaux, 4° abondance des mollusques, 5° les mammifères et enfin 6° l'homme), c'est-à-dire successivement les animaux d'eau, d'air et de terre.

3° Pour l'*Astronomie*, il devra connaître avec précision les mouvements *apparents* du soleil et de la lune, avec leurs périodes ; la forme sphérique de la terre et les cercles qui résultent de ces mouvements apparents ; avoir une notion du calendrier, notamment dans la nécessité des jours complémentaires.

4° Pour la *Géographie*, il devra posséder l'orographie et l'hydrographie générales (jusqu'à la connaissance des bassins principaux et de leurs fleuves), la distinction des cinq parties du monde, la répartition des races humaines principales. La distinction des peuples, la description de leurs contrées respectives (orographique, hydrographique, climatologique, zoologique et botanique) et, plus en détail, la géographie physique de la France, ses climats, ses productions, les races diverses de ses habitants.

2ᵉ CLASSE : SCIENCES ANDROGONIQUES

Histoire de l'Industrie

68. — Par un résumé rapide de l'enseignement précédent, on retracera d'abord un tableau de la vie et du travail humains à notre époque, appuyés sur toutes les ressources de la science positive. A cet effet, on passera en revue successivement : la production de tout ce qui sert à la nourriture, à l'entretien, au logement individuels.

Les instruments principaux de notre culture, de nos manufactures, de nos moyens de transport.

Notre fonctionnement social (très sommairement) : gouvernement, police, armée de terre et de mer, l'enseignement.

On fera connaître ensuite l'époque de nos principales découvertes modernes (vapeur, électricité, bougie, gaz, etc.).

On remontera de là au xvıᵉ siècle pour y faire la même revue et décrire la vie d'un citoyen de chacune des classes sociales, en même temps que l'état à la même époque de la localité où se trouve l'école. On y ajoutera l'énumération chronologique des découvertes faites entre ces deux époques (du xvıᵉ au xvıııᵉ siècle).

On passera en troisième lieu aux mêmes descriptions reportées au xᵉ siècle, puis à l'énumération chronologique des découvertes qui ont rempli l'intervalle du xᵉ au xvıᵉ siècle en expliquant comment elles ont été dues principalement à l'émigration byzantine après l'invasion des Turcs (ce qui a constitué la renaissance) et précédemment aux croisades : ces deux événements seront expliqués sommairement (avec quelques développements pittoresques, mais sans détails politiques).

Enfin les mêmes descriptions reproduites pour le vie siècle permettront d'expliquer dans le même esprit l'influence des Arabes au viie, l'invasion des barbares au ve, et les mœurs primitives de ces peuplades.

On passera de là à la civilisation romaine en expliquant d'abord par la géographie l'empire que les barbares détruisaient. On le décrira en deux époques principales : celle de Constantin avec l'église catholique, et celle d'Auguste, à l'époque de la naissance du Christ, en faisant connaître sommairement le culte payen (adressé à des divinités multiples, d'ordre inférieur, appuyé des sacrifices) et l'état d'esclavage pour la production industrielle.

On expliquera, mais très sommairement aussi, la géographie commerciale et industrielle au ier siècle ; on dira comment Rome avait, par une série de guerres qui ne seront pas même indiquées, subjugué et unifié les divers peuples européens, et comment, avant elle, au ive siècle, le Grec Alexandre avait conquis et unifié aussi tout l'Orient.

On passera ainsi à une description pittoresque de la vie asiatique et égyptienne, avant Alexandre, en faisant ressortir particulièrement les civilisations disparues de l'Egypte, de l'Inde et celles de la Chine restée immobile jusqu'à nos jours.

On montrera, toujours par les mêmes descriptions, les civilisations ainsi exposées précédées partout par les peuples primitifs (nomades ou sédentaires) en les comparant aux sauvages qui subsistent encore dans notre temps.

Enfin, au moyen d'échantillons simples, on expliquera la vie de l'homme préhistorique avec ses âges de pierre, de bronze et de fer.

Ce cours sera terminé par une revue d'ensemble, faite cette fois dans l'ordre chronologique ascendant, et appuyée pour chaque époque d'un aperçu très sommaire de géographie ethnographique au moyen de cartes en couleur et d'un nombre très restreint de distinctions.

69. — Cette revue d'ensemble peut se résumer dans le tableau suivant, donné à titre d'exemple plutôt que comme un modèle.

Temps primitifs.
- *Préhistoriques.*
  - Age de pierre.
  - Age de bronze.
  - Age de fer.
- *Les primitifs.*
  - Les nomades (Arabes, Tartares actuels) et les troglodytes, etc. (Sauvages modernes).
  - Les patriarches.
  - Les héros et fondateurs de peuples.

Ère payenne (d'abord théocratique) avec l'esclavage.
- Première civilisation, premiers empires asiatiques.
- Deuxième civilisation, Asiatico-Européenne (Perse, Phénicie, Egypte).
- Troisième civilisation : Européenne — Grecque d'abord puis Romaine (Alexandre et l'Empire romain).

L'Ère chrétienne.
- *Moyen âge* du ve au xie siècle.
  - ve siècle. — Invasion barbare.
  - vi^e à viiie siècle. — Influence arabe (chimie, orfèvrerie, horloges, verre, orgue).
  - ixe et xe siècle. — Etat de misère jusqu'au xiie siècle.

ÉTUDES ANALYTIQUES 157

L'Ère chrétienne
{
  Epoque transitoire du XIIIᵉ au XVᵉ siècle.
  {
    XIIIᵉ siècle. — Les croisades et leur influence.
    XIVᵉ et XVᵉ siècles. — La poudre, la boussole, le charbon de terre, les postes, l'imprimerie. — Chute de Constantinople.
  }
  Temps moderne du XVIᵉ au XIXᵉ siècle.
  {
    XVIᵉ siècle. — La renaissance.
    XVIIᵉ et XVIIIᵉ siècles. — Travail scientifique.
    XIXᵉ siècle. — Développement de l'industrie moderne.
  }
}

3ᵉ CLASSE : SCIENCES MÉTAPHYSIQUES

Histoire de l'Art

70.— Les peuples, comme les individus, ne se contentent pas de la satisfaction purement matérielle de leurs besoins ; *si simple que soit leur industrie*, ils se plaisent à orner tout ce qu'ils emploient, tout ce qui les entoure : vêtements, meubles, ustensiles de tous genres, habitations ; ils aiment à embellir, à animer leurs cérémonies. Ce travail de splendeur constitue les beaux-arts (musique, danse, peinture, sculpture, architecture).

Les arts sont comme l'âme, l'esprit de la vie sociale : ils expriment le goût, le sentiment d'une époque ou d'un peuple.

On montrera par des exemples bien tranchés (le grec, le gothique, l'égyptien, le mauresque, etc.) que ces sentiments varient dans l'espace et dans le temps, ont *une histoire*.

On fera voir, d'autre part, l'unité d'ornementation d'une même époque, le *style* se reproduisant dans les vêtements, les meubles, les armes, etc.), afin de faire comprendre comment une architecture suffit à caractériser une époque ou un peuple. L'architecture emploie, du reste, tous les arts plastiques et sous toutes leurs formes. On se bornera donc, dans ce degré, à l'esquisse de son étude, en indiquant seulement, et très sommairement, l'histoire des arts accessoires.

3° Par des exemples de monuments contemporains et, autant que possible, locaux, on distinguera d'abord trois genres principaux de style dans l'architecture moderne.

1° Prédominance de la ligne droite et horizontale (la Bourse, la Madeleine, etc.).

2° Combinaison de la droite et du cercle, avec formes plus élancées (les tours, les dômes : le Trocadéro, la Trinité, etc.).

3° Prédominance de la ligne droite et verticale, avec l'ogive et la flèche (Sainte-Clotilde, etc.).

On montrera d'ailleurs ces trois types purs plus ou moins altérés ou modifiés dans d'autres monuments (Saint-Sulpice, les Invalides, le Panthéon, etc.)

4° Ces mêmes types, aujourd'hui coexistant, se sont autrefois succédé l'un à l'autre ; c'est seulement depuis le XVIe siècle qu'ils sont réunis.

Précédemment, le 3° type (vertical) avait dominé, depuis le VIIIe siècle.

Le 2e type, le mixte, était le principal depuis la conquête romaine.

Auparavant, dans nos régions occidentales et septentrionales, les hommes vivaient à l'abri des forêts, dans des cabanes ou sous la tente, et ne construisaient que des monuments tout à fait primitifs (les dolmens, menhirs, etc.). Mais les nations du midi de l'Europe, plus civilisées alors, comme on l'a vu (dans l'histoire de l'industrie), employaient encore le second type que Rome avait créé à peu près 300 ans avant Jésus-Christ, d'après le modèle grec.

Pour trouver le premier type, il faut remonter, à travers l'architecture grecque, jusqu'à l'Egypte ancienne (1).

Plus loin encore dans le passé, on retrouve les mêmes types (qui se sont succédé probablement dans le même ordre), en Assyrie, en Inde : écrasés d'abord et simples puis plus ornés et plus élancés. La Chine offre un type plus particulier (se rapprochant de la *tente*, tandis que les autres sont issus de la caverne ou de la hutte), elle a conservé ces types depuis l'antiquité, comme toute institution chinoise, sans modification.

Enfin, au delà encore, on ne trouve que des architectures primitives : le druidique, le cyclopéen, l'hypogée, plus ou moins ornée.

1° En résumé, on trouve donc :

71. — 1° L'architecture asiatique (indienne, écrasée, lourde, majestueuse, puis surchargée quand elle s'élève), assyrienne (massive, mais élevée), chinoise et japonaise.

2° L'architecture européenne comprend : d'abord les trois types distincts :

(1) La distinction des styles égyptien et grec, romain et roman, gothique et arabe, qui échappe dans cette division sommaire, se trouvera plus facilement dans les années suivantes, comme subdivisions, ou nuances de cette première analyse.

1ᵉʳ type, venant, par la Grèce, de Phénicie et d'Egypte;

2ᵉ type, dérivant, par Rome et Bysance, de l'architecture grecque;

3ᵉ type, provenant, par le style roman, de celui byzantin, et fournissant les architectures arabe et gothique;

Ensuite leur fusion à partir de la renaissance, avec prédominance du style romain, surtout aux premiers siècles.

2° A ces divers genres correspondent des styles analogues pour le mobilier, les armes, le vêtement; on les fera voir à l'élève notamment en les lui offrant comme modèles au cours de dessin pratique, surtout par leurs détails caractéristiques (chapiteaux, frises, ogives, rosaces, arabesques, etc.).

3° C'est dans les cours de cette évolution que les autres arts plastiques ont pris naissance.

La *sculpture* a été la première, mais enchaînée longtemps dans des formes fixées par les principes symboliques; elle n'est devenue vraiment libre (par la fixation de canons) que chez les Grecs qui l'ont portée à son apogée.

Elle déchoit, comme l'industrie, lors de l'invasion barbare (sculpture du moyen âge), pour ne reprendre sa perfection qu'à la renaissance.

Peinture. — L'Assyrie, l'Egypte, la Grèce, l'Italie, les Byzantines, les Arabes, le moyen âge, revêtaient leurs statues, leurs vases, leurs monuments, de couleurs (par les divers procédés de l'émail, de la mosaïque, de la peinture); ils y représentaient des ornements, des animaux, des paysages, des scènes diverses. Mais la peinture ne s'est vraiment détachée de l'architecture, pour devenir, en tant qu'art distinct, une expression spéciale de l'idée, qu'après la découverte de la peinture à l'huile au XIIIe siècle de notre ère.

(C'est à ces notions que se bornera, dans ce cours, l'histoire de l'art ; on pourra seulement y ajouter, dans le cours pratique de dessin, l'indication des divers procédés de sculpture et de peinture : moulage, fonte, sculpture, fresque, peinture à l'huile, pastel, aquarelle, fusain, gravure, etc.)

4° *Musique*. — Quant à la musique, son histoire est trop incertaine pour être profitable à cet âge.

On pourra cependant indiquer ces notions :

La musique semble s'être détachée de la parole, comme la sculpture et la peinture de l'architecture : la poésie cadencée d'abord est devenue la psalmodie, puis la mélodie, engendrant successivement les instruments à percussion, ceux du genre trompette (à intervalles harmoniques), puis à note fixe, et enfin ceux à cordes — qui remontent tous, du reste, à la plus haute antiquité.

Les anciens, à ce que l'on pense (jusqu'à l'invasion barbare) avaient une musique mélodieuse et rythmée, mais le contrepoint leur était inconnu.

Le moyen âge est retombé à la psalmodie, dont il s'est dégagé par le plain-chant (d'abord sans rhythme).

Ce n'est guère avant le XVIIe siècle que l'on peut compter avec l'harmonie, qui complète le ternaire musical (mélodie-rhythme-harmonie) ; mais, depuis lors, la musique a fait de rapides progrès, puissamment secondée par la multiplication et le perfectionnement des instruments de tous genres.

72. — C'est sur ces développements de l'histoire industrielle et esthétique que s'appuiera l'éducation de la conscience morale et religieuse de l'enfant, sans qu'il soit encore en état d'en recevoir l'enseignement intellectuel. Des anecdotes, des exemples, des biographies donnés à propos y suffiront. Mais l'esprit religieux trouvera surtout dans les notions métaphysiques de cette année, et en dehors du tableau de création continuée que fournissent les sciences du premier ordre, deux notions fondamentales que le professeur devra s'attacher à faire ressortir aussi souvent qu'il le pourra :

Celle de l'idée dominant la matière, non seulement par la science, qui la dompte, mais aussi par l'art *qui l'anime*.

Et celle de progrès constant qui apparaît dans tous les ordres de sciences.

ÉTUDES ANALYTIQUES 163

73. — Distribution du temps pour la 3ᵉ année.

		1ᵉʳ ORDRE SCIENCES POSITIVES			(3ᵉ ORDRE) SCIENCES SU- PÉRIEURES.
		Naturelles.	Physico-chimiques.	De mesures.	(Esthétique morale)
1ᵉʳ Trimestre.	1ᵉʳ mois	Zoologie.	»	»	Morale instinctive par exemples et éthique psychologique.
	2ᵉ mois	Botanique et géologie.	»	»	id.
	3ᵉ mois	»	Chimie.	»	id.
2ᵉ Trimestre.	1ᵉʳ mois	»	Chimie.	Géométrie.	Ethique psychologique et histoire de l'art.
	2ᵉ mois	»	Physique.	Géométrie et arithmétique.	id.
	3ᵉ mois	Récapitulation des sciences naturelles.	Physique et mécanique	Mécanique, géométrie et arithmétique.	id.
3ᵉ Trimestre.	1ᵉʳ mois	»	»	»	id.
	2ᵉ mois	»	»	»	id.
	3ᵉ mois	Récapitulation générale de chaque sorte de connaissances.			

La matinée sera consacrée de préférence aux séances des 1ʳᵉ, 3ᵉ et 4ᵉ ordre ; la soirée à celle du 2ᵉ.

73. — Distribution du temps pour la 3ᵉ année.

		(4ᵉ ORDRE) SCIENCES SYN-THÉTIQUES. (Histoire, Géogénie.)	(2ᵉ ORDRE) EXPRESSION DE LA PENSÉE		
			Graphique	Musique.	Langage.
1ᵉʳ Trimestre.	1ᵉʳ mois	Histoire de l'industrie (l'ère chrétienne)	Dessin pratique et théorique.	Musique pratique et théorique.	Grammaire et application.
	2ᵉ mois	id.	id.	id.	id.
	3ᵉ mois	id.	id.	id.	id.
2ᵉ Trimestre.	1ᵉʳ mois	Histoire de l'industrie (l'antiquité payenne)	id.	id.	id.
	2ᵉ mois	id.	id.	id.	id.
	3ᵉ mois	id. et le primitif.	id.	id.	id.
3ᵉ Trimestre.	1ᵉʳ mois	Astronomie, géologie Revue d'ensemble de l'histoire industrielle, géographie.	id.	id.	id.
	2ᵉ mois	»	id.	id.	id.
	3ᵉ mois	Géographie physique et industrielle.			

Par semaine, pour cette année, 4 classes de sciences du 1ᵉʳ ordre et 2 de celles des 3ᵉ et 4º.

QUATRIÈME ANNÉE PRIMAIRE

(10 A 11 ANS)

ÉTUDE SYNTHÉTIQUE SPÉCIALE

(PREMIER TEMPS DE LA SYNTHÈSE)

---

74. — Pendant l'année précédente, l'élève a pénétré dans le détail des diverses connaissances, autant que le comportait son âge ; il va maintenant résumer chacune d'elles, mais sans les réunir encore en un seul tout, ce travail étant réservé à l'année suivante.

Il va reprendre à un point de vue dogmatique ce qu'il a trouvé par l'analyse, et de cette façon passer du fait à la loi ; le principe ne lui apparaîtra qu'à l'âge suivant.

La formule de cette année peut être : l'*Intelligence* fondant l'industrie et la sociologie par la *Science*, et l'animant par *l'Art*.

75. — On commencera par résumer le tableau cosmogonique et surtout historique qui a terminé la troisième année, afin de rappeler nettement les diverses sciences sur lesquelles il s'appuie ; et de montrer la nécessité de voir chacune d'elles fonctionner dans son ensemble comme un organe spécial de l'activité humaine.

Nota. — Les synthèses auxquelles on passera après ces préliminaires doivent avoir trois aspects qui correspondent à nos ordres de sciences autres que le langage (voir n° 8 ci-dessus), savoir :

L'aspect scientifique, simple résumé des faits (1er ordre), l'aspect intellectuel et moral, caractérisant la *Science* (3e ordre), et l'aspect spirituel ou religieux (4e ordre).

Les deux derniers appartiennent réellement au programme des sciences du 3e et 4e ordre ; il a cependant paru plus clair de les indiquer à propos de chaque science, les chapitres suivants se borneront à se référer à ces indications. Le lecteur voudra bien remarquer que cette disposition ne correspond nullement à l'ordre de l'enseignement ; ordre indiqué comme précédemment par un tableau final.

On ajoutera même à chaque science une indication sommaire de ses applications principales, pour servir d'amorce à l'enseignement de la 6e année.

PREMIER ORDRE DE SCIENCES

(Sciences réelles)

1re CLASSE : SCIENCES NATURELLES

I. — *Zoologie.*

Synthèse théorique

76. — Anatomie comparée: — 1° On rappelera les variations que subissent chez les animaux les trois sortes d'appareils constitutifs du corps humain (des tableaux graphiques et synoptiques un peu plus détaillés que ceux de l'année précédente seront présentés à l'élève).

2° A cause de l'unité de l'animal, qui relie tous ses organes par une dépendance mutuelle, aucun de ces organes ne peut varier sans que les autres s'en trouvent modifiés (principe de corrélation des formes) de sorte que l'aspect d'ensemble annonce une disposition organique spéciale.

Toutefois les modifications les plus profondes, la corrélation la plus intime, correspondent aux fonctions les plus importantes (principe de la subordination des caractères).

Par conséquent, les distinctions qui, dans l'année précédente, sont sorties de la considération de la structure générale, correspondent à celles que donneraient les différences d'organisations *autres que celles dues à l'habitat*, elles fournissent une classification naturelle.

3° C'est ainsi que l'on reconnaît quatre types principaux auxquels peuvent se ramener tous les animaux connus (1), d'après le tableau ci-après, que le professeur développera au moyen des exemples les plus vulgaires.

(1) On se contentera, dans l'instruction primaire, de cette classification, qui est plutôt incomplète qu'inexacte : elle ne sera complétée, selon les théories plus modernes, que dans l'enseignement secondaire. L'élève primaire sera du reste averti, comme on le verra plus loin, de cette imperfection, ainsi que du caractère élémentaire de son instruction en toutes les branches de connaissances.

77. — CLASSIFICATION ZOOLOGIQUE

STRUCTURE GÉNÉRALE	SYSTÈME NERVEUX (SENSATION ET LOCOMOTION)	SYSTÈME NUTRITIF			EMBRANCHEMENTS et QUELQUES CLASSES
		RESPIRATION	CIRCULATION	NUTRITION (Reproduction)	
Plan de Symétrie médian et droit. { Animaux à os (Squelette intérieur).	Cérébro-spinal	Pulmonaire.	Complète.	(Viviparité) Lactation.	Mammifères. } Vertébrés
		Pulmonaire.	Complète.	Reproduction par œufs.	Oiseaux.
		Mixte (selon l'âge).	Incomplète.	id.	Reptiles.
		Mixte (selon l'âge).	Incomplète (3 loges au cœur)	id.	Batraciens.
		Branchiale.	Incomplète (2 loges au cœur)	id.	Poissons.
Squelette extérieur tégumentaire disposé par anneaux.	Ganglions disposés par paires (collier œsophagique et ligne médiane). { Organes de locomotion.	Aérienne (par trachées ou poches).	Appareil vasculaire plus ou moins développé.	Système vasculaire ou non. Système généralement compliqué.	Articulés (insectes, myriapodes, arachnides, crustacés). } Annelés
	Ganglions disposés par paires (collier œsophagique et ligne médiane). { Pas d'organe de locomotion.	Branchiale ou cutanée.	id.	Système généralement simple.	Vers.
Plan de Symétrie médian et courbe. Pas de squelette. Quelquefois une coquille.	Ganglions. Collier œsophagique sans chair médiane droite.	Branchiale.	Système vasculaire ou non	Système très développé.	Mollusques.
Forme radiée ou sphérique. Pas de squelette.	Système rudimentaire ou nul.	Systèmes de plus en plus simples.	Systèmes de plus en plus simples.	Cavité de plus en plus simple.	Zoophytes.

On retrouve ici, mais expliqué par les harmonies naturelles, la classement primitif établi au premier aperçu, aux débuts de l'enseignement (n° 12 ci-dessus).

77 bis. — Physiologie. — Les quatre embranchements correspondent à une division croissante du travail physiologique et, par suite, au perfectionnement de chaque fonction.

Il faut du reste distinguer deux sortes de fonctions, au point du vue physiologique : celles dites végétatatives, qui sont soustraites à la volonté de l'animal (ce sont les plus essentielles : la nutrition, la circulation, la sensation), et celles qui y sont soumises.

Le perfectionnement ne soustrait jamais les premières à la fatalité qui les dirige ; elles n'obéissent qu'aux lois naturelles de la physique, de la chimie et de la mécanique.

Au contraire, à mesure que l'animal se perfectionne, la conscience et la volonté qui dirigent les autres fonctions vont en se développant toujours, en même temps que l'intelligence.

Ce développement a son maximum dans l'être humain, chez qui s'ajoute encore la raison qui entraîne la responsabilité.

Ainsi la constitution humaine apparaît comme trinitaire.

Le support de l'être : un corps (entretenu par les fonctions végétatives, fatales).

Le mobile de l'être : une âme (correspondant aux sensations, à la conscience, aux désirs, à l'intelligence).

Le directeur de l'être : un esprit (la raison qui

éclaire l'intelligence, pour régler le désir et la conscience).

Synthèse scientifique

78. — Les notions données ici sur l'histoire naturelle sont très sommaires; la science est poussée beaucoup plus loin :

Elle s'est rendu compte de la plupart des actions chimiques et physiques qui produisent les fonctions végétatives et les sensations.

Il n'y a presque plus d'animaux connus dont elle ne sache la physiologie, l'anatomie et l'embryogénie dans tous ses détails.

Grâce au microscope, elle a pu connaître et classer avec sûreté les animaux les plus petits et ceux mêmes dont on ne soupçonne pas l'existence à l'œil nu (on montrera des reproductions micrographiques).

Elle a pu en outre pénétrer la structure intime de tous les organes des animaux, ce qui lui a fait reconnaître un certain nombre de *tissus* différents correspondant aux diverses fonctions (tissus osseux, musculaire, vasculaire, nerveux, cellulaire).

Elle a pu même remonter jusqu'à l'élément commun de tout organisme animal: la *cellule*; en reconnaître les espèces différentes (correspondant aux tissus), en étudier la physiologie; établir ainsi que la vie de l'organisme entier se compose de la *vie* des cellules qui le constituent : elles s'y succèdent après y êtres nées, dans le sang, se développent dans les tissus, y meurent, en sont retirées par le sang et évacuées de l'organisme par différentes voies.

Synthèse spirituelle et morale

79. — Cette science si vaste touche particulièrement aux côtés spirituels de la création.

Dans le règlement inflexible et fatal de tout ce qui se rapporte à la physiologie, nous voyons apparaître l'harmonie créatrice, et l'action providentielle, notamment par les observations suivantes :

1° L'unité créatrice se manifeste par la symétrie des formes qui, tout en se multipliant, se distribuent régulièrement autour d'un plan ou d'un point.

2° La structure anatomique est telle que l'organe et l'animal le plus élevés sont aussi les mieux garantis : Dans l'individu humain, par exemple, nous voyons le cerveau renfermé dans la boîte osseuse, la poitrine abritée par les côtes seulement, et le ventre à moitié découvert.

Parmi les animaux, les plus inférieurs sont aussi les plus dénudés.

3° Comme la loi de mort est inévitable, et à cause de la liberté qui est laissée plus ou moins large à l'exercice du désir, les animaux se combattent et se détruisent les uns les autres. Mais ce mal est corrigé par plusieurs compensations providentielles.

Il ne dérange pas l'équilibre de l'ensemble : parce que les animaux les plus redoutables sont aussi les plus rares, se reproduisant en bien moins grand nombre (exemples : les carnassiers et les zoopyhtes).

Du reste, chaque animal est pourvu d'une arme défensive ou offensive (matérielle ou intellectuelle) (on en donnera de nombreux exemples empruntés aux animaux les plus connus).

En outre, plus un animal est inférieur, et par conséquent désarmé, moins il est sensible, moins il souffre de la douleur dans le combat, ou des terreurs de la destruction.

4° Enfin les armes intellectuelles sont plus puissantes que celles matérielles, et l'intelligence croît avec le perfectionnement, de sorte que les animaux les plus parfaits sont aussi les plus puissants, bien que les moins nombreux comme on l'a vu. Ainsi chacun des êtres est suffisamment abrité pour développer selon sa sphère les facultés que lui enseigne l'expérience de la vie, et les uns servent comme malgré eux ou à leur insu à l'éducation des autres.

80. — L'homme qui est le plus puissant de tous est aussi, comme on l'a dit, responsable devant la Providence (manifestée en lui particulièrement par la raison et la consciences morale) de l'usage qu'il fait de son pouvoir. Si les animaux lui sont soumis, il doit être autant leur Providence que leur maître; tandis que les autres animaux ne sont mus que par leurs instincts ou leurs désirs, nés des sensations, il a pour s'éclairer une intelligence supérieure et la raison : aussi rien n'est-il plus honteux et plus lâche pour lui que le mauvais traitement envers les animaux.

81. — L'histoire naturelle fait apparaître la triple puissance directrice de la création : le Destin (lois naturelles), la Providence (et ses harmonies) et la Volonté (que nous voyons surtout chez l'homme).

Synthèse pratique

82. — L'histoire naturelle, permettant de connaître et de comprendre les mœurs et la physiologie des animaux, nous enseigne tout ce qui est nécessaire à leur capture, leur domestication, leur élevage ou leur destruction s'ils nous sont nuisibles.

Par l'anatomie, elle nous permet d'utiliser une grande partie des cadavres ou des produits des animaux pour toutes nos industries, notre nourriture, nos vêtements, la pharmacie, etc. (Exemples les plus simples dans les diverses branches de l'industrie.)

Enfin cette science est la base indispensable de la médecine et de l'art vétérinaire.

II. — *Botanique.*

Synthèse théorique

83. — Anatomie comparée. — On rappellera les variations enseignées dans le cours de l'année précédente, des racines et des feuilles, de la tige, des fleurs et du fruit.

Comme pour les animaux, elles font apparaître le principe de corrélation des formes.

Celui de la subordination des caractères se révèle par l'importance particulière des appareils de propagation (fleurs et fruits) : ce sont eux qui fournissent les indications directrices de la classification (1);

---

(1) Les travaux modernes conduisent la classification zoologique vers la même base, par l'embryogénie, mais ils ne sont pas encore assez achevés pour permettre cette unité de plan dans l'enseignement, surtout au degré primaire.

les variations dues à l'habitat sont secondaires.

On peut trouver quelque analogie d'ensemble avec les classes zoologiques ; les phanérogames se rapprochant des vertébrés, les fougères, les prêles et les muscinées des annelés (par leur croissance acrogène jointe à la structure cellulaire traversée cependant de fibres chez les premières) ; les tallophytes, des mollusques, et les protophytes, des zoophytes.

84. — Physiologie. — Ces ordres correspondent dans leur série à une divison croissante du travail physiologique, et, par suite, au perfectionnement de chaque fonction.

Ici les fonctions sont entièrement fatales ; il n'y a plus ou à peu près que la vie matérielle, à peine sensible (la sensibilité et le désir, fort obscurs, sont bornés à la recherche des conditions indispensables de la vie, nourriture, lumière, ou support) ; le végétal est à peu près complètement limité à une constitution corporelle, simple (l'animal étant double, et l'homme triple).

ÉTUDE SYNTHÉTIQUE SPÉCIALE

STRUCTURE générale	ORGANES DE PROPAGATION			ORGANES DE NUTRITION			EMBRANCHEMENTS et ordres
	Ensemble	Enveloppes florales	Fruit	Digestion (Racine)	Tige (circulation)	Feuilles (respiration)	
Plante complète (tige, racines, fleurs et fruits) vasculo-cellulaire. — Symétrie autour d'un axe central.	Fleurs complètes avec stigmates. — Ovaire clos.	Parties dissemblables à 4 ou 5 divisions (ou multiples).	Complet à deux cotylédons.	Épaissie de productions secondaires (comme la tige).	Vaisseaux de tous genres. Distribution concentrique autour de moelle centrale, rayons médullaires.	Nervures ramifiées.	Dicotylédones. } Phanérogames.
		Parties dissemblables à 3 ou 6 divisions (ou multiples).	Complet à un seul cotylédon.	Non épaissie de productions secondaires.	Vaisseaux disséminés irrégulièrement, sans moelle ni rayons à marche verticale courbe.	Formes variées. Nervures droites.	Monocotylédones.
Plante incomplète. — Cellulo-vasculaire — Peu ou point de symétrie. Symétrie autour d'un axe.	Ni enveloppes florales, ni stigmates, ni ovaire clos.	Nulle.	Se rapprochant de celui des cryptogames.	»	Fibres ligneuses, toutes semblables et aréolées.	Forme généralement droite. En aiguilles ou analogues à celles des monocotylédones.	Gymnospermes.
			Fruit dit sporocarpe ou sporange (fruit simple).	Racines.	Cellulo-vasculaires (fibres en faisceaux).	Frondes avec chlorophylle.	Filicinées. } Cryptogames.
				Nulle.	Cellulaire.	Frondes avec chlorophylle.	Muscinées.
				Nulle.	Pluricellulaire étalée (Thalle).	Une seule cellule.	Thallophytes. Protophytes.

Synthèse scientifique

85. — Les notions données ici sur la botanique sont très sommaires; la science est poussée beaucoup plus loin.

Elle s'est rendu compte de la plupart des actions chimiques et physiques qui produisent les fonctions de la vie végétale, à tel point même qu'elle peut produire directement par la chimie quelques-uns des éléments botaniques (les acides, des essences, etc.).

Il n'y a presque plus de plantes dont elle ne sache la physiologie, l'anatomie et l'embryogénie dans ses détails.

Grâce au microscope, elle a pu reconnaître et classer avec sûreté les plantes les plus petites, invisibles à l'œil nu (notamment les ferments, etc.).

Elle a pu aussi pénétrer la structure intime de tous les organes végétaux et par là remonter aux éléments figurés botaniques (cellule, faisceaux, fibres), dont la cellule est l'unité vivante, périssable, comme dans le corps des animaux.

Synthèse spirituelle et morale

86. — L'Unité créatrice se manifeste ici par la symétrie des formes (on donnera une idée des verticilles, du diagramme des fleurs et des ovaires), et par la simplicité des moyens qui différencient ces formes jusqu'à la plus grande variété. (On donnera une idée de la métamorphose ascendante ou descendante des organes découverte par Gœthe.)

87. — La loi de mort qui domine tout notre monde

impose encore ici le combat pour la vie : certaines espèces végétales, et non des plus grandes, excluent les autres dans leurs régions ; mais les compensations providentielles interviennent comme chez les animaux. En premier lieu les plantes, fixes par nature, ne peuvent se contenter de tout habitat ; elles se trouvent donc distribuées par sorte de tribus correspondant à une organisation spéciale signalée dans la deuxième année (selon l'humidité, le sous-sol, etc.).

En outre, comme chez les animaux, les plantes les plus développées (les grands arbres par exemple) sont aussi celles dont les graines sont les moins abondantes ; en même temps la complexité de leur organisme les rend plus délicates. Comme chez les animaux, les sujets les plus faibles sont les plus nombreux (abondance extrême des protophytes). Enfin beaucoup peuvent échapper à l'envahissement de leurs ennemis, par l'instinct qui leur permet de s'élever au milieu d'eux (les plantes grimpantes par exemple), ou bien les animaux ou les phénomènes météorologiques qui facilitent leur propagation, reportent leur espèce dans les lieux favorables. (On remarquera notamment la résistance des graines à la digestion des animaux.)

L'intervention humaine est ici toute-puissante ; elle constitue la *culture*.

88. — L'harmonie du pouvoir créateur n'est pas moins vivement signalée par le règne végétal : en outre de l'équilibre qui vient d'être indiqué, la respiration végétale (par la chlorophylle) maintient la pureté de l'atmosphère en régénérant les gaz que la respiration animale a modifiés (et en défaisant à la clarté du soleil ce qu'elles ont fait pendant la nuit).

Ce sont des végétaux (les ferments) qui transforment la plupart de nos aliments, facilitent nos fonctions organiques, décomposent, pour les rendre au monde minéral, les résidus de la vie (les cadavres de tous genres retournant en humus).

Enfin, la matière minérale n'est pas absorbable directement par l'organisation animale ; le végétal, par ses fonctions vitales, la transforme en substance assimilable pour l'animal. Le végétal est donc l'intermédiaire vivant et vitalisant entre le minéral inerte et l'animal mobile. Il est le laboratoire organique de notre monde. (Indication très sommaire du cycle fermé de la matière).

ÉTUDE SYNTHÉTIQUE SPÉCIALE

	AVEC LES CORPS ACTIFS				
CORPS PASSIFS ET INTERMÉDIAIRES	SILICIUM	CORPS DE FEU	CORPS D'AIR	CARBONE	MINÉRAUX RÉSULTANT
					Inorganiques — Composés
CORPS COMPOSÉS DE					*Les Pierres.*
Corps passif de l'élément Eau. Types : Na, Mg, Z, Al.	Des Silicates surtout : Feldspaths, micas, terres vertes, les argiles grenat, émeraude.	»	»	»	Pierres de feu. (Granites, etc.)
Corps passifs de l'élément Terre. Types : K, Ca, Bo.	»	Comme plus rares : Plusieurs phosphates. Quelques sulfates (le Gypse).	»	Des Carbonates surtout le calcaire.	Pierres d'eau Calcaire, marbre, craie, etc.).
Corps intermédiaires. Métaux (Entre l'air et l'eau).	»	Des Sulfures.	Des Oxydes et des Hydrates.	»	Les Minerais.
Si (Entre eau et feu).	»	»	La Silice (quartz, agathe, jaspe, améthyste).	»	Les Minéraux métalloïdiques.
C (Entre terre et air)	»	»	L'Acide carbonique. L'Eau.	»	
H (Entre terre et feu)	»	Soufre.	Oxyg. Az.	C.	Corps simples.
Corps simples. Hydrogène.					
Quatre corps simples seulement : H, C, O, Az.			»	Les Carbures d'hydrogène : Charbon de terre, pétrole, succin, guano.	Minéraux organiques (Encore en formation).

Synthèse pratique

89. — L'industrie, la nourriture, la médecine, tirent du règne végétal un nombre considérable de produits variés, mais trop connus pour qu'il soit utile de les rappeler ici : le professeur les classera aisément et fera ressortir particulièrement la nature et l'importance de la *culture* dans le travail social.

III. — *Minéralogie.*

Synthèse théorique

90. — Anatomie comparée. — Dans le minéral, il n'y a plus d'autre organe que la molécule, et les molécules ne diffèrent que par le groupement de leurs atomes, c'est-à-dire par leur constitution chimique ; c'est donc cette constitution qui doit fournir le classement.

Pour l'établir, on considère les corps simples qui, dans la combinaison, jouent le rôle passif (classe des corps de terre et d'eau, dans notre classification chimique de l'année précédente ; voir n°s 46 et 295), et l'on cherche les combinaisons que la nature offre pour chacun d'eux avec les corps actifs (classe des corps d'air et de feu, voir n° 95). Ce procédé est indiqué par l'utilité qu'il y a pour nous à trouver dans les minéraux les corps passifs (tels que les métaux) qui nous sont particulièrement utiles (1).

(1) Cette base de classification est celle du Muséum ; on peut prendre l'inverse, comme Beudant, mais elle est plus chimique que minéralogique.

A l'appui de ce tableau, qui doit rester très général et superficiel, on nommera, et on montrera par des échantillons, les pierres les plus usuelles ; on ajoutera les quelques exceptions très importantes que comporte cet aperçu, dont la symétrie sera conservée pour frapper l'intelligence de l'élève (par exemple la turquoise et la topaze nommées à propos de la remarque des nombreuses pierres précieuses que fournit l'alumine ; le salpêtre, les phosphates métalliques, etc.).

90 bis. — Physiologie. — 1° La nature ne nous présente que quelques-unes des innombrables combinaisons qui peuvent se produire entre les corps simples. Ces combinaisons se sont produites probablement, mais sans pouvoir résister à la violente activité du feu, ou de l'eau chauffée, sauf quelques-unes qui correspondent aux composés les plus stables.

Par suite nous trouvons d'abord comme base de l'écorce terrestre les pierres de feu (formées au milieu du feu et par fusion), maintenant inertes (les silicates surtout). Au milieu d'elles se trouvent répandues en filons rares, dont la recherche et l'exploitation forment l'industrie minière, les combinaisons, pyrogénées aussi, des corps métalliques ou *minerais*.

2° En second lieu, et en non moins grande abondance, nous trouvons les minéraux dus à l'action des eaux acides, les *calcaires* qui constituent la plus grande partie de nos pierres. Ceux-là sont à moitié vivants encore, en ce sens qu'ils continuent à se produire tous les jours, quoique très lentement, au fond des mers.

3° La formation de ces corps a laissé disponibles un

certain nombre très restreint de corps simples qui continuent la vie chimique, et en libèrent ou en transforment quelques autres (hydrogène, oxygène, azote carbone).

C'est par eux que s'accomplit la vie des minéraux du second ordre nommés tout à l'heure (pierres d'eau), et surtout la vie des organismes végétaux et animaux.

Les minéraux organiques (pétrole, houille, guano, humus) ne sont que des résidus de cette vie organique.

4° (Ainsi, cette classification, comme celle des êtres vivants, correspond à la complexité des fonctions chimiques, et par suite à leur mobilité ; elle représente aussi la suite chronologique des formations).

Synthèse scientifique

90 [ter]. — La science a fait l'analyse chimique et microscopique de tous les minerais qu'elle a trouvés ; elle s'est attachée même, avec succès la plupart du temps, à reproduire ces minéraux ; elle peut imiter maintenant beaucoup de pierres précieuses (à l'exception surtout du diamant), et produire des pierres artificielles pour la construction (ciments, betons, etc.)

Synthèse spirituelle

91. — Ici les lois naturelles agissent dans toute leur pureté, sans résistance d'aucune volonté.

L'Unité du Pouvoir créateur se voit dans la structure minérale, qui est celle cristalline, fondée sur cinq types au plus (réductibles même à deux). La cristallisation avec l'affinité est comme l'instinct minéral : *Le créateur géométrise*.

92. — L'harmonie et la Providence du Créateur se voient dans le fait que, le substratum terrestre une fois créé, il reste libre, en excédent, les éléments de la vie organique, fixes, puissants, mais à combinaisons instables, tels par conséquent qu'ils aient pu survivre à la vie tumultueuse et violente du règne minéral, et se prêter cependant à toutes les variations si délicates de la vie organique. C'est par eux, et grâce au dissolvant universel, si abondamment répandu, à l'*Eau*, que le végétal peut absorber le minéral.

Synthèse pratique

93. — La minéralogie fournit toutes les carrières d'où nous tirons nos pierres de construction (calcaires, grès, marbres, granites) les éléments de nos ciments (chaux, plâtres, ciments, sables, etc.), de nos briques et de nos poteries (argiles), de nos verreries (sables) ; tous nos métaux (depuis l'or jusqu'au fer), toutes nos pierres précieuses (depuis le jaspe ou l'agathe jusqu'au diamant), nos houilles nos pétroles, le bitume, l'ambre.

Ses difficultés pratiques consistent dans la découverte des gisements, souvent invisibles, dans l'appréciation de leur richesse et la direction de leur exploitation. Elles constituent l'art de l'ingénieur des mines.

2ᵉ CLASSE : SCIENCES PHYSICO-CHIMIQUES

I. — *Chimie.*

Synthèse théorique

94. — 1° Dans l'année précédente, nous avons trouvé pour caractères distinctifs des corps : leurs poids atomiques — leur atomicité — leur nature électrique — et leur affinité.

Celle-ci fournit la distinction la moins utilisable parce qu'elle est tout à fait relative. On peut dire la même chose de la nature électrique et de l'atomicité (ex. : le carbone, biatomique avec O, est tétraatomique avec H ; le Cl, électropositif avec O, est électronégatif avec Fe, etc.).

On n'a pas réussi complètement encore à les mesurer avec exactitude. Il n'en est pas de même du poids atomique, qui a été fixé avec précision pour tous les corps simples, par rapport à H pris pour unité. Ce sera donc ce poids qui servira de base à la classification des corps simples, et le classement le plus naturel qu'il fournisse est la liste de ces corps par poids atomiques croissants.

2° Cette liste dressée, on y remarque immédiatement une série de lacunes symétriques qui la divisent nettement en groupes de 7 corps. Si on compare alors les atomicités à celle de l'H (unité de poids atomique), on trouve que chacun de ces groupes est partagé en deux subdivisions, l'une de 4, l'autre de 3 corps (Li, Gl, Bo, C — Az, O, Fl, par exemple), de symétrie inverse, c'est-à-dire dont les atomicités sont successivement 1, 2, 3, 4 et 3, 2, 1, et ainsi de suite, chaque groupe étant, comme on l'a dit, suivi d'une lacune dans la série régulière des atomicités.

Cette double symétrie apparaît clairement dans la disposition circulaire suivante du tableau des corps simples (1).

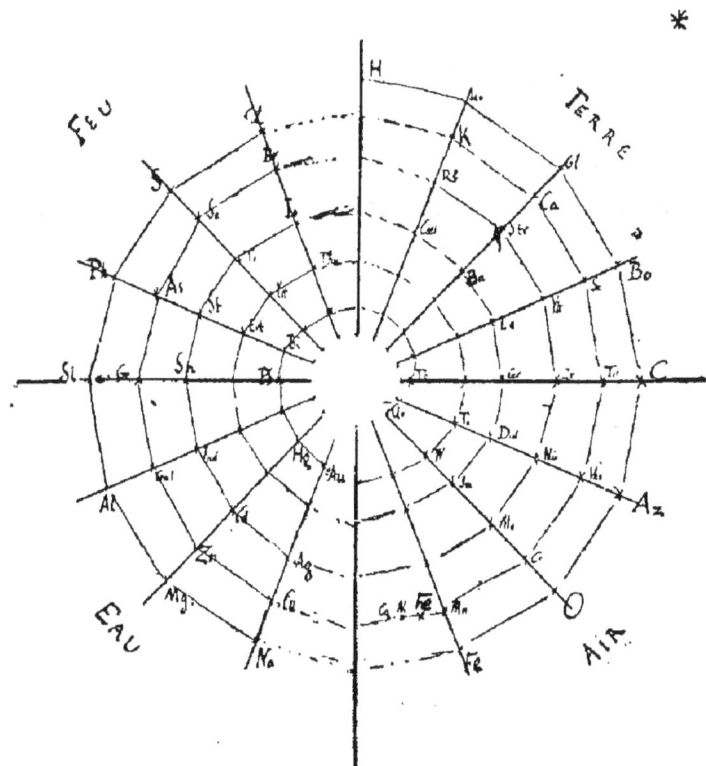

95 *Tableau de Classification des Corps Simples.*

(1) La liste complète des corps simples est présentée à l'élève de cet âge afin qu'il perçoive bien, et de visu, la clef de cette classification ; mais on se gardera de lui en faire apprendre tous les corps ; il n'aura à en retenir qu'une dizaine environ, des plus communs, et qui lui seront montrés autant que possible.

1° **Les propriétés électriques** se trouvent par ce classement nettement accusées : Le premier est le troisième secteur sont électronégatifs par rapport au second et au quatrième ; en même temps chacun est de caractère électrique inverse de celui qui lui est opposé par le sommet.

2° Les corps des premier et troisième secteurs sont solides et durs (sauf le mercure) ; ceux des deux autres secteurs sont gazeux ou mous ; ensuite ils se distinguent respectivement comme pour l'électricité. Ceux de la troisième section sont beaucoup plus fusibles que ceux de la première ; de même ceux de la seconde sont ou gazeux et plus légers ou beaucoup plus mous que ceux de la quatrième.

3° La couleur donne encore des résultats analogues : les métaux (1er et 3e secteurs) sont de couleur gris-bleu ; les métalloïdes plutôt incolores, jaunes ou rouges (le chlore, qui est sur la limite des corps jaunes et bleus, est vert ; l'iode, intermédiaire entre rouge et bleu, est violet).

Ainsi ce classement correspond aux propriétés physiques ; voyons comment il présente l'ensemble des corps considérés au point de vue chimique (1).

---

(1) C'est ce que représentaient assez bien les quatre éléments des anciens qui correspondent à nos quatre secteurs.

Terre (Ca, Ba, etc.), corps solides, infusibles.

Eau (Al, Na, S, Hg), corps solides mais fusibles, et même liquides comme Hg.

Air (Az, O, Fl...) corps gazeux ou peu denses (les gaz les plus fixes avec H).

Feu (Ph, S, Cl) corps solides (ou même gazeux), mais beaucoup plus fusibles que ceux d'eau, et de combustion facile ; phosphorescence aussi plus prononcée.

On va donc adopter la dénomination des éléments pour les secteurs correspondants dans ce qui va suivre,

4° L'affinité s'y trouve déjà signalée par toutes les oppositions précédentes, puisqu'elle est maxima entre les corps de la nature la plus opposée.

5° *Règle générale.* — L'Air et le Feu donnent les corps comburants, actifs, et l'Air est comburant par rapport au Feu.

La Terre et l'Eau indiquent les corps passifs par rapport aux deux autres, et l'Eau est passive par rapport à la Terre.

La croix qui sépare ces quatre secteurs porte des corps de caractère intermédiaire ; sur l'horizontale, les plus neutres, le charbon, la silice, le plomb ; sur la verticale les moins passifs, les métaux et l'hydrogène leur analogue.

6° *Détails consécutifs.* — Ces propriétés sont particulièrement accentuées pour les métalloïdes de l'Air (2e secteurs) parmi lesquels se trouvent les gaz les plus fixes et les plus actifs ; c'est en eux qu'est la principale activité chimique ; ceux du Feu sont généralement solides ; leur puissante activité en fait des comburants très vifs pour ceux du Feu : soufre, phosphore, arsenic, etc., et leurs combinaisons encore imbues de cette puissante animation fournissent les *acides* les plus forts, c'est-à-dire les corps composés les plus actifs (tandis que la combinaison des métaux entre eux ne donne que le produit inerte et instable des *alliages*).

Les combinaisons des métalloïdes avec les métaux produisent les *bases,* qui sont les corps composés *passifs,* et les bases les plus puissantes résultent de la combinaison du métalloïde *d'air* le plus actif, l'oxygène, avec les métaux les moins inertes, ceux de Terre.

7° Entre les corps de Terre et d'Air nous trouvons le charbon, qui se rattachera surtout aux métalloïdes ; entre les corps d'Eau et ceux de Feu nous trouvons des substances plutôt métalliques, le silicium l'étain, le plomb.

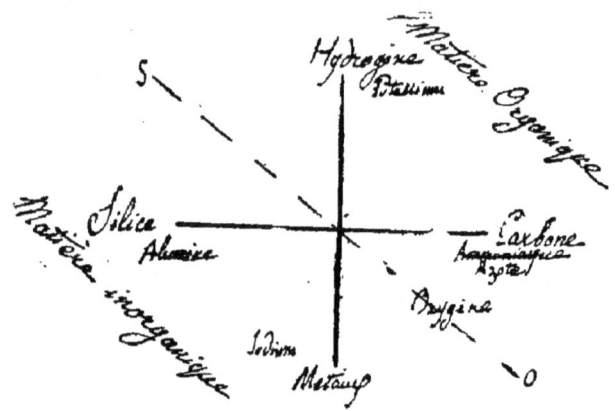

Entre les corps d'Air et ceux d'Eau sont les métaux proprement dits, et particulièrement les métaux précieux.

Enfin entre les corps de Terre et de Feu nous remarquons l'hydrogène, qui, lui aussi, tient déjà des métaux (par sa passivité) avec les apparences des plus tranchées des métalloïdes, la transparence, l'état gazeux permanent, la légèreté qui est à son maximum.

8° Ces quatre classes de corps intermédiaires sont particulièrement remarquables dans la formation des corps naturels.

En leur ajoutant le métalloïde le plus actif, l'oxygène, on remarque que la combinaison oxygénée de l'hydrogène (l'eau) et celle des métaux voisins de la ligne verticale d'une part, comme *bases*, et la combinaison oxygénée de la silice ou des métaux voisins d'autre part, comme acide principal, ont fourni les éléments fondamentaux, la charpente du monde minéral (les pierres de Feu, granite, porphyres, etc.).

D'autre part l'oxyde d'hydrogène (notre eau ordinaire) joint au charbon ou au métalloïde le plus voisin (Az) donne toutes les substances qui forment le corps, la matière des êtres organisés.

Autrement dit, sur le tableau général des corps, la ligne médiane oxygène, soufre, partage toutes les substances comme en deux règnes : en bas et à gauche, le règne inactif, *minéral* (les *pierres de feu et celles mixtes provenant de celles-ci*) ; en bas et à droite, le règne actif, *vivant*, la matière végétale et animale (*et les pierres mixtes qui en proviennent ;* comme le calcaire, la craie, etc.).

Entre les deux l'oxygène (avec le soufre, son contraire homologue) qui participe aux deux règnes, ainsi que l'hydrogène au caractère si singulièrement mixte.

Aussi les chimistes ont-ils depuis longtemps réparti les corps composés en deux études distinctes : celle de la chimie minérale et celle de la chimie organique.

96. — Combinaisons des corps simples (1). — (A) *Chimie inorganique*. — 1° Nous aurons d'après

---

(1) On ne traitera pas, dans ce cours, de l'atomicité ; elle est donnée très simplement dans notre tableau (les 4 types correspondant en ordre croissant aux 4 lignes Fl, O, Az et C) ; mais c'est une notion *de loi* qui ne convient qu'à l'enseignement secondaire.

ce qui précède quatre sortes de combinaisons entre les corps simples.

Toutes les combinaisons inorganiques seront chimiquement caractérisées par le tableau suivant où les éléments sont représentés par leurs initiales: la *parité* correspond aux côtés gauche et droit de la verticale dans le tableau général; la nature correspond aux secteurs métaux et métalloïdes (1).

		PARITÉ	
		OPPOSÉE.	SIMILAIRE.
NATURE	SIMILAIRE.	(1) AF et TE.	(2) AA et FF. TT et EE.
	OPPOSÉE.	(3) AE et FT.	(4) AT et FE.

La combinaison est le plus complète entre les corps les plus opposés: AE et FT; les composés sont les plus inertes, les plus passifs; ce sont les *Bases* (souvent équivoques, celles des métaux).

Les combinaisons les plus complètes sont ensuite entre les corps à moitié opposés, à moitié similaires; il y restera une partie de l'inactivité ou de l'activité originelle; par conséquent A F seront les plus actifs (les *Acides* sulfurique, phosphorique, chlorique, etc.);

---

(1) Il est clair qu'on se contentera de faire connaître à l'élève les corps principaux en très petit nombre.

AT seront les plus basiques (la potasse, la chaux, la baryte); TE seront les plus inactifs (les Alliages).

Les combinaisons les moins stables seront entre les corps complètement similaires; cependant celles de l'Air sont encore assez actives pour fournir un acide puissant (l'acide azotique).

Le degré de solidité du composé dépend de celui des composants, et par conséquent du rayon où ils figurent dans le tableau général.

Il faudra ajouter les combinaisons intermédiaires :

1° De la silice et du charbon (faisant avec les métaux des carbures comme l'acier, analogue aux alliages ; avec les métalloïdes, notamment l'acide carbonique, l'acide silicique, etc., et d'autres corps plutôt basiques).

2° De l'oxygène et de l'hydrogène (l'eau ordinaire) et de H avec C ou Si ; les Carbures (pétroles et essences, etc.) qui amènent à la chimie organique.

Les corps binaires ainsi formés se combinent ensuite entre eux selon l'opposition de leur activité (bases contre acides) pour former les sels. Cette notion suffira avec une indication de la loi de Berthollet, des doubles décompositions et des conditions physiques favorables ou opposées à la combinaison.

97. — (B) *Chimie organique.* — 1° Les produits organiques les plus simples sont les intermédiaires eau et carbures (pétroles, essences, graisses, huiles, etc.) d'autant plus solides qu'ils renferment plus de charbon (que la *Terre* domine l'*Air*).

2° Si l'on y ajoute de l'oxygène, on a des produits qui correspondent aux acides inorganiques, savoir successivement :

Au premier degré, des *Alcools* correspondant aux diverses sortes de carbures (exemples des divers alcools).

Au second degré, des *Aldéhydes*, substances instables, incomplètes, intermédiaires (poisons souvent), qui donnent le parfum aux vins et aux alcools naturels, etc.).

Au troisième degré, des *Acides* tout à fait analogues à ceux inorganiques (ex. d'acides naturels).

3° Si l'on ajoute, avec l'O, de l'azote (intermédiaire entre le charbon et l'oxygène), on a des substances analogues aux bases inorganiques : les *Alcaloïdes* (ex. : quinine, morphine, etc.), généralement poisons très violents.

4° Si l'on *remplace* l'O par Az, on a des *Amides*, (ex. : l'indigo, le cyanogène, etc.).

Et, si l'on substitue à l'H les opposés similaires de l'O, c'est-à-dire les corps de feu, comme Cl, Br, etc., on a des chlorures comme le *Chloroforme*. Mais ces sortes de composés sont plus rares, plus exceptionnels ; on pourra se dispenser de les indiquer.

5° Enfin, en combinant entre eux les corps précédents, on aura des composés analogues aux sels, savoir les éthers, composés ou d'alcools et d'acides ou d'alcools et d'aldéhydes formant séries par conséquent (exemples à donner), et les sels proprement dits, composés d'acide avec une base organique ou non (les savons, par exemple).

6° Du reste, ces combinaisons se font en proportions si nombreuses qu'elles sont presque infiniment variées.

ÉTUDE SYNTHÉTIQUE SPÉCIALE 193

Les chairs des animaux sont composées de quelques-uns des plus compliqués de ces produits (albumine, fibrine, gélatine, pepsine, caséine, etc.) ; par la décomposition, après la mort, ils se réduisent au contraire aux plus simples.

La matière végétale est complexe aussi, mais beaucoup de ses produits le sont moins (ce sont des alcaloïdes, des acides, des alcools ou des carbures). Ils sont intermédiaires entre le règne inorganique et le règne animal, auquel ils fournissent sa nourriture.

Synthèse scientifique

98. — La science a constaté et *mesuré* toutes les propriétés physiques des corps simples ; analysé de même presque toutes les combinaisons paraissant possibles des corps composés, de façon à établir les propriétés physiques et chimiques de toutes les substances existant encore dans la nature ou pouvant s'y produire ; puis elle a effectué elle-même ces combinaisons, de sorte qu'elle a pu reproduire directement par les seuls corps simples quantité de substances des plus complexes, comme celles organiques ; elle a pu prévoir même des corps qui n'étaient pas encore découverts.

Synthèse spirituelle

99. — 1° L'*unité* du pouvoir créateur apparaît par les quatre distinctions principales (les 4 éléments) qui ont permis la classification ; et encore entre eux par la prédominance des deux corps O et H et même par celle tout à fait suprême de l'hydrogène, qui participe de la nature de tous les éléments (étant comme le feu du feu).

2° Cette unité apparaît d'autre part dans la structure chimique par l'atome qui en est l'élément.

3° L'*harmonie* ressort de l'anatomie et des lois de la combinaison (en proportions fixes et multiples de rapports simples), qui permettent l'extrême variété au moyen de l'unité (ou l'unité se multipliant probablement par la *forme* seule de l'atome, pour produire les proportions simples).

4° *La puissance* se montre dans la prédominance des éléments Feu et Air sur ceux de terre et d'eau, c'est-à-dire de l'expansion sur l'inertie, prédominance sans laquelle *la Vie* n'existerait pas ; la création ne serait qu'une pierre immortelle.

Synthèse pratique

100. — Enumération rapide, tirée d'exemples vulgaires, des industries spécialement chimiques (gaz d'éclairage, teinture, métallurgie, etc.).

La chimie s'ajoute en outre comme accessoire dans une quantité d'industries publiques (boulangerie, culture, vin, alcools, etc.) ou domestiques (cuisine, lessive, etc.).

II. — *Physique.*

Synthèse théorique

101. — 1° Comme la physique considère la *matière* en général sans tenir compte de sa composition, il n'y a plus ici à faire de classement de formes individuelles ; ce qu'il faut établir, ce sont les apparences diverses que revêt la *Force* quand elle modifie la *forme* de toute matière *sans en changer la constitution atomique*.

2° La matière que nous voyons autour de nous apparaît sous trois formes distinctes, trois états : le *solide*, le *liquide* et le *gazeux*, correspondant à l'effet de deux forces contraires, l'*expansion* et l'*astringence*, qui agissent entre les molécules pour les attirer (solides) ou les repousser (gaz) ou les laisser glisser l'une sur l'autre (liquide).

3° Ces trois états ou formes sont variables ; toute matière peut les affecter tous, et se transforme incessamment de l'un vers l'autre sous l'effet des deux forces contraires. En outre, la matière peut recevoir encore une forme particulière (celle électrique) quand les atomes mêmes sont ébranlés dans leur équilibre (par la chimie surtout, ou par le frottement).

4° Ainsi chaque corps possède un état d'équilibre moléculaire qui lui est propre, à l'état ordinaire, mais il en est continuellement dérangé par l'action de la force double qui circule dans le monde ; ce sont ces dérangements qui constituent les phénomènes physiques, savoir : 1) si l'équilibre chimique n'est pas atteint ; tendance au changement d'état, ou changement de l'état ordinaire (solide en liquide, en gaz, etc., ou inversement), soit par écart ou rapprochement des molécules, soit par leurs vibrations (son, chaleur, lumière, photochimie) ; 2) si l'équilibre chimique est tout d'abord ébranlé : électricité.

102. — Reprenons chacun de ces genres de modification physique :

I. Équilibre propre. — L'équilibre propre, normal,

pour chaque corps, est caractérisé par l'état où ses molécules sont tenues par l'une des deux forces ; il constitue sa *densité*, puis par l'effet d'attraction générale du centre de la terre sur tout ce qu'elle porte, son *poids*, et enfin par suite de cette attraction mesurée sur la masse, le classement des corps les plus denses, au-dessous des moindres, la *poussée* des uns sur les autres (d'où la navigation, les ballons, etc.).

103. — II. Dérangement des molécules. — Le dérangement peut se produire dans le sens de l'une des deux forces (écart ou rapprochement), ou bien il peut consister dans une simple vibration.

1er cas : *changement d'état*.

1° Dans le sens de l'expansion, il se fait ou par addition de force expansive (brisement mécanique ou chaleur) ou par suppression de force restrictive (extension d'espace, vide). Et inversement, le changement dans le sens de l'astringence s'obtient par refroidissement, resserrement, pression.

2° Chaque corps a sa résistance propre qui tient à son équilibre spécial (d'où *chaleur spécifique*), et en outre le passage de l'un des trois états à un autre exige un effort particulier (*chaleur latente*).

3° *Vibrations*. — Le conflit des deux forces donne naissance au mouvemement alternatif des molécules, ou *Vibrations* ; lorsqu'elles sont très amples, elles produisent le son (d'où prend naissance tout le bruit qui nous environne) ; quand elles sont infiniment moins amples, mais infiniment plus rapides, elles produisent (successivement ou simultanément) la chaleur, la lumière et la photochimie par laquelle on touche aux transformations atomiques de la Chimie.

4° Leurs intensités variées forment une série qui pour le son donne la suite des gammes musicales, et pour la lumière (chaleur et photochimie) donne le spectre solaire.

5° Quelle que soit d'ailleurs leur amplitude, elles se propagent toutes de la même manière (non avec la même vitesse, car cette vitesse est très différente pour le son ou la lumière), par *rayonnement* dans l'espace ; par *conductibilité* à travers le milieu ambiant, en se *réfléchissant* partiellement à la surface des corps plus denses que ce milieu, en se *réfractant* en partie à travers ce corps, de façon à se briser à l'entrée ou à la sortie, *absorbée* pour une troisième partie dans ces mêmes corps ; diminuant d'intensité en raison inverse du carré de la distance au foyer producteur de la vibration.

6° C'est ainsi que se propage tout le mouvement physique de notre monde, que les corps en lesquels se divise la matière agissent et réagissent sans cesse les uns sur les autres avec plus ou moins de bruit, s'échauffant, se refroidissant, s'étalant, se resserrant, s'éclairant, s'occultant par l'ombre, se modifiant à chaque minute dans leur forme, bien plus encore qu'ils ne le font dans leur constitution.

7° Du reste, ces vibrations se transformant aisément l'une dans l'autre, le mouvement arrêté (par le choc ou le frottement, par exemple) produira son, chaleur, lumière, ou inversement la chaleur disparaîtra pour produire le mouvement (comme le montre la chaleur latente).

D'où les divers moyens (qui seront énumérés) de produire le son, la chaleur, la lumière, la phosphorence, la photochimie.

104. — III. Polarisation des molécules (électricité). — 1° L'ébranlement atomique (auquel touchent déjà les vibrations extrêmes de la photochimie) produit spécialement le phénomène de l'orientation qui se polarise comme un aimant en deux extrémités armées d'une force contraire.

2° Cette orientation se propage sans onde (c'est-à-dire sans mouvement alternatif) ; elle susbsiste, dès qu'elle est établie, avec une vitesse considérable, mais avec plus ou moins de facilité selon les corps ; d'où résulte leur distinction selon leur *conductibilité*, qui offre une foule de degrés jusqu'à l'*isolement* presque complet. — Comme il n'y a pas d'ondulation, il n'y a ni réflexion ni réfraction.

3° En étendant le champ de propagation de l'une des deux forces polarisées, on augmente l'intensité de l'autre, ainsi moins neutralisée, d'où possibilité d'*électriser* un corps d'une ou d'autre façon.

Alors l'électricité agit, en proportion de son intensité, sur le mauvais conducteur qui la retient (d'où la *tension*) et s'y perd même peu à peu. Si elle est mise instantanément en présence de l'électricité contraire, elle produit l'*étincelle* (la foudre).

4° En disposant les conducteurs en longueur, *en circuit*, on peut faire ainsi *courir* les deux électricités le long de ce circuit, produire le *courant*.

5° Si dans cette propagation en courant l'électricité rencontre un accroissement de résistance, il en résulte des vibrations, par conséquent du son (très faible), et surtout de la chaleur, de la lumière et des actions chimiques (d'où les divers emplois de l'électricité comme lumière ou productrice d'affinités).

6° Le courant disposé en *solénoïde* produit un *aimant*, corps où les deux électricités s'opposent en pôles contraires. Plusieurs corps sont naturellement constitués, dans la disposition de leurs molécules, de façon à recevoir ou à conserver l'électricité sous cette forme : ce sont les *aimants*, que l'on peut obtenir par *aimantation* artificielle.

7° L'électricité statique ou en courant agit, à travers un mauvais conducteur, sur un bon conducteur, à partir d'une certaine distance, de façon à l'électriser ou à y produire un courant en sens contraire. C'est le phénomène de l'*Induction*, qui permet d'*accumuler* l'électricité. L'aimant (qui est un courant d'une certaine forme) agit de même, et réciproquement un courant peut *aimanter* certains corps.

8° En combinant ces deux effets, on obtient les machines les plus puissantes pour la production de l'Électricité.

On énumérera du reste à l'élève les divers moyens de produire l'électricité (frottement, chaleur, action chimique et induction).

105. — L'enseignement de cette année se résume dans le tableau suivant :

Comparaison des deux forces quand l'une domine de beaucoup.	Astringence. {	Attire vers un centre ; resserre, condense ; D'intensité qui diminue rapidement avec la distance ; Ne domine pas en même proportion dans tous les corps. (d'où différence de densité et de poids).
	Expansion. {	Éloigne du centre ; écarte, diminue la densité ; D'intensité qui diminue rapidement avec la distance ; Ne domine pas en même proportion dans toute substance. (d'où la chaleur spécifique).
Conflit entre les deux forces.	Mouvement de vibrations des molécules. {	Leurs variétés : { Les plus larges et les plus lentes (et longitudinales) : *Son*. Les plus resserrées et les plus fréquentes (et transversales). { (minima) *Chaleur*. (moyens) *Lumière*. (maxima) *Photochimie*.
		Leur propagation : { Dans l'espace libre. { Rayons en ligne droite, qui se croisent sans se nuire —. (on ne parlera pas de la diffraction) affaiblissement rapide avec la distance. Avec un corps interposé : { Le rayon rebondit en partie : *Réflexion*. et se propage : *Conductibilité*. et pénètre en partie { en s'infléchissant à l'entrée et à la sortie : *Réfraction*. (On ne parlera pas de la polarisation).

ÉTUDE SYNTHÉTIQUE SPÉCIALE

Conflit entre les deux forces.

- **Mouvement de translation des molécules.**
  - **Trois états différents**
    - État d'équilibre
      - Stable de cohésion (le plein) *Solide.*
      - Instable (avec tension de vaporisation) *Liquide.*
      - Stable de répulsion (tendance au vide) *Gazeux.*
    - Changement d'État
      - dans le sens d'expansion (par chaleur). } *Chaleur spécifique.*
      - dans le sens de condensation (par pression ou froid (même distinction). } *Chaleur latente.*

- **Mouvement d'orientation des molécules.**
  - L'équilibre *atomique* dérangé fait apparaître deux forces contraires (vitrée et résineuse).
    - qui tendent à se réunir (en *Étincelle*).
    - qui, pour y arriver, se *propagent* (*Électrisation*).
  - Propagation par orientation. différente selon les corps (Vitesse).
    - Entre les molécules
      - Comment elle s'effectue
        - sans circuit :
          - Électricité statique, avec réunion par étincelle
          - Produit le courant.
        - à travers un circuit :
          - S'il y a résistance, fait *vibrer* le conducteur
          - Si forme solénoïde, donne un *Aimant* (il y en a de naturels).
    - Entre les corps électrisés.
      - sans courant
        - Électrisation par influence (accumulateurs).
        - Entre courants.
        - Entre solénoïdes.
        - (Effet des courants sur les aimants).
      - avec courant (*Induction*)

Synthèse scientifique

106. — 1° La physique est l'une des sciences les plus développées, grâce à l'exactitude des mesures et au calcul mathématique qu'on a su particulièrement lui appliquer.

2° Les savants ont mesuré notamment la *densité* d'une foule de corps, et, avec elle, les propriétés qui s'y rapportent : élasticité, ténacité, flexibilité, etc. ; ils ont compté toutes les vibrations des divers sons par seconde, et mesuré leur amplitude ; fait les mêmes mesures exactes pour la chaleur et la lumière dans toute leur étendue perceptible ; mesuré la conductibilité, la réfrangibilité, le pouvoir réflecteur d'une foule de substances ; leur chaleur spécifique, les chaleurs latentes, la vitesse du son, de la lumière, de l'électricité.

3° Aidés de toutes ces mesures, ils ont pu établir avec précision les lois qui président à l'équilibre des corps, soit entre eux, soit dans leurs molécules et selon leur état, et toutes celles qui gouvernent la propagation des sons, des vibrations ou de l'électricité ; ils en ont expliqué les effets, ainsi que plusieurs conséquences que nous n'avons pas étudiées à cause de leur complication (diffraction et polarisation par exemple) ; ils ont enfin commenté par ces lois tous les phénomènes physiques que présentent les mouvements de la matière terrestre (météorologie notamment) et même plusieurs de ceux qui se produisent dans les astres les plus éloignés ou entre eux.

Synthèse spirituelle

107. — 1° L'enseignement spirituel le plus frappant de la physique est l'*unité* de la matière, et l'*unité* de la force, qui, seulement en s'opposant pour ainsi dire à elle-même, produit toutes les variétés de formes et de transformations physiques, comme elle a produit toutes celles des constitutions chimiques.

2° Un second enseignement non moins frappant est que ces transformations ne se font pas au *hasard*, comme dans un chaos désordonné; il n'en est pas une au contraire qui ne soit réglée par une *loi* aussi invariable qu'inévitable, depuis la forme de chaque cristal jusqu'au nombre et à l'amplitude infinitésimale de la plus petite vibration, de l'attraction de la terre par le soleil jusqu'à la cohésion des deux molécules les plus infimes, etc.

3° Ainsi une *intelligence unique, toute-puissante*, domine la *Force* pour multiplier, varier, ordonner, vitaliser la *Matière* inerte divisée en une infinité d'*atomes* infiniment petits.

Synthèse pratique

108. — Les applications de la physique sont peut-être plus nombreuses encore que celles de la chimie. Il n'est pas d'ouvrier que n'intéresse l'état de la matière ou ses transformations (exemples vulgaires à multiplier : le charron qui ferre une roue ; les cloches fondues, à forme déterminée, frappées pour le son, etc.).

C'est à la physique que sont dues les plus puissantes inventions, celles de la vapeur et de l'électricité, sans compter tout l'art de l'hydraulique, le baromètre, les ballons, la construction des vaisseaux, la thermométrie, toutes les machines électriques et leurs applications : télégraphe, galvanoplastie, lumière électrique, etc.; tous les instruments d'optique : miroirs, lunettes, télescopes, microscopes, spectroscopes, saccharimètres, etc., et la photographie ; enfin toute la météorologie, dont il sera parlé plus loin (aux sciences synthétiques).

III. — *Mécanique.*

Synthèse théorique

109. — 1° La mécanique, à la différence de la physique et de la chimie, s'occupe de la force seule, sans considération des variétés de la matière sur laquelle elle agit.

2° Cette étude abstraite de la force prise dans son ensemble comporte les questions suivantes :

1. Recherche des diverses formes du *mouvement* qui est le résultat de la force sur la matière.

2. Comment le mouvement se trouve ou arrêté (c'est-à-dire quelles sont les conditions de *l'équilibre*, de la force à l'état passif) ou produit au milieu des forces contraires (c'est-à-dire quelles sont les conditions du *Travail*, de la force à l'état actif).

110. — Du mouvement. — *Production.* — 1° La matière est inerte ; le mouvement ne peut se communiquer que par transmission d'un corps à l'autre : (c'est le principe de l'*inertie*).

2° Il y a dans le monde une somme invariable de force qui se répartit entre les corps selon leurs masses (lesquelles sont invariables, nous le savons, pour chaque sorte d'atome) en produisant tous les genres de mouvement (c'est le principe de *conservation de l'énergie*).

3° Les mouvements sont indépendants les uns des autres.

4° La transmission du mouvement d'un corps à l'autre peut se faire de trois manières déjà connues par la physique :

Ou par *percussion* (avec réaction égale à l'action, et qui produit des actions physiques différentes selon la constitution moléculaire du corps, c'est-à-dire son élasticité, sa ductilité, etc.) ;

Ou par *pression* (exemples : pression des fluides sur les parois de leurs récipients ; pression des corps pesants etc.) ;

Ou par *vibration*, c'est-à-dire par une suite de pressions ou de chocs produits alternativement en deux sens contraires et répétés très rapidement.

111. — *Variétés*. — Le mouvement peut être de trois sortes : ou invariable pendant tout le temps de son existence : *uniforme* ; ou variable dans le même temps : *varié* ; ou l'un et l'autre à la fois : *uniformément varié*. Cela dépend de la transmission ou, autrement dit, de la *force* qui le produit : si elle est instantanée (comme dans le choc), le mouvement sera uniforme ; si elle est constante (comme dans la pression, ou la vibration, à conditions invariables), le mouvement est uniformément varié (l'escarpolette peut fournir un exemple vulgaire de ce genre de mouvement). Si elle est variable (par exemple par une suite de chocs, ou de pressions, ou de vibrations inégales), le mouvement est varié.

112. — *Effets de sa transmission.* — Quand une seule force agit sur un corps quelconque, elle produit nécessairement le mouvement avec les variétés qui viennent d'être indiquées; si plusieurs forces agissent à la fois, ou successivement, les effets peuvent être différents :

1° Quand elles sont simultanées, elles se composent de façon à se réduire à une seule, si elles sont dans le même plan ; ou à deux au plus si elles ne sont pas dans le même plan. Dans le premier cas, le résultat est la translation du corps en ligne droite ; dans le second cas, il peut y avoir : ou équilibre si les forces sont égales et opposées, ou, sinon, mouvement de rotation, et même mouvement de rotation avec mouvement de translation, simultanés (exemple : une bille de billard, une toupie, etc.).

2° Si les forces qui agissent sur un même corps sont successives au lieu d'être simultanées, elles varient le mouvement d'après les règles précédentes à mesure qu'elles s'ajoutent à celles qui les ont précédées : si donc elles sont dans le même sens, elles accélèrent le mouvement sans changer la direction; si elles sont en sens contraire, elles le retardent, ou l'arrêtent, ou le changent de direction ; si elles sont en un sens différent, elles se composent et peuvent ou simplement changer la direction, en modifiant la vitesse, ou ajouter un mouvement de rotation à un mouvement de translation.

3º Deux cas particuliers sont spécialement intéressants : si les forces qui se succèdent sont alternatives, elles produisent l'*oscillation*, laquelle peut être ou de transaltion ou de rotation.

Si une partie des forces en conflit est de nature à fixer le corps, les effets produits sont plus spéciaux :

Quand le corps est fixé par un point ou par un axe, il se produit une rotation ; exemple : *le levier*, la roue ; quand il est fixé par une partie de sa surface, les forces qui l'assiègent d'autre part ne produisent que des pressions ou des chocs.

113. — DE L'ÉQUILIBRE. — 1º L'équilibre consiste, comme il a été dit plus haut, dans l'opposition directe, jointe à l'égalité, de la résultante des forces qui meuvent le corps dans un sens avec celle des forces qui le meuvent en sens contraire.

2º Dans la nature, il y a deux sortes de forces avec lesquelles il faut toujours compter parce qu'elles sont permanentes ; ce sont : 1º les forces moléculaires qui constituent le corps dans l'un des trois états (de sorte qu'il y a un équilibre propre aux solides, un propre aux fluides : liquides ou gaz) ; 2º la force d'attraction de la terre, ou pesanteur qui agit comme un ensemble de forces parallèles appliquées sur toutes les molécules, avec résultante appliquée en un point (le centre de gravité) d'où dépend l'équilibre.

Il faut même généralement combiner la considération de ces deux sortes de forces permanentes en se rendant compte des conditions d'équilibre d'un corps à la fois selon son état et selon qu'il est en contact avec des solides, un liquide ou un gaz.

Ces conditions sont les suivantes (1).

POUR LES CORPS	LE MILIEU ÉTANT		
	SOLIDE.	LIQUIDE.	GAZEUX.
SOLIDES	1° Le centre de gravité doit se projeter sur le point d'appui. 2° Les corps se classent par ordre de densité.	Principe d'Archimède (Poussée des fluides).	
LIQUIDES	Pression sur les parois (notamment sur le fond); transmission de la pression. Équilibre des vases communiquants.	Classement des liquides par densités. Diffusion.	Tension de vapeurs des liquides selon la pression. (Marmite de Papin)
GAZEUX	Pression sur les parois.	Diffusion des liquides selon la pression.	Classement des gaz par densités. Diffusion.

114. — Maniement de la force. — I. Si l'on veut produire *l'équilibre*, il faut trouver et produire une force qui soit *exactement égale* et opposée à la résultante des forces productrices du mouvement à détruire. Notamment pour produire l'équilibre des solides, des liquides ou des gaz, il faut observer les principes du tableau précédent pour soutenir ou en-

---

(1) Les lois qui vont suivre seront indiquées seulement à l'élève, surtout au moyen d'exemples vulgaires ou pratiques : équilibre des voitures, flottement des bateaux, presse hydraulique, marmite de Papin, fabrication d'eau de seltz, etc., etc., sans démonstration théorique rigoureuse.

fermer le corps, lui donner un volume capable de le faire flotter selon son poids, lui fournir la pression qui facilite son évaporation ou empêche sa diffusion, etc. C'est précisément le but de nos supports, récipients ou appareils, que l'on rappellera à l'élève à titre d'exemples.

II. Si l'on veut produire le *Mouvement*, il faut trouver et appliquer une force qui soit *supérieure* et opposée à la résultante de celles productrices d'équilibre ou de mouvement contraire (soulever un poids, le déplacer, etc.).

115. — I. Il est rare que la force musculaire de l'homme réussisse à obtenir ce résultat directement; il le produit en dirigeant des forces supérieures à la sienne, comme celle de la vapeur ou du vent, ou de l'eau courante, etc., sur le point et dans le sens indiqués par les principes précédents.

Cette transmission se fait au moyen des *machines*.

II. La machine ne crée aucune force, elle la transmet seulement en la transformant en direction ou en intensité :

En direction, au moyen simplement d'appareils appropriés (la poulie, la bielle, etc.).

En intensité, d'après le principe que ce que l'on perd en vitesse est gagné en force, ou réciproquement.

III. D'après ce principe, on a trois sortes de machines simples dont toutes les autres ne sont que des combinaisons variées :

1° La *corde* (ou la tige), qui ne fait que transmettre la force d'une direction à une autre sans la modifier (exemple : la poulie, la manivelle, etc.).

2° Le *plan incliné*, qui diminue une partie de la force à vaincre en la faisant porter sur le plan, ce qui augmente la puissance du travail, mais au détriment de la vitesse, au moyen d'un chemin plus long (le coin qui sert à fendre le bois, et par conséquent la hache, le couteau, sont des exemples du plan incliné).

3° Le *levier*, qui multiplie l'intensité de sa force en diminuant dans la même proportion la longueur du chemin à parcourir (le treuil, l'engrènage, le marteau emmanché), sont des applications du levier : *la vis* est une application du levier et du plan incliné combinés ; le ciseau à froid est une application du plan incliné combiné avec la tige ; la scie est une application du plan incliné (par la dent qui est un coin) et du levier ; c'est ce qui apparaît surtout par la scie *circulaire*).

IV. — Dans toute machine, il faut tenir compte, en outre de la résultante à vaincre, de diverses autres forces inhérentes à la structure physique des corps : la rigidité des cordes, l'élasticité des solides, qui transforme en vibrations une partie de la force ; du frottement des surfaces ; de la résistance des fluides, etc. Ces forces dites *résistantes passives* font que le *rendement* d'une machine n'est jamais égal à la différence entre la *puissance* et la *force à vaincre*.

RÉSUMÉ :

116. PRINCIPES des EFFETS DE LA FORCE sur la matière

- **DU MOUVEMENT (Produit par une seule force).**
  - **Production du Mouvement.**
    - 1° La force ne peut qu'être transmise (la matière est inerte).
    - 2° La somme d'énergie du monde est invariable.
    - 3° Les mouvements se transmettent indépendamment les uns des autres, en se combinant comme on va le dire.
  - **Des diverses sortes de mouvement.**
    - 1° Ou uniforme.
    - 2° Ou varié.
    - 3° Ou uniformément varié.

- **Combinaison de plusieurs forces.**
  - **Forces simultanées**
    - dans le même plan
      - Une seule résultante produisant
        - Ou équilibre.
        - Ou translation.
    - dans des plans différents : Deux résultantes au plus, avec mouvement simultané de translation et de rotation.
  - **Forces successives**
    - dans le même sens : Elles varient le mouvement.
    - En sens divers : Elles se composent avec les précédentes.
  - **Cas particulier** : Si le corps est *fixé* par une des forces, il se produit ou *rotation*, ou simplement *pression*, ou *percussion*.

MANIEMENT raisonné DE LA FORCE

- **En vue de l'Équilibre**
  - **EN PRINCIPE :** Il faut appliquer au corps une force égale et contraire à la résultante de celles qui produisent le mouvement.
  - **EN FAIT**, il faut toujours tenir compte des forces inhérentes à tout corps terrestre, savoir :
    - 1° Moléculaires (tenir compte de l'état du corps).
    - 2° De pesanteur (qui produisent un *centre de gravité*).
    - 3° Des unes et des autres à la fois et, par conséquent, connaître les conditions d'équilibre des corps solides, liquides ou gazeux, dans un milieu solide, liquide ou gazeux.

- **En vue d'un travail utile (par le mouvement).**
  - **PRINCIPE :** Il faut vaincre les résistances (y compris celles passives, qui perdent une partie de la puissance, et en plus fournir la force nécessaire au *travail désiré*).

  Ce travail se mesure par le mouvement produit dans un temps donné.

  - **RÉALISATION par la machine**
    - **Principe ou définition :** La machine sert
      - 1° A modifier la direction (au moyen d'appareils géométriquement appropriés)
      - 2° A modifier l'intensité aux dépens de la vitesse ou inversement.
    - **3 Machines simples éléments de toutes les autres.**
      - 1° Corde qui transmet.
      - 2° Plan incliné qui diminue la résistance principale.
      - 3° Levier qui augmente la puissance (ces deux derniers en diminuant la vitesse).

Synthèse scientifique

117. — La mécanique est une des sciences les plus avancées, grâce au calcul mathématique; il a été appliqué à tous les détails des théories indiquées plus haut : du mouvement, de ses variétés, de ses compositions, de l'équilibre et des machines, de sorte qu'il est possible de mesurer par le calcul, aidé de l'expérience, le rendement de toute machine, simple ou complexe. Appliquant même les lois trouvées ainsi aux mouvements des astres, qui s'attirent réciproquement, les géomètres ont calculé d'avance ces mouvements avec la plus grande précision, calcul des plus utiles pour la mesure du temps, et la navigation maritime, ou les explorations géographiques.

Synthèse spirituelle

118. — Ce qui apparaît ici, d'une manière plus frappante encore que dans la physique, c'est la précision rigoureuse à laquelle est assujettie la Force dans toute action sur la matière. La *Force* apparaît plus nettement encore comme l'instrument aveugle, absolument soumis, de la *Volonté intelligente* qui meut la *matière inerte*, de même que notre propre volonté humaine meut notre corps par l'intermédiaire de la force nerveuse.

Synthèse pratique

119. — La mécanique trouve son application dans toutes les variétés du génie civil : construction des machines de tous genres, navigation, hydraulique, architecture de toutes sortes, établissement de routes et travaux qui s'y rapportent; il n'est rien que l'ingénieur établisse sans le secours de ses calculs appliqués jusqu'aux moindres détails (exemple par le mode de construction de la tour Eiffel).

3ᵉ CLASSE : LES SCIENCES DE MESURE

Synthèse théorique

Préliminaires.

120. — 1º Dans les sciences naturelles, dans les sciences chimiques même, les caractères qui nous ont servi à distinguer et classer les individus inertes ou vivants n'étaient pas absolument précis ou susceptibles d'une appréciation complètement rigoureuse. Ici, au contraire, dans l'appréciation de la forme ou de la quantité, nous allons obtenir et nous devons chercher la précision la plus complète; il n'y a pas de différence, si petite qu'elle soit, qui doive nous échapper, non seulement entre des formes ou des quantités d'espèces différentes, mais même entre celles de même espèce qui ne diffèrent que par leur grandeur.

Cette comparaison absolument exacte constitue ce qu'on nomme *la mesure* mathématique.

2º Toute mesure se fait en comparant les objets à apprécier à un autre du même genre pris pour étalon, et qu'on nomme *Unité* (par exemple, les températures à celle de la glace fondante; toutes les monnaies au franc ou poids de 5 grammes d'argent; le travail d'une machine à l'effort fait pour élever 1 kilogramme de 1 mètre, etc.).

3º Par quels procédés se fait cette comparaison si précise, c'est ce que vont apprendre les deux espèces de sciences de mesure : *Géométrie*, qui mesure *la forme*, l'espace, et *Algorithmie*, qui mesure la *quantité* quelconque, abstraction faite de toute qualité, même de celle qui se réduit à la forme.

I. — *Géométrie.*

121. — La synthèse que nous en devons faire, en cet enseignement, doit consister à voir comment des propriétés des diverses formes reconnues précédemment peut surgir le moyen de mesurer la forme, l'espace.

Il faut commencer par nous faire une idée des résultats que peut donner la comparaison de deux objets quelconques ; nous verrons ensuite quelles ressources spéciales la géométrie fournit pour arriver par ces résultats à la mesure qu'elle cherche.

122. — *De la comparaison en général.* — Toute comparaison donne trois sortes de résultats, accuse trois sortes de rapports :

1º Ou une égalité complète qui ne laisse place à aucune différence ;

2º Ou une inégalité complète qui n'accuse aucun rapport ;

3º Ou un certain rapport qui n'est ni l'égalité complète ni l'inégalité entière.

En géométrie, ce dernier résultat s'offre sous deux aspects : l'un qui se rapproche de l'égalité, consistant en ce que *l'espace* occupé est le même pour les deux objets, bien que leurs *formes* soient différentes : par exemple un corps malléable quelconque, cire, plomb, terre, pourra prendre toutes les formes que l'on voudra, sans qu'on en change la quantité. On dit alors que les deux objets comparés sont *équivalents*.

Le second aspect est celui de l'inégalité incomplète ; à l'inverse du précédent, il consiste en ce que des formes absolument pareilles n'occupent pas le même espace, l'une étant plus petite que l'autre ; par exemple, une bille et un boulet de canon, etc. On dit dans ce cas que les objets sont mathématiquement *semblables*, et l'on peut les comparer par les rapports de leurs volumes.

De ces trois genres de résultats, l'*inégalité* complète ne nous apprendra guère que l'impossibilité d'une mesure par l'unité choisie ; l'*égalité* nous servira souvent d'intermédiaire, avec l'*équivalence* ou la *similitude*.

123. — *De la mesure géométrique.* — 1° La géométrie serait assez inutile si elle prenait une unité pour chaque genre de forme à mesurer, car nous savons qu'elles sont innombrables, à s'en tenir même à celles régulières. Elle doit donc chercher une unité commune à toutes les formes, et elle ne peut la trouver que dans un élément simple de toutes formes (voir les années précédentes).

2° Le plus simple est le point ; mais, dépourvu de toute forme, de tout espace, il ne peut servir d'unité. Immédiatement après lui vient la ligne, qui a *une dimension*. Peut-elle servir à mesurer toute forme ?

3° Supposons qu'il s'agisse de mesurer un corps

quelconque. Considérons d'abord une portion arbitraire d'une de ses faces, comme *abcd*, et admet-

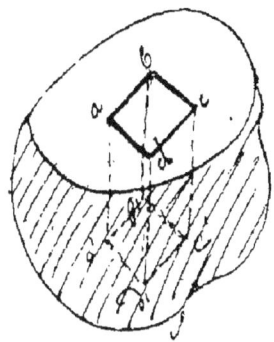

tons que nous soyons en état de la mesurer. Si nous pouvons apprécier aussi la *profondeur* qui lui correspond dans le corps, en ligne droite (normalement à cet élément de surface), nous connaîtrons une partie du volume à mesurer, et, en répétant cette appréciation sur toute la même face, nous arriverons à connaître le volume entier. Voilà déjà la mesure de ce volume réduite à celle d'une surface (*abcd*), et d'une profondeur (*aa'*) qui est une ligne droite.

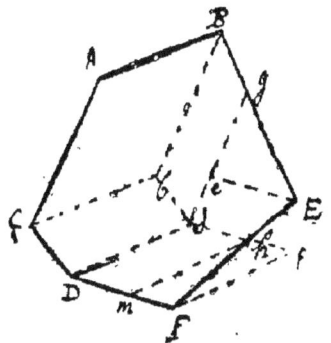

Comment mesurer la surface ? Supposons-la aussi irrégulière que l'on voudra, mais limitée cependant par des lignes droites, par exemple, comme AB, CD, EF. — Si l'on fait avancer un côté, comme AB parallèlement à lui-même en suivant le côté adjacent AC, on produit la surface d'un parallélogramme ABC*b*. On pourra, par une suite d'opérations semblables, couvrir notre surface à mesurer de parallélogrammes ; il restera bien une partie non couverte, mais elle se compose de deux triangles (*g*E*e* et F*mh*), et un triangle est toujours la moitié d'un parallélogramme, comme on le voit en *mhp*F.

Ainsi toute surface enfermée dans un polygone peut se mesurer par des parallélogrammes ou, ce qui est de même, des triangles ; leur mesure se borne donc à celle de ces figures régulières, sur laquelle on va revenir. On peut voir dès maintenant que deux lignes y suffisent (celle AB et celle CA par exemple pour AB*b*C) ; c'est comme une pièce d'étoffe dont on connaît longueur et largeur.

4° Si les côtés du polygone à mesurer étaient courbes on pourrait les remplacer par un polygone tangent

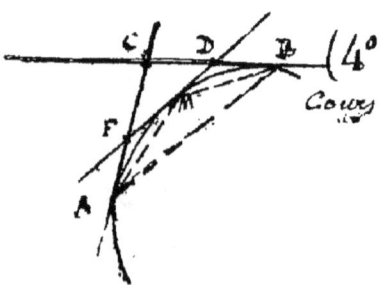

comme BCA (au lieu de BMA), et, en multipliant les côtés autant qu'on voudrait, on s'approcherait de la courbe d'aussi près qu'on le désirerait (ainsi BDFA est beaucoup plus approché que BCA).

En outre, on peut mesurer aussi les polygones intérieurs comme BMA, de plus en plus approchés, et la moyenne entre leur mesure et celle des extérieurs sera encore plus près de celle de la courbe.

5° De même, si le volume à mesurer n'a pas de surfaces planes, où tracer les polygones élémentaires, on le remplacera par des polyèdres tangents intérieurs et extérieurs aussi approchés qu'on le voudra.

De cette façon on ramènera toujours la mesure du volume à celle de trois lignes : les deux côtés du parallélogramme élément de la surface et le côté du parallélipipède qui donnera la profondeur (côté qui peut se mesurer directement au compas d'épaisseur dans bien des cas).

Il nous reste à apprendre à mesurer un parallélogramme et un parallélipipède.

124. — *Mesure du parallélogramme.* — Cette mesure est très simple pour tout parallélogramme de même forme (semblable géométriquement) à celui qu'on aura choisi pour unité.

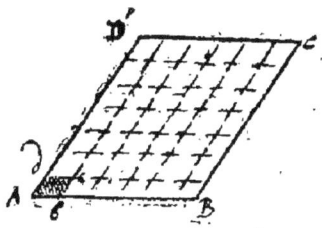

Il est inutile d'en reproduire ici la démonstration ordinaire que la figure ci-contre rappelle suffisamment

(A*bcd* étant l'unité). Mais tous les parallélogrammes ne sont pas *semblables*. On échappe à cette difficulté en observant qu'on peut toujours construire un parallélogramme *semblable* à celui pris pour unité et *équivalent* à celui à mesurer. En effet deux parallélogrammes de même base et de même hauteur sont équivalents.

A notre école cette démonstration se fera simplement par le découpage. Il fera voir l'égalité des

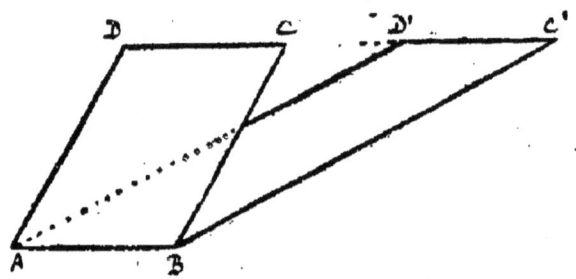

deux triangles ADD' et BCC', et fera comprendre ensuite comment de la figure totale, en retranchant successivement chacun de ces deux triangles, on a pour reste les deux parallélogrammes qui, par conséquent, ont la même surface.

D'où la formule qui donne la mesure du parallélogramme et du triangle en prenant pour unité de surface un *carré*.

125. — *Mesure du parallélipipède*. — La même démonstration fournira la mesure du parallélipipède et de la pyramide. On la fera au moyen de figures en cire ou en terre glaise ou de modèles en bois ou même en papier.

126. — *Mesure des corps ronds.* — Il sera facile d'en déduire la mesure du cercle, celle du cylindre, du cône et de la sphère. Mais il n'en sera point fait de démonstration mathématique; on indiquera seulement les calculs à faire et les résultats (formules et nombre π).

127. — *De quelques principes généraux.* — I. 1° Dans toutes ces mesures on a besoin de savoir reconnaître l'égalité, la similitude et l'équivalence des triangles qui sont comme l'élément de toute figure; ces rapports sont du reste d'une utilité constante en géométrie. On les démontrera donc à l'élève, mais toujours au moyen de figures découpées et superposées, non par des raisonnements mathématiques.

2° On fera la même démonstration pour les pyramides.

L'égalité des quadrilatères, parallélipipèdes, cercles et corps ronds s'en déduira très aisément.

3° A la similitude on rattachera l'idée de *proportion* qu'on va retrouver dans la même année en arithmétique, et par suite celle de réduction à l'échelle.

II. L'égalité et la similitude supposent que l'on sait *mesurer* les angles; il y a deux manières de le faire :

1° Par la division du cercle; à cette manière correspond l'instrument dit *rapporteur.*

2° Par le *sinus* (ou le cosinus) : ce moyen a l'avantage de permettre toute solution graphique, et même toute mesure de surface au moyen de la *ligne* seule; il résout complètement par conséquent le problème posé au commencement de la géométrie. On le montrera à l'élève, en lui indiquant les lignes trigonométriques et lui annonçant que toute une branche de la géométrie est fondée sur leurs rapports : la *Trigonométrie*.

On complétera ces principes par les cas d'*égalité* des angles (éléments des triangles) plans et solides, aperçus par expérience, sans démonstration.

128. — *Système métrique*. — Les notions précédentes n'imposent aucune condition à *l'unité* de mesure, qui reste arbitraire.

Tous les peuples n'ont pas choisi la même unité pour la mesure de la *ligne* d'où dépendent toutes les autres ainsi qu'on vient de le voir. On énoncera à l'élève les diverses unités de longueur adoptées ailleurs qu'en France ou dans l'antiquité, en lui en montrant l'incertitude. La France a voulu prendre une base invariable et toujours possible à retrouver; d'où *système métrique* que l'on expliquera à l'élève en en faisant l'historique rapide.

129. — *Remarque*. — Il arrive souvent qu'on soit dans l'impossibilité de mesurer les lignes qui peuvent fournir un volume ou une surface; on a recours alors à divers artifices. Par exemple, pour un corps solide très irrégulier on le plongera dans un vase plein d'eau, et l'on mesurera dans un vase de forme régulière l'eau déplacée; le poids combiné à la densité peut aussi donner le volume (c'est à la physique alors qu'on a recours); la mesure des angles avec celle d'une base arbitraire donnera toute surface même inabordable (c'est la trigonométrie alors qui est employée), et ainsi de bien d'autres cas où doit s'exercer la sagacité du géomètre.

II. — *Arithmétique.*

130. — *Préliminaires.* — On rappellera à l'élève que l'arithmétique traite de la comparaison des *nombres*, c'est-à-dire des résultats de toute *mesure*, quelle que soit l'*unité* ou la chose à mesurer. L'arithmétique est donc l'instrument général de la mesure abstraite ; ses opérations ont pour but : soit de trouver une *quantité* (de quelque nature qu'elle soit) au moyen de son *unité* (quelle qu'elle soit), ou inversement ;

Soit de comparer plusieurs *quantités* au moyen de leur *unité* commune.

Cette définition sera éclairée par une série d'exemples (1).

131. — 1re QUESTION DE L'ARITHMÉTIQUE. — *Rapport de tout nombre avec l'unité.* — 1° On rappellera que tous les nombres se construisent avec l'unité seule, et quelles définitions on en a tiré dans la première année pour les six opérations. On modifiera maintenant ces définitions en les présentant sous la forme ordinaire, qui est l'expression du rapport du nombre à l'unité, et l'on montrera comment ces diverses définitions s'identifient.

(Par exemple, pour la multiplication, répéter un

---

(1) On ne peut trop rappeler que, dans tout cet enseignement, on veut former des élèves qui sachent se servir avec intelligence de l'instrument mathématique, mais non le construire ; des calculateurs éclairés, non des mathématiciens. Tout s'y fera donc autant que possible comme en géométrie, par expérience avec explication du but et de la source seulement.

nombre donné autant de fois qu'il y a d'unités dans un autre nombre également donné, revient bien à faire une addition de plusieurs nombres pareils au premier, et ainsi des autres opérations.)

2° On montrera quels problèmes correspondent à ces diverses définitions. (Par exemple, pour la division ; la définition : « Partager un nombre donné en « autant de portions qu'il y a d'unités dans un autre, « également donné », correspond à la répartition d'une quantité ; celle : « Recherche du nombre de fois « qu'une quantité donnée en contient une autre aussi « donnée » correspond au rapport de deux quantités, à leur mesure relative.

Celle : « Étant donnés un seul de deux facteurs et « leur produit, trouver l'autre », correspond à la recherche ou de l'unité ou de la mesure de la quantité donnée.

Ces explications, qui sont rarement fournies, sont indispensables pour faire comprendre à l'élève la portée des opérations arithmétiques.

3° Incidemment on démontrera (de la manière ordinaire qui est très simple) que l'interversion des facteurs ne modifie pas le résultat pour l'addition et la multiplication et pour elles seules. On indiquera le rapport *d'inversion* qu'ils produisent pour la soustraction et la division.

De l'incommensurabilité. — Une quantité peut être *incommensurable* avec son unité ; on en donnera une idée par des exemples.

Le calcul y supplée par deux remèdes.

Le premier est la *fraction ;* on rappellera les opérations déjà apprises sur les fractions ; la distinction et la corrélation des fractions ordinaires avec celles décimales.

Ce premier remède peut être inefficace ; il y a des nombres pour lesquels il est impossible de trouver aucune fraction pouvant servir d'unité ; on a recours alors au second remède, qui est celui de l'*approximation*.

On citera à ce propos les fractions décimales périodiques, et on donnera une notion très succincte des deux sortes d'erreurs relatives, par différence ou par quotient, sans y ajouter aucune théorie.

132. — 2° QUESTION DE L'ARITHMÉTIQUE. — *Rapport de deux quantités entre elles :* 1° On montrera par une série d'exemples, et surtout on expliquera qu'en rapportant ces deux quantités à leur unité commune, celle-ci disparaît, de sorte que l'opération revient à la division des deux quantités l'une par l'autre.

2° La *règle de trois* n'est qu'une opération de ce genre dans laquelle l'unité ne disparaît pas parce qu'elle est exprimée elle-même par un nombre autre que 1 ; elle est le cas général du rapport de deux quantités ; d'où l'universalité de son application dont on donnera de nombreux exemples *en se gardant* de les classer comme on le fait trop souvent en *règles* (de mélanges, d'intérêts, etc.) propres seulement à engourdir l'intelligence de l'élève par une routine incomprise.

133. — *Notions complémentaires.* — On rappellera que les nombres peuvent se trouver liés par d'autres relations que celle de leurs *rapports* par quotient ; ce sont les séries, dont on donnera une idée très succincte, principalement dans le but de rappeler les *logarithmes* qui s'y rattachent, et leur usage pour les calculs arithmétiques.

Synthèse scientifique

134. — On donnera une idée de la généralisation de l'arithmétique et de la géométrie par *l'algèbre*, qui permet de résoudre les problèmes les plus compliqués, et s'applique à la *forme* comme au *nombre*.

Synthèse spirituelle

135. — Le calcul est indispensable et sert de base aux mesures de toutes les autres sciences naturelles (physique, chimie, astronomie, etc.). Ainsi l'*abstrait* renferme tout le *concret*.

Dieu a fait tout et règle tout par *mesure*, par *nombre* aussi bien qu'il *géométrise* la matière.

Synthèse pratique

136. — Applications bien connues à toutes les sciences, à toute industrie, à tout commerce et même à la vie privée.

II° ORDRE DE SCIENCES
(Sciences psychologiques)

Ire CLASSE : LE GRAPHIQUE

137. — 1° On fera voir aussi nettement qu'on le pourra à l'élève, par la comparaison notamment des diverses sortes de dessin (géométrique d'ornement et artistique), quelle différence sépare le graphique du travailleur de celui de l'artiste, l'un tout d'utilité, l'autre tout de sentiment. On fera ressortir en outre comment l'utile peut toujours être orné, comment le travail doit tendre à produire l'agréable sans nuire à l'utile.

2° On lui montrera comment la beauté ressort d'abord de la convenance des moyens au but, puis de l'harmonie des proportions, bien plus que de l'ornementation des détails, qui conduit facilement au mauvais goût.

3° Dans l'étude du dessin spécialement, on donnera une idée de la perspective avec ses principes fondamentaux (horizon, point de vue, etc.). On fera reconnaître la perspective aérienne. Enfin on traitera de la distribution de la lumière (ombre, pénombre, reflets).

4° On caractérisera à l'élève les principes les plus généraux distinctifs de chaque sorte d'art : la ligne droite et le cercle (horizontale ou verticale, en plein-cintre ou en ogive) en architecture ; la ligne courbe et l'équilibre en sculpture ; la lumière en dessin artistique.

2ᵉ CLASSE : LE LANGAGE

138. — 1° L'élève a dû apprendre jusqu'ici par l'analyse toutes les parties du langage ; il doit maintenant s'exercer à les manier en procédant d'abord à la construction de propositions (ou phrases simples), puis de phrases plus complètes, étudiées auparavant avec un peu plus de détail qu'il n'en a encore reçu.

2° Construction logique de propositions composées et complexes : étude de la place qui convient le mieux aux divers régimes et incidences ; observation de l'harmonie dans les détails et dans l'ensemble.

Ici se présenteront comme cas particuliers ou comme exceptions les locutions figurées (locutions adverbiales, etc.).

En même temps, l'élève, devant s'exercer au choix des mots appropriés, devra apprendre, au moins dans ses grands traits, leur classification par familles, et surtout la signification qu'ajoutent aux mots les affixes invariables (in-de-a..., terminaisons qualificatives, diminutifs, etc.), puis les mots homonymes et synonymes.

3° *Construction de phrases*. — L'élève sera exercé à analyser et à construire des phrases de complexité croissante et de genre divers (on pourra suivre avec le Père Girard la progression des phrases : grammaticale (proposition principale et subordonnée), logique et ni logique ni grammaticale.

A ce travail se rattachera la connaissance plus précise des adverbes et des conjonctions, celle de la concordance des temps et celle de la ponctuation.

3ᵉ CLASSE : PSYCHOLOGIE

Synthèse théorique.

139. — 1° Comme dans l'année précédente, le maître devra profiter de toutes les occasions qu'offriront les récits historiques ou les exercices de langage pour faire ressortir le mécanisme psychique indiqué dans la première année.

Au commencement de l'année, il aura à concentrer cet enseignement en quelques leçons, comme suit, pour en représenter souvent le tableau à l'élève :

2° L'âme humaine a trois facultés principales :

Une passive, celle d'éprouver des émotions et *des passions*, la Sensibilité ;

Une active, la Volonté, qui, en vue de l'acte, délibère quel il doit être, comment il doit s'accomplir, et détermine sa réalisation ;

Une intermédiaire, l'*Intelligence* et la Conscience, qui, représentant à la fois les données ou les désirs de la passion et les lois supérieures, divines, de la raison ou de la nature, apprécie, juge, raisonne, éclaire la volonté. C'est à cette double faculté que se révèlent les principes suprêmes : axiomes pour l'intelligence, sentiment du beau ou du bien pour la conscience.

3° La passion, dont l'impulsion précède presque toutes nos actions, est la faculté la plus *forte* et la plus frappante.

Mais la volonté est la plus *puissante*, elle peut vaincre les passions les plus entraînantes.

L'une et l'autre, outre qu'elles s'influencent considérablement, ont aussi beaucoup d'action sur l'intelligence ; ainsi la comparaison, l'abstraction, la mémoire même ne vont pas sans l'attention, qui est un acte de volonté dirigé sur l'intelligence ; et le jugement peut être profondément secondé ou troublé par la passion (on croit aisément ce que l'on désire).

4° La passion se produit d'ailleurs en deux sens opposés : comme force attractive, synthétisante, supérieure (produisant l'amour, le courage, le dévouement) ou comme force répulsive, dissolvante, inférieure (produisant la haine, la crainte, la lâcheté). Il faut donc y apporter une grande attention, non pour la détruire, mais pour la diriger, la cultiver ; sinon on tomberait dans l'*indolence*.

5° La loi mécanique de l'égalité de l'action et de la réaction, comme les principes de l'équilibre et du travail, trouvent ici une importante application : la violence de la passion ou celle de la volonté produisent des désordres ou des dangers qui déchirent l'âme comme les chocs brisent une machine. Il faut donc procéder par efforts mesurés mais continuels pour arriver à faire triompher la volonté sur la passion ; il faut prendre de *bonnes habitudes*, jusque dans les petites choses, sinon on risque au contraire d'en contracter de mauvaises, irrémédiables peut-être.

6° Pour y réussir, il est nécessaire de tourner continuellement son âme vers les principes supérieurs qu'elle renferme : le goût du beau, la conscience du bien ; quant au vrai, il se déduit lentement par l'instruction nécessaire à tout âge.

7° L'enfant doit toujours écouter sa conscience, pour tous les détails de sa vie, et, comme il n'a encore pu développer ni son goût ni surtout son intelligence, il doit consulter sans cesse avec déférence ses parents et ses maîtres.

En même temps il doit s'attacher avec ardeur au développement, par l'exercice, de sa *volonté*, mais en la tournant vers le bien, selon les enseignements de sa conscience et de ses maîtres.

Il doit s'attacher à l'acquisition de l'*énergie* dans la *bonne volonté*, dans ses pensées, ses paroles ou ses actions.

140. — Cet enseignement est résumé dans le tableau suivant ; il devra être constamment sous les yeux de l'élève, afin qu'on s'y rapporte pour les développements moraux qui devront s'offrir dans le cours de la plupart des leçons (1).

---

(1) On voit que la psychologie est ici réduite à la partie que l'on pourrait dire sentimentale, c'est-à-dire qui correspond à la morale plus qu'à l'intellect, à la conscience plus qu'à la science.

La psychologie complète sera donnée au second degré qui se rapporte à l'intelligence, tandis que celui-ci est plus instinctif.

ANATOMIE **PSYCHOLOGIQUE** L'âme humaine a trois sortes de facultés principales.	*La passion* (passive et très impressionnante).	Supérieure (l'altruisme, le dévouement, etc.). Inférieure (la haine, l'envie l'égoïsme, etc.).	
	La volonté (active et puissante)	Qui examine en juge, délibère et ordonne en maîtresse.	
	Une faculté active et passive ; double aussi	*La conscience* (plus sure et plus vague)	Qui avertit et reproche ou approuve.
		L'intelligence (plus précise et moins infaillible).	Qui conserve les vérités et les développe par le *jugement*.
PHYSIOLOGIE PSYCHOLOGIQUE ou Fonctionnement des Facultés.	Ensemble	La passion sollicite l'action. La volonté, consultant la conscience et l'intelligence, délibère, — puis ordonne. L'ordre est exécuté sous la forme d'un acte, ou d'une parole, ou d'une pensée.	
	Relations entre les trois puissances.	1° Si la passion est mal dirigée, ou si la volonté lui laisse trop de force, elle trouble la conscience, l'intelligence et la volonté même. 2° Il appartient à la *volonté* de régler la passion. Mais elle n'y réussira que par l'*habitude*, l'entraînement, qui évitera les chocs exténuants des mouvements de l'âme. 3° Enfin la volonté a besoin d'être secondée sans cesse par la conscience et l'intelligence entretenus et nourris en dehors des séductions de la passion.	
	Conséquences pratiques.	L'enfant doit écouter sans cesse sa conscience, la tenir en éveil, lui être sincère. Il doit développer, nourrir son intelligence, exercer son jugement. Entraîner sans cesse sa *volonté*, surtout dans les petites occasions quotidiennes. Sous peine de tomber dans le vice et, par lui, dans la misère morale et l'anxiété psychique.	

Synthèse scientifique

141. — Il sera inutile d'entrenir l'élève primaire de l'état de la science psychologique, qui correspond aux questions les plus ardues et les plus troublantes de la philosophie ; on doit s'attacher à aviver sa conscience au lieu de l'inquiéter même par l'indication de difficultés tout à fait hors de sa portée intellectuelle.

Synthèse spirituelle

142. — L'âme humaine par sa volonté dirige tous nos actes, comme Dieu dirige l'Univers, et suivant les mêmes lois immuables qui sont inscrites au fond de notre conscience et de notre intelligence comme dans toute l'activité de la nature. — L'homme est fait à l'image de Dieu, seulement sa volonté, encore très incertaine, a besoin d'un travail continuel, dont l'importance est au-dessus de toute autre fonction, parce que c'est de lui que dépend tout notre avenir.

La première nécessité de l'homme est de veiller constamment sur soi-même par la méditation et la réflexion.

Synthèse pratique

143. — La psychologie est la base de la morale et de l'instruction ; elle nous apprend à fixer nos devoirs et à régler nos pensées en en connaissant les lois.

III ͤ ORDRE DE SCIENCES
(Sciences supérieures)

I ͬͤ CLASSE : L'ESTHÉTIQUE

Synthèse théorique.

144. — 1° De tous temps l'homme s'est attaché non seulement à embellir tous les instruments usuels, mais même à exprimer la beauté en dehors de toute utilité. C'est l'objet de *l'art*.

Il consiste à offrir à la contemplation une idée, revêtue d'une forme propre à la faire apparaître dans toute sa beauté, dans toute sa puissance.

Ainsi il y a trois choses dans une œuvre d'art : *l'idée*, *le moyen*, et *l'adaptation du moyen à l'idée*.

2° L'idée est empruntée ou à la nature (comme un paysage, une description, etc.) ou à l'homme (le portrait, les passions humaines...) ou à la pensée de Dieu (un hymne saint, un tableau religieux, un poème sacré).

Le choix en est laissé complètement à l'initiative de l'artiste; c'est la partie la plus libre de l'art.

3° Le moyen d'exprimer l'idée peut être emprunté à trois sources : la forme, qui donne les *arts plastiques*; le nombre, qui donne les arts *rythmiques* (musique et danse); et le *langage*, qui, par le geste, joint la forme au rythme.

Les arts plastiques sont : l'architecture, qui, en dehors des ornements accessoires de détail, rend son impression principalement par la ligne, et la forme géométrique;

La sculpture, qui emploie toutes les formes et surtout celles non géométriques, empruntées aux règnes végétal, animal ou humain, les formes de la vie;

La peinture, qui, sur un plan, reproduit l'apparence de toutes les formes avec leur perspective, en y joignant la lumière et même la couleur, de façon à reproduire complètement l'aspect de la nature : le dessin seul, par ses divers procédés (crayon, fusain, pastel, gravures de plusieurs genres), peut avec la lumière et ses teintes rappeler même jusqu'à un certain point la couleur.

4° Les arts rythmiques sont la musique et la danse. Les ressources de la musique sont : d'abord les gammes successives de sept notes qui fournissent à la *mélodie* une suite de sons de hauteur et d'expression variées, ensuite les diverses sortes de gammes qui donnent des *tons* d'effets différents, accentués encore par les deux *modes* majeur et mineur; l'*harmonie* s'y ajoute qui permet de faire entendre à la fois plusieurs mélodies dont l'effet concordant renforce l'expression. Enfin la variété des instruments et des voix complète par la ressource du *timbre* et de l'orchestration la richesse de ses moyens.

La danse, qui a besoin de la musique pour marquer le rythme, en suit aussi l'expression et l'indique par le geste.

5° Enfin le langage peut être simple, ordinaire, c'est la prose; ou rythmé selon certaines règles fixes, c'est la poésie. Les œuvres littéraires sont du reste très variées. Elles peuvent être de simples récits, ou des poésies, ou des discours, ou des scènes dialoguées, des drames qui donnent l'impression plus vive de la vie, surtout lorsqu'ils sont joués, ainsi qu'ils sont ordinairement destinés à l'être.

Quelle que soit la forme choisie, elle doit toujours observer les lois naturelles (logiques, mathématiques, physiologiques) qui lui sont propres.

6° L'adaptation de la forme à l'idée est la partie particulièrement personnelle de l'art; l'imagination, l'inspiration de l'artiste, s'y manifestent autant que dans le choix de l'idée. Elle doit être telle que l'idée apparaisse immédiatement sous la forme sans avoir besoin d'explication.

7° L'art, au lieu d'être destiné à revêtir une idée d'une belle forme, peut être employé simplement à orner quelque objet utile; c'est alors l'*art industriel*. L'ornement doit être conforme à la nature et à la destination de cet objet sans le surcharger.

Synthèse scientifique

145. — On pourra donner une idée du degré où sont poussés aujourd'hui les arts en indiquant la richesse des musées ou l'abondance des expositions actuelles. Une très succincte histoire de l'art (résumé de celle faite en 3ᵉ année) fera ressortir par des modèles, des dessins et des photographies les caractères principaux des architectures indienne et égyptienne, grecque, romaine, gothique, musulmane et moderne : cet enseignement sera donné au moment où l'élève apprendra les grandes *époques* de l'histoire.

On fera voir les sculptures correspondantes.

On dira à quand remonte la peinture à l'huile, succédant à la fresque.

On donnera aussi une idée de la musique et des instruments anciens.

Synthèse spirituelle

146. — L'art est nécessaire à toutes les manifestations de la vie; il les ennoblit, il élève, anime, console l'âme. On fera ressortir notamment les effets de la musique et son emploi dans l'armée par exemple, dans le culte religieux ou dans toute autre solennité.

2° CLASSE : L'ETHIQUE

147. — 1° La morale a pour objet de préciser autant que possible ce que la volonté doit faire pour diriger nos actions selon les principes supérieurs de la conscience et de l'intelligence (voir la psychologie).

Or la conscience morale, d'accord avec la connaissance fournie par l'intelligence, nous montre que la tendance générale de la nature est *l'Unité*, et qu'elle la produit par une synthèse progressive (on le montrera en rappelant les groupements synthétiques de l'histoire naturelle, qui permet de suivre la progression de l'atome ou de la cellule au minerai et au corps humain).

Cette synthèse résulte de la diffusion de l'esprit dans la matière, qui, sans lui, sans l'unité qu'il donne à ses groupes, resterait en poussière atomique. Nous avons de même en nous une âme qui peut se répandre vers les autres pour s'unir à eux; elle y est poussée par la sympathie, *l'altruisme* que la conscience approuve. Elle est sollicitée souvent aussi, en sens contraire, par le désir de les repousser comme des adversaires ou de les sacrifier à ses plaisirs, et cette tendance qui ne peut produire que l'isolement, la multiplicité et la guerre, est réprouvée par la conscience comme par la nature. C'est l'*égoïsme*, dont l'*orgueil* n'est qu'une variété.

2° Notre âme, disputée continuellement par ces deux forces contraires, pareilles aux deux forces attractive et répulsive de la nature, doit, par sa volonté, imposer à la passion les ordres dictés par la conscience. Son but doit être *au moins* d'équilibrer ces deux forces, ce qui constitue la *Justice* (qui correspond au principe du *Vrai*. Mais elle doit s'efforcer de faire plus encore en tempérant la justice par l'altruisme, autant que le permettent nos propres forces; elle s'élève alors jusqu'à la *charité* (qui correspond au principe du *Bien*).

Enfin elle peut même s'élever d'un degré encore, en allant jusqu'au *dévouement*, jusqu'au sacrifice, (qui correspond au *Beau*).

3° Chacun de nous se doit à l'un de ces trois degrés selon la puissance physique, intellectuelle ou morale qu'il tient de la Providence.

De ce principes résultent nos devoirs et les défauts qui leur sont contraires.

Les élèves seront appelés à établir par eux-mêmes, surtout avec l'aide de récits ou d'exemples empruntés à tous les enseignements, la liste des devoirs essentiels qu'enseigne la conscience, d'après les principes précédents, et les défauts inverses qu'elle condamne.

3ᵉ CLASSE : FAITS MÉTAPHYSIQUES

148. — 1° Il est inutile d'en reproduire ici le programme ; il n'y a pour l'obtenir qu'à rassembler tous les paragraphes donnés dans cette année pour chaque science sous le titre de synthèse spirituelle. Le maître en fera facilement ressortir l'apparition d'une puissance suprême, intellectuelle, volontaire, réelle, invisible aux yeux corporels, mais mise en évidence par l'étude même de la nature sous tous ses aspects. Toutefois, il ne sera pas nécessaire de traiter de la *création*, c'est-à-dire de soulever la question de l'origine des choses, qui est au-dessus des conceptions de cet âge.

2° Il sera tout à fait conforme à l'esprit de ce programme de conclure la démonstration des faits métaphysiques en faisant voir que, de même que l'homme a *un corps* organisé selon des lois fixes, au service d'une *âme volontaire*, libre, laquelle s'inspire des principes supérieurs de la conscience, de l'*Esprit*, de même la *Nature*, aveuglément soumise aux lois physico-mécaniques, est comme le corps de l'Univers, dont *l'homme* est l'âme qui manipule la nature, et *Dieu* l'Esprit, directeur suprême de l'un et de l'autre.

IVᵉ ORDRE DE SCIENCES
(Sciences synthétiques)

1ʳᵉ CLASSE : SCIENCES PHYSIOGONIQUES

149. — *Astronomie.* — La rotation du Soleil, de la Lune et des étoiles autour de la Terre n'est qu'une apparence; on fera comprendre à l'élève le mouvement réel en lui indiquant la Terre reliée au Soleil comme la pierre d'une fronde l'est à la main qui la tourne, par les deux forces attractive et répulsive (par la mécanique, il en comprendra la composition dans la courbe).

De même, la Lune tourne autour de la Terre.

Quant aux étoiles, on expliquera le zodiaque en le dessinant sur les quatre murs de la classe et en faisant jouer à deux élèves les rôles de la Terre et du Soleil, le premier regardant quel signe est au delà du second à chaque instant. — Ensuite, un troisième élève représentera la Lune et figurera son mouvement, avec la terre, par une valse autour du Soleil.

C'est de ce mouvement que résulte le calendrier annuel (une leçon, deux au plus, peuvent suffire à ces notions).

150. — *Géologie et Paléontologie*. — La Terre s'est détachée un jour du Soleil (qui tourne), comme une pierre échappe à la fronde qu'on ouvre. Elle était alors en feu comme le Soleil, mais elle s'est refroidie depuis, en passant, en vertu des lois chimiques, par les phases minéralogiques et géologiques qu'on rappellera :

1° Phase ignée avec combinaisons à haute chaleur (silicates et phosphates).

2° Phase des eaux chaudes ; combinaisons des sulfates, sulfures et oxydes. — Terrains de transition.

3° Phase des eaux refroidies : formation des calcaires, apparition de la vie, puis formation des carbures, et réactions organiques; la vie végétale et animale succédant à celle minérale.

Enfin, au bout de cette période, l'homme, témoin encore de quelques *déluges*.

151. — *Météorologie*. — C'est le soleil qui entretient la vie sur la terre par les phénomènes physiques et chimiques de la chaleur, de la lumière et de la photochimie (on citera les actions de la chlorophylle, la germination des graines et la maturation des fruits).

La rotation de la terre produit les variations du jour et de la nuit avec leurs grandes différences de conditions physiques.

La translation de la terre et son inclinaison produisent au même lieu les saisons, d'un point à un autre de la terre, les climats (il sera facile de le montrer au moyen d'un de ces ballons d'enfant si communs partout) : d'où les neiges du pôle, les chaleurs de l'équateur, et les régions tempérées.

Les deux mouvements combinés produisent les vents et les pluies qui renouvellent l'air et fécondent la terre; ainsi la mécanique, la physique, la chimie, se réunissent et se secondent mutuellement pour produire les périodicités de toute l'activité vitale sur la terre.

152. — *Géographie*. — On rappellera comment sous ces influences naturelles par l'effet des lois divines la terre s'est distribuée en mers ou continents, plateaux et vallées que décrit la géographie physique : elle sera résumée rapidement afin que l'élève l'ait présente à l'esprit.

La liberté humaine s'est répandue sur ces climats

variés au moyen des cours d'eau et des mers, s'établissant surtout dans les plaines : aux divers climats correspondent diverses races natives, mais elles se sont bientôt mêlées pour se disputer les meilleures régions et leurs produits. De tous ces mouvements sont résultés les États (caractérisés surtout par des bassins ou des plateaux) et leurs frontières (le plus souvent naturelles, c'est-à-dire empruntées à un obstacle naturel, principalement les montagnes et les grands fleuves). — C'est ce que décrit la *géographie politique*. On l'enseignera sommairement *dans son état actuel*, en la fondant sur la géographie physique.

Ce que les peuples n'ont pu conquérir, ils l'ont échangé par le commerce; d'où une troisième étude de la *géographie*, celle *commerciale et industrielle*.

Enfin les États, les routes du commerce, les centres industriels, ont varié avec le temps : il y a donc aussi une *géographie historique*.

Ces deux dernières trouveront leur place incidemment plus loin, à propos de l'histoire, qu'elles préciseront; on ne doit pas les en séparer.

2ᵉ CLASSE : SCIENCES ANDROGONIQUES

Économie-Histoire (1).

1° Économie

153. — 1° Le *Travail* est la condition la plus indispensable à la vie de l'homme. (Le maître montrera

---

(1) Le lecteur voudra bien remarquer en quoi la *méthode génétique* différencie l'enseignement de l'histoire :
Exposée simplement selon l'ordre chronologique, l'histoire

par les exemples les plus vulgaires comment un travail continuel est nécessaire à la satisfaction de tous les besoins quotidiens.)

2° Mais chacun de nous ne pourrait réussir à produire convenablement tout ce qui lui est nécessaire (habitation, vêtement, nourriture, etc.): nous travaillons donc les uns pour les autres — comme Bastiat l'a fait clairement ressortir. — Nous nous spécialisons dans un travail qu'ainsi nous faisons plus vite et mieux, et nous échangeons avec nos semblables les produits de notre industrie contre ceux dont nous avons besoin. C'est l'un des grands avantages de l'état social.

(L'ingénieux exemple de Robinson Crusoé servira ici utilement.)

3° Le produit que nous désirons ou l'acheteur possible de notre produit ne sont pas toujours dans notre voisinage (exemples vulgaires à l'appui : l'épicerie, le fer, etc.). Il faut donc que les produits soient transportés, disséminés et emmagasinés en chaque place dans leur variété en correspondance avec les désirs des habitants. Ce transport, cet emmagasinement, sont l'office du *commerce*.

comporte une complexité d'événements qui ne laisse apparaître aucune loi parce qu'elle est due à l'action réciproque de causes et d'éléments d'ordres différents. Le premier soin doit donc être de distinguer ces éléments; c'est ce qu'aura dû faire l'enseignement de la deuxième année primaire.
Ensuite chaque élément doit faire l'objet d'une étude distincte toujours appropriée à l'esprit de l'enseignement. Donc au *primaire* reviendra l'étude de l'histoire *économique* ; au *secondaire*, celle de l'histoire *constitutionnelle* et *politique*; au *supérieur*, l'*histoire synthétique* qui reconnaît les causes et aperçoit les lois de la *sociologie*.

4° Malgré cette facilité, nous n'aurions pas souvent le produit que peut désirer celui à qui nous demandons un échange, ou notre produit serait trop encombrant pour lui s'il consentait à l'emmagasiner. C'est pourquoi l'on a imaginé la *monnaie :* métal précieux (donc de grand prix sous un petit volume) vendu au poids, et *mesuré par l'Etat qui en garantit la valeur.*

5° Enfin, il ne suffit pas de travailler pour la satisfaction du besoin présent ; il faut aussi prévoir les besoins de l'avenir, comme font quantité d'animaux : abeilles, fourmis, carnassiers, etc.), et ceux du travail même. Nos maisons, nos vêtements, nos routes, etc., périssent rapidement avec le temps si elles ne sont entretenues ; notre travail exige des outils de plus en plus compliqués qu'il faut sans cesse réparer ou renouveler ; une bonne partie de notre travail doit donc être appliquée à la reproduction ou au renouvellement de ces ustensiles.

Le produit du travail ainsi appliqué est ce que l'on nomme le *Capital*.

(On citera les diverses sortes de capital que l'élève pourra apprendre à reconnaître.)

154. — Ainsi la société humaine, qui facilite si puissamment la vie individuelle, est tout à fait pareille au corps qui nourrit, entretient, renouvelle ses différentes parties ; nous retrouvons les mêmes fonctions et les mêmes organes dans l'un et dans l'autre (1).

La physiologie nous a fait reconnaître comme série des fonctions vitales : la préhension ou *acquisition* de

(1) Ces rapprochements sont empruntés aux remarquables travaux de M. Julien Lejay, qui en fait la base de la sociologie.

la nourriture ; la *digestion* et la *circulation* qui la rendent assimilable par l'organisme, et l'*assimilation* elle-même accompagnée de *sublimation*.

Dans le travail social, l'acquisition est représentée par la *récolte des fruits naturels* (chasse, pêche, mines et culture) ;

La digestion, par l'*industrie*, qui transforme les matières premières ;

La circulation, par le *commerce*.

L'assimilation est la *consommation* même des produits, et la *sublimation* appartient à la *Finance*, qui forme et vivifie le capital, notamment au moyen du *crédit*.

(Sans entrer dans *le détail des principes de la banque* ou de la bourse, le maître expliquera le crédit par la nécessité de produire *avant* d'échanger, et indiquera comment on y arrive, notamment par l'*action*, afin de faire comprendre comment la finance fournit le *capital* à l'*idée* pour lui permettre de se réaliser. Là surtout est son analogie avec la force nerveuse de l'organisme.)

2° Histoire

Première période. — Civilisation chrétienne.

155. — 1° Pour l'accomplissement parfait de toute action, de tout travail, les organes énumérés ne suffisent pas ; leur fonctionnement demande encore trois conditions : il faut *vouloir*, il faut *savoir*, il faut *pouvoir* travailler.

Or on n'a pas toujours voulu, ou su, ou pu produire, commercer ou capitaliser, comme on va le voir en remontant dans le passé (1).

2° Aujourd'hui nous possédons de puissants moyens de *production*. (En donner une idée par des chiffres : quantités de produits fabriqués, puissance de nos machines comparée au travail des hommes ou des animaux, à la lumière d'une bougie, etc.) Ils multiplient notre force, notre rapidité de *production* et *d'échange;* la vapeur, le chemin de fer, la poste, le télégraphe, le téléphone, annulent presque les distances pour notre commerce : nous *pouvons* beaucoup travailler.

La géologie, la chimie, la physique, la mécanique, l'histoire naturelle, les explorations des voyageurs, l'astronomie, ont pénétré tant de secrets que les matières premières, si abondantes qu'elles nous arrivent, subissent encore mille transformations aussi rapides que raffinées. Nos monnaies, la précision et l'unité de nos mesures, l'organisation puissante de notre crédit, de nos banques, qui mettent des milliards de francs en mouvement, nos associations, nos assurances, la garantie judiciaire, l'ordre de nos sociétés, accélèrent, animent ce mouvement déjà si simplifié ou si amplifié. Nous *savons* beaucoup travailler.

Nous le voulons beaucoup aussi : de notre temps,

(1) L'analyse qui forme le premier terme de la *méthode génétique* exige que l'histoire soit d'abord enseignée en remontant le cours des temps, afin que l'élève passe progressivement du connu à l'inconnu ; ce n'est qu'à la seconde période de cette méthode, celle synthétique, que la suite des siècles est reprise à partir des origines.

l'activité laborieuse est particulièrement estimée, encouragée, récompensée, dans toutes ses manifestations, même les plus humbles, et peut conduire aux plus hautes situations.

(En citer des exemples empruntés aux temps actuels, à la région de l'élève et à l'histoire nationale contemporaine. Nommer aussi les concours, les récompenses, les encouragements nationaux donnés au travail.)

156. — Mais aucun temps n'avait vu encore tant de ressources, tant de facilités, tant de science, tant d'activités réunies en vue du travail : nos aïeux, aux efforts constants de qui nous devons cette richesse, ont subi des conditions bien plus difficiles.

Nos grands parents, il y a cent ans, n'avaient ni vapeur, ni électricité, ni gaz, ni bougie, etc.

(Enumération des inventions industrielles du XIXe siècle; la pomme de terre, le café, etc., importés au XVIIIe siècle, le thé au XVIIe; les voitures publiques établies au même temps, etc.)

Les communications étaient difficiles; les routes défectueuses, peu sûres, entravées d'une foule de taxes locales.

(En donner une idée par un aperçu de géographie ancienne de la France.)

La poste était lente, très coûteuse; le commerce n'avait d'activité que par les grandes foires (Beaucaire, Troyes, Falaise..., Leipzig, Francfort, etc. ; on citera les principales en les précisant géographiquement).

Les mesures, la monnaie, différaient d'une province à l'autre. Les banques étaient bien moins puissantes que les nôtres; la *finance* proprement dite était à peine organisée.

(On citera l'essai de la banque de Law.)

Le travail n'était pas complètement libre.

(Explication rapide des maîtrises.)

Il était aussi méprisé par une très grande partie de la nation.

Le commerce et l'industrie étaient encouragés, mais en même temps ils étaient réglés plus ou moins minutieusement par l'État au moyen de monopoles et de privilèges.

(Exemples empruntés autant que possible à l'histoire locale et en tout cas à celle nationale.)

Ces entraves ont été brisées par la Révolution française.

(Notions sur les effets et les événements de cette révolution.)

Ainsi l'on *pouvait*, on *savait*, on *voulait* bien moins que nous, et cet état remonte à plus de trois siècles; pendant ce temps du moins, les sciences (surtout celles mathématiques) étaient activement travaillées et ont progressé rapidement.

157. — 1° Auparavant, la situation était pire encore :

L'industrie, la science, étaient moins développées.

(On fixera l'époque de l'invention de l'imprimerie [xve siècle], des télescopes, de la boussole, de la poudre, de la chandelle, du charbon de terre [xive siècle], de la diffusion des horloges, des cheminées, du papier, du verre [xiiie siècle], de la toile de chanvre [xie siècle], etc.)

Les communications étaient plus difficiles, la terre

moins bien connue. (Énumération des découvertes modernes en géographie, avec leurs époques. — Établissement des postes au xv⁰ siècle.)

Non seulement la finance n'existait presque pas, mais même on altérait parfois la monnaie : on avait cependant la monnaie fiduciaire.

2° Les inventions, les perfectionnements de cette période ont eu deux causes successives : Celles du xv⁰ siècle proviennent d'un grand mouvement intellectuel (la *Renaissance*) produit par l'émigration des Grecs orientaux chassés (notamment de Constantinople, en 1453) par l'invasion des *Turcs*. — Les inventions des siècles précédents étaient dues surtout à une autre communication avec l'Orient, celle qui avait résulté des *Croisades*.

(Notions rapides sur ces deux grandes migrations guerrières.)

Ces événements avaient aussi modifié la condition des personnes (notamment en versant dans la bourgeoisie le *capital* détenu par les seigneurs; à ce propos, notions sur les classes sociales de cette période) : en détournant à l'extérieur l'activité guerrière des seigneurs, ce qui améliorait la sécurité intérieure toujours troublée par leurs guerres ou même leurs déprédations.

158. — Auparavant, en effet, non seulement on ne savait pas, faute de science, non seulement on ne voulait guère, le travail étant assez méprisé par les principaux de la nation, mais on ne pouvait presque pas non plus ; aussi les six siècles précédents sont-ils les plus sombres de notre histoire.

Le commerce n'était guère que local et bien restreint ; les producteurs se rassemblaient dans les villes pour échapper aux taxes, aux déprédations, aux dénis de justice des seigneurs, en se coalisant en corporations (notions sur l'organisation de ces corporations : les prévots ; la maison commune).

Le cultivateur était à demi esclave, attaché à la terre sous les noms de serf et de colon ; l'ignorance et la violence régnaient partout. C'était le système féodal, qui durait depuis 300 ou 400 ans environ ; composé de la tyrannie du seigneur (à l'origine protecteur des paysans rassemblés autour de son château fort), adoucie, combattue, éludée d'un côté par le couvent et l'Église, où se concentraient la science et la protection morale, d'autre côté par la concentration des villes, où la liberté grandissait.

Ce régime s'était établi sur les débris d'un grand empire fondé à la fin du viie siècle par un homme de génie, Charlemagne, mais aussitôt détruit par la rivalité des seigneurs.

Il n'y avait eu dans cette nuit que quelques rares perfectionnements industriels (les horloges, l'orgue, un peu de chimie ; les moulins à vent, au viiie siècle ; l'orfèvrerie (saint Éloi), le travail du verre au viie siècle, l'introduction du ver à soie au vi^e siècle).

Ils étaient apportés surtout par les Arabes qui au viie siècle s'étaient répandus sur l'Afrique et le sud de l'Europe.

(Notions rapides sur Mahomet, la fondation et le développement de l'Islamisme).

159. — Cet état d'anarchie guerrière venait de ce

que ces seigneurs étaient des barbares, descendus du Nord, au ve siècle, et répandus en hordes conquérantes sur toute l'Europe méridionale et occidentale. Vivant sans travail, de la richesse produite et amassée par les peuples conquis, ils les avaient réduits à une sorte d'esclavage, d'où ils ne devaient sortir qu'à travers des siècles de misère, d'ignorance et d'impuissance anarchique.

(Notions sur ces barbares avant l'invasion.)

La vie de ces barbares dans les siècles précédents était l'état nomade, où l'homme consomme, presque sans travail, les fruits naturels, n'ayant qu'une industrie toute primitive.

(Description de la vie nomade.)

Ainsi on voit que l'humanité s'est élevée, dans le cours des quatorze derniers siècles, d'un état, presque sauvage, de violence improductive à l'activité féconde et raffinée ; ce mouvement s'est fait comme à travers une suite d'étapes qui ont été indiquées :

Du ve au xe siècle, anarchie, tyrannie, état de guerre ; époque chaotique de première organisation aidée par l'invasion des Arabes.

Du xie au xve siècle, l'industrie, le travail progressent sous l'influence des croisades d'abord, de la renaissance ensuite, consécutive à l'invasion turque.

Du xvie au xixe siècle, le progrès est dû à la science et aboutit avec la révolution française à l'affranchissement autant qu'à l'expansion de l'activité laborieuse.

Deuxième période. — Civilisation romaine
(du V⁰ siècle après J.-C. au II⁰ siècle av. J.-C.).

160. — 1° Au moment de l'invasion barbare, l'Europe occidentale et méridionale, le nord de l'Afrique, l'ouest de l'Asie, jouissaient d'une civilisation très avancée, unis en un immense empire, celui de Rome (que Charlemagne tentait de rétablir ensuite).

(Géographie sommaire de l'Empire romain.)

On y jouissait de tous les raffinements de l'existence matérielle, mais sans les facilités de notre industrie moderne (imprimerie, vapeur, électricité, etc.), et surtout sans égards pour les besoins de la majorité de la population. C'était un luxe effréné, une jouissance sans grandeur, sans perfectionnement, réservée à quelques privilégiés, fondée sur une épouvantable misère matérielle et morale des producteurs.

Le commerce est alors actif, très étendu, grâce à l'excès de consommation, facilité par un magnifique ensemble de routes (qui subsistent encore en partie après 14 siècles), reliant les principales villes d'un empire unifié. Mais il est réglementé soit selon la région, soit suivant la crainte des barbares de l'extérieur.

Le crédit est entre les mains d'usuriers ; la monnaie se raréfie, faute de production, ou même est parfois altérée, ce qui trouble le marché.

La justice est impuissante ou vénale.

L'industrie est répartie en corporations fermées et privilégiées (il y en a 35 sous Constantin), écrasée du reste par les taxes dont vit la noblesse improductive, entravée par le monopole que l'Empereur même se réserve souvent.

Le sol est partagé en domaines immenses, propriétés de quelques nobles, cultivées par des hiérarchies d'esclaves ou par des paysans attachés au sol (colons).

Ainsi on ne *sait* guère, on ne *peut* guère, et l'on ne *veut* pas beaucoup produire ; en dehors du commerce, peu estimé lui-même, le travail n'est qu'une contrainte honteuse.

2° Cependant le christianisme, qui depuis 200 ans (au moment de l'invasion) est la *religion d'État*, a largement contribué à corriger ces inconvénients, en faisant tourner au profit de l'intelligence et du travail libre les privilèges arrachés au pouvoir despotique (adoucissement de l'esclavage, institution des défenseurs, etc.).

3° Avant cette époque, le christianisme encore caché était même poursuivi par le *paganisme* (culte des puissances inférieures et multiples), les conditions du travail étaient plus difficiles encore ; et l'industrie, le commerce même, étaient infâmes ; les corporations étaient rigoureusement réglementées, écrasées de taxes et de corvées, notamment pour les travaux publics ; l'artisan n'en pouvait pas sortir plus que le colon ne pouvait abandonner la terre. La production était surtout confiée aux *esclaves*, dont le nombre était considérable. Chaque particulier riche suffisait aux nombreux besoins de son luxe par l'étendue de ses domaines et toute une hiérarchie d'esclaves agriculteurs ou industriels. Souvent même il achetait le monopole d'une production avantageuse de ses esclaves.

Les hommes libres qui n'avaient pas la fortune formaient une *plèbe* qui vivait des largesses des riches ou de la cour, paresseuse, misérable, vénale et dépravée.

Ces largesses, l'accaparement des marchés par les riches, la réglementation des prix, les taxes de tous genres, annulaient presque le commerce libre.

Tout l'Occident était alors gouverné par un seul empereur, résidant à Constantinople, représenté par des gouverneurs de province.

(Esquisse très légère de l'organisation impériale, géographie très sommaire de l'Europe et de l'Asie, description pittoresque de la vie individuelle des diverses classes.)

4° Cette organisation ne datait que de l'an 30 ; auparavant l'empire était gouverné par le sénat, deux consuls annuels et des proconsuls ; Rome était la capitale.

Troisième période. — Civilisation payenne

161. — *Grèce et Asie Mineure (du IIIe au IVe siècle av. J.-C.).* — Pour arriver à cette organisation uniforme (achevée environ 150 ans av. J.-C.), le peuple romain issu d'une tribu de réfugiés, avait, par des guerres constamment poursuivies pendant trois siècles et demi, soumis et assimilé quantité d'autres nations dont elle avait pris la civilisation, comme les Barbares plus tard prirent la sienne.

Jusqu'en 250 et même 200 avant Jésus-Christ, le

			SALE		HISTOIRE CONSTITUTIONNELLE
CYCLES ANTÉRIEURS		Histoire inconnue dans ses détails (Simple tradition).	Prédominance de la race rouge très prolongée. La blanche et la noire jusqu'en leurs sépares.	Régime inconnu.	
TRANSITION		Engloutissement de l'Atlantide : Survivance de quelques montagnards de la race noire et de cette rouge.		Individualisme.	
TEMPS PRÉHISTORIQUES (Antérieurs à 5000)	Ages de pierre et de bronze.	Les restes de la race rouge se réfugient en Amérique. Ceux de la race noire se propagent ; la civilisation par les phases suivantes. (Voir le cycle actuel).		Individualisme.	
	Les Dieux. Les Héros. Les Monarques.	Prédominance de la race noire détentrice des traditions et des restes de la race rouge. La race jaune est asservie. La race noire refoulée par la blanche en Inde et en Éthiopie, et dernière par elle. (Voir le cycle enjeux).		Individualisme. Premier or groupement familial : les caste.	Théocratie (l'Autorité donne le Pouvoir). Groupements par nations. Monarchie théocratique (le Pouvoir délégué par l'Autorité). Groupement par nations. Monarchie laïque, absolue (le Pouvoir domine l'Autorité). Groupement unitaire.
MONDE ANCIEN	1ʳᵉ Époque (avant 1200)	Trois grands empires : Chaldéens, Indien, Égyptien. Épopée des Livres saints.			
CIVILISATION PATRIARCALE (Esclavage)	2ᵉ Époque (1200 à 700)	Les mêmes empires. Les réformateurs (Moïse, Manou, Zoroastre, Magas).			L'Autorité exalté de plus en plus par les sciences religieuses et fondée le Pouvoir.
	3ᵉ Période : Époque (transitoire) 1200 à 700 av. J.-C.	Rivalité entre les empires et unification. Extension de l'Assyrie (Mèdes et Perses).			Prédominance de l'Autorité.
	4ᵉ Époque	Passage de la civilisation d'Asie en Europe (Sion à J.-C.).		Repart au principe individuel : République aristocratique (Pouvoir à l'origine, duc l'Autorité). Groupement par peuple, fédéral.	
	5ᵉ Époque	Installation de la civilisation Romaine. Domination et asservissement de l'Asie et Jérusalem. (Jan à 0)		Dans le Midi, Unification et Autorité. Pouvoir supérieur à l'Autorité. Dans le Nord, Unification vie l'Anarchie par une collision universelle.	Lutte entre l'Autorité et le Pouvoir en progrès.
	1ʳᵉ Période : à 270	Empire anarchique.		L'Organisation laïque de la Vérité éclipsée ; il surgit l'Autorité religieuse chrétienne.	Prédominance de l'Autorité, le Pouvoir tombé en Pouvoir.
Transition du Monde païen à la civilisation chrétienne par unification matérielle (Colonat et servage).	2ᵉ Période : à 400	Empire organisé. Les barbares convertis au christianisme. Invasion triomphante de l'Église.			
	3ᵉ Période : 400 à 800	Invasion barbare. Dégénérescence de l'Empire. Incursion de la race blanche par la race noire au Nord. Extinction de la race blanche.		L'invasion est finale, multi-sexuée, en Europe (Gaule), et reprise en son sein.	Philosophie, Race d'Aristote éclipsante, le christianisme est nouveau.
	4ᵉ Période : 800 à 1100	Fractionnement général. Formation des premiers éléments nationaux. Féodalité chrétienne ou dissolution d'empires ecclésiastique. Majorations.			Groupement sacerdotal (Féodalité) guerriers chrétiens. Schisme dans l'Église.
CIVILISATION CHRÉTIENNE (Servage)	5ᵉ Période : 1100 à 1300	Formation des nations Européennes, centre de l'Empire d'Orient. Lutte entre les Chrétiens à l'Occident (des races blanches à l'origine Jaune).			Groupement, national et laïque. (Lutte entre le Sacerdoce et l'Empire (l'Autorité et le Pouvoir).
	6ᵉ Période : 1300 à 1500	Achèvement des nations occidentales. Souvenir l'Europe, éveil des communes et de l'esprit municipal (Estampe orientale).		Abolissement du Pouvoir guerrier au profit de celui d'argent. Affermissement du groupement national (Patrick, etc.).	Prédominance de l'Autorité.
	7ᵉ Période : 1500 à 1800	Lutte entre les Monarques et la Papauté sur l'éclipse. Reforme et Réforme protestantes. Extension de l'Europe. Conquête et Découverte des États-Unis.		Affranchissement des souverains. Reprise le pouvoir de droit Renaissance et la Réforme. Guerres de Religion. Réforme au centre Reforme.	Lutte contre le Pouvoir ; sortie l'Autorité. Déplacement de l'Autorité.
Émancipation de l'individu et du Pouvoir temporel.	8ᵉ Époque : Fondation de la liberté sociale et de l'Etat des Peuples.	Affranchissement général et ennoblissement de l'Europe contre la Russie et Napoléon, 1870–1871. Guerres pour l'Unité des Peuples.		Révolution française (manifeste contre la Papauté). Suffrage universel, Parlementarisme. Groupement par peuples. L'Esprit, industriel et économique (Révolution sociale).	Lutte du Pouvoir contre l'Autorité. Affranchissement de l'Autorité.

CYCLE ACTUEL

centre de la civilisation est en Grèce et en Asie Mineure.

(Aperçu sommaire de la géographie ethnique à cette époque : colonies grecques et phéniciennes ; Barbares.)

Au contraire de Rome, qui n'a fait que conquérir et consommer, cette civilisation travaille et étudie.

(Indication des savants les plus célèbres, notamment d'Archimède, qui termine cette période.)

L'industrie est restreinte alors, surtout faute de *savoir*.

(Industrie textile, teinture, poteries, architecture, hydraulique, et description de la vie usuelle en Grèce, en Phénicie, en Egypte.)

L'agriculture et le commerce sont les expressions principales de l'activité ; le travail industriel était laissé principalement aux esclaves, dont le nombre allait en croissant avec la richesse.

(Vers l'an 300, Athènes a trois fois plus d'esclaves que d'hommes libres ; dans l'ensemble de la Grèce, il y en a six fois plus ; ils se recrutent par la guerre ou le rapt ; on en fait commerce.)

L'industrie était d'ailleurs réglée et limitée, soit par des prohibitions directes, soit par des taxes.

L'agriculture, un peu plus libre, était, en Grèce, confiée à des sortes de colons, mêlés aux esclaves ; en Egypte, elle correspondait à une *caste*.

Le commerce surtout était florissant. On *savait* le faire : la monnaie était répandue ; la banque, l'intérêt, étaient en usage. On le *voulait* aussi : il était généralement honorable, sauf chez certains peuples plus exclusivement conquérants (les Béotiens, les Lacédémoniens, les Perses).

On le *pouvait* moins aisément : on ne savait naviguer que le long des côtes; les communications, surtout terrestres, se faisaient par transport au moyen de caravanes qui se croisaient en quelques centres d'activité (Samarcande, Palmyre, Babylone, etc.); les douanes, les corsaires, les pillards étaient les plus grands obstacles.

Le progrès des richesses joint à l'esclavage avait créé et grossi, dans les derniers temps, une classe de pauvres libres mais inactifs, vivant, aux dépens des riches, de mendicité, de parasitisme, de vénalité ou d'escroquerie.

Il n'y avait pas d'unité comme au temps de l'empire romain; les peuples vivaient distincts et souvent rivaux.

La Grèce s'occupait surtout de science et d'art, sans négliger le commerce; l'Egypte, d'agriculture principalement; la Phénicie accaparait presque le commerce.

(Description très rapide des voies et moyens de commerce, routes des caravanes, étendue de la navigation, colonies phéniciennes.)

162. — *Civilisation asiatique (du VI° au XVIII° siècle av. J.-C.)*. — Ces divers peuples avaient été unifiés, vers 330 avant Jésus-Christ par *Alexandre le Grand*, qui avait parcouru l'Asie (jusqu'aux frontières de l'Inde et de la Chine) en conquérant, dégageant les routes du commerce, en renversant les barrières, fondant des centres aux endroits les plus propices. Il avait ainsi achevé l'œuvre du peuple grec, laquelle avait consisté à transporter en Europe une civilisation antérieure concentrée en Asie (unifiée et conquise par les Perses 200 ans avant Alexandre, vers 530).

Les Phéniciens, les Egyptiens, appartenaient déjà à cette civilisation orientale, qui remonte jusqu'à la limite des temps sûrement historiques, vers l'an 2000.

Pour l'Asie, cette période est à peu près à celle de la civilisation grecque ce que la domination romaine est à l'époque chrétienne : l'Asie vit alors sous le despotisme des Perses, des Mèdes, des Assyriens, qui s'y succèdent en maîtres, vivant aux dépens des peuples producteurs asservis.

La Phénicie par la mer, l'Egypte par sa situation écartée, échappent à cette tyrannie, vivant de la vie laborieuse décrite précédemment ; les autres peuples travaillent sans liberté et sans progrès pour leurs vainqueurs.

163. — *Civilisation indo-égyptienne (du XVIIIe au XXXe siècle)*. — La civilisation que ces conquérants exploitaient venait surtout de l'Inde, d'où elle s'était répandue en Assyrie et en Egypte d'une part, en Chine de l'autre ; le reste du monde était alors probablement à l'état nomade ou primitif.

L'agriculture en est le travail dominant ; l'industrie cependant y fabrique (notamment en Chine) des produits que nous n'avons connus que beaucoup plus tard (la poudre, la boussole, le papier, l'imprimerie, etc.), mais sans les perfectionner.

Le commerce est bien moins développé, notamment à cause de la difficulté des communications.

Mais c'est surtout le régime du travail qui caractérise cette époque. La population est divisée en *castes* fermées (probablement ouvertes dans les premiers siècles au moins); l'esclavage est assez restreint et dû principalement aux guerres; de sorte que chacun se livre par obligation à la même fonction sociale que ses ancêtres; l'agriculture est la moindre; les artisans forment une caste méprisée, quand ils sont libres.

La science, l'invention, le perfectionnement sont réservés à la caste des prêtres, qui, à mesure que l'on remonte en arrière, est la supérieure, mais que les guerriers dominent et entravent ensuite.

Pour le peuple, la science, l'industrie même, souvent tenues secrètes, sont fixées par des prescriptions inviolables; la Chine de nos jours n'est pas encore sortie de ces entraves.

164. — *Temps fabuleux.* — On est à peine sorti alors du temps où les hommes, limités encore aux rudiments de l'industrie et de la culture, habitants des cavernes ou des huttes, réduits au produit de leur chasse (comme beaucoup de sauvages de nos jours), viennent de recevoir l'art industriel ou agricole d'hommes exceptionnels qu'ils ont élevés au rang de dieux, de demi-dieux de héros, et qui sont ensuite devenus les prêtres. Leurs bienfaits sont conservés à l'état de légendes allégoriques ou fabuleuses.

La civilisation est, dans ces temps, confinée autour du temple, qui instruit et fournit le chef, comme elle se réfugiera, dans notre moyen âge, autour du monastère.

165. — *Temps préhistoriques.* — Les recherches archéologiques nous permettent aujourd'hui de nous faire une idée même des temps qui ont précédé ceux fabuleux.

Le maître indiquera au moyen d'échantillons les âges principaux de la pierre en les rattachant à l'âge du bronze et fera la description pittoresque de la vie aux temps préhistoriques.

Rapprochements avec les sauvages actuels.

3ᵉ CLASSE : FAITS MÉTAPHYSIQUES

166. — 1° La puissance, la fortune, le génie même ou le talent, sont des forces que la Providence confie non pour la satisfaction de celui qui les reçoit, mais pour qu'il en use pour le perfectionnement de ses semblables. Ceux qui les possèdent sont appréciés par leurs contemporains et la postérité d'après l'usage qu'ils en ont fait, non d'après la grandeur de cette puissance. (Exemples historiques à l'appui.)

L'abus de ces pouvoirs (consistant en une tyrannie de quelque genre : gouvernemental, financier, critique, etc.), entraîne autant de désordres dans la société que pour le despote lui-même : il produit d'une part les guerres civiles ou nationales, de l'autre les craintes, les défiances, les cruautés, qui troublent la vie et la conscience des tyrans.

2° Il y a donc une morale sociale comme une morale individuelle; elle n'est que l'application aux rapports sociaux des principes supérieurs de la morale.

C'est surtout dans les rapports sociaux qu'il faut se rappeler l'ordre, que nous donne la conscience en même temps que l'étude de la nature, de tendre vers l'unité par l'équilibre et l'harmonie.

Il faut s'y attacher au moins à équilibrer les deux

forces opposées de l'intérêt personnel et de l'intérêt général auquel correspondent les groupements de la *famille*, de la *commune* et de la *patrie*. Cet équilibre constitue la *Justice*.

Il est même indispensable de faire prévaloir l'intérêt général sur le particulier, sous peine de nuire à ce dernier même. On montrera en effet à l'élève, par des exemples simples (emplois divers de l'impôt, sécurités, facilités pour le commerce, etc.), ce que la société fait pour l'individu, mais en lui rappelant que la société n'est que la *synthèse* immatérielle des individus, on lui fera comprendre la nécessité pour l'individu de consacrer une partie de ses efforts aux groupements sociaux (famille, commune, patrie). C'est ce qui constitue la *Solidarité*.

3° Ce sont là les devoirs communs; aux plus forts incombe quelque chose de plus : le *dévouement*, et il n'est presque personne qui ne soit plus fort que quelque autre ou qui n'ait l'occasion de se dévouer de temps en temps. Ce n'est que par le dévouement que la société progresse, remédie aux souffrances qu'elle n'a pu encore éviter, comme la misère, ou que le groupe social est sauvé (qu'il soit famille, commune ou patrie), quand quelque danger extraordinaire le menace.

4° Ainsi le *devoir* prime le *droit*, qui n'en est qu'une conséquence due à l'effet de la justice et de la solidarité, et le devoir augmente avec la puissance matérielle, intellectuelle ou spirituelle.

Les inégalités naturelles produisent des inégalités sociales, mais elles sont hiérarchisées à la fois par la fonction et le devoir; il n'est personne qui n'ait la même somme de force morale à développer en proportion de sa force, quelle que soit sa position sociale.

On appuiera ces enseignements par de nombreux exemples de fautes ou de vertus sociales, emprunté à l'histoire anecdotique de tous les temps.

SYNTHÈSE NÉGATIVE

167. — On ne terminera pas cette année sans résumer les différentes *synthèses scientifiques* (ou état actuel de chaque science) enseignées pendant son cours, afin de laisser dans l'esprit de l'élève, d'une part l'ensemble de l'enseignement, qui sera du reste mieux donné l'année suivante; d'autre part et surtout la conviction que, si dans ce cours primaire il a reçu des notions de toutes sciences, il n'en a cependant que les premiers éléments, qui sont les préliminaires de connaissances beaucoup plus vastes. Cette précaution est indispensable pour préparer l'enfant à comprendre et à accepter le rang que lui donnent ses facultés ou que lui pourront mériter ses efforts, dans la hiérarchie sociale (1).

---

(1) On suppose ici la société hiérarchisée selon les mérites réels, avec la pensée que le programme proposé pourrait contribuer, au moyen d'un ensemble d'écoles en harmonie avec lui, à nous rapprocher de cet idéal.

168. — DISTRIBUTION DU TEMPS

		1er ORDRE : Sciences positives			3e ORDRE SCIENCES SUPÉRIEURES
		Naturelles	Physico-Chimiques	De mesure	
1er trimestre	1er mois.	Zoologie.	»	Géométrie	»
	2e mois.		Chimie (corps simples).	Arithmétique (1re partie)	
	3e mois.		Physique (sauf l'électricité).	Exercices mathématiques.	Esthétique.
2e trimestre	1er mois.	Botanique et Minéralogie	»	Géométrie.	»
	2e mois.		Chimie (combinaisons).	Arithmétique (rapports).	»
	3e mois.		Physique (Electricité).	Exercices mathématiques.	Ethique.
3e trimestre	1er et 2e mois.	Revue de tous les tableaux synoptiques, qui devront être reproduits de mémoire et commentés par les élèves — lectures et détails pittoresques à l'appui.			
	3e mois.	Les Synthèses scientifiques de tous ordres. La Synthèse négative.			Faits métaphysiques

168. — DISTRIBUTION DU TEMPS

4ᵉ ORDRE SCIENCES SYNTHÉTIQUES	2ᵉ ORDRE : Expression de la pensée			
	Graphique	Musique et diction	Langage	Psychologie
Géogénie-Astronomie Géographie	Dessin.	Musique et diction.	Langage.	Psychologie.
Economie sociale.	id.	id.	id.	id.
Histoire (économique) et Géographie correspondante.	id.	id.	id.	id.
Histoire (*suite*)		id.	id.	id.
id.	id.	id.	id.	id.
id.	id.	id.	id.	id.
	Dictées de dessins.	Dictées de musique écrite ou chantée.	Résumé de Grammaire.	Revue de tableau synoptique.
	id.	id.	id.	id.

Comme à l'année précédente, les sciences de 2ᵉ ordre occuperont la soirée de préférence ; les autres la matinée.
L'Esthétique, l'Ethique, les faits métaphysiques ne demanderont pas plus de deux leçons par semaine.

CINQUIÈME ANNÉE PRIMAIRE

(11 A 12 ANS)

ÉTUDE
SYNTHÉTIQUE GÉNÉRALE

SECOND TEMPS DE LA SYNTHÈSE

---

169. — L'enfant a atteint maintenant comme le point culminant de son instruction. Il s'agit de lui en faire saisir l'ensemble et de le préparer à la pratique de la vie vers laquelle il va être appelé à redescendre l'année suivante.

A l'inverse de ce qui a dû être fait dans les trois années précédentes, employées à l'étude analytique, on suivra cette fois l'ordre dogmatique; on passera des principes absolus aux réalitées concrètes et complexes de la nature et de la société.

Les développements les plus étendus seront nécessairement pour les sciences synthétiques (cosmogonie, histoire, sociologie).

Du reste, comme c'est l'unité de l'ensemble que nous avons à faire ressortir, nous ne devrons plus observer la distinction analytique de nos quatre ordres de sciences; elle sera remplacée par une division quaternaire correspondante de notre synthèse générale, savoir :

Synthèse théorique.

Synthèse intellectuelle (de la science et de ses méthodes).

Synthèse spirituelle.

Synthèse pratique.

Toutefois, si la succession de ces quatre aspects est nécessaire pour la clarté du programme, elle ne l'est point pour l'enseignement; il faudra, au contraire, que ces quatre études soient parallèles, comme on le verra par la distribution du temps.

SYNTHÈSE THÉORIQUE

170. — Ce sera forcément la principale pour l'étendue.

Elle suivra le développement du monde depuis l'état de chaos jusqu'à l'état actuel, en expliquant la formation des astres par les sciences physico-chimiques, en montrant la progression du monde végétal et animal jusqu'à l'apparition de l'homme. L'histoire du genre humain, plus développée que celles cosmogoniques, quoique faite à grand traits, sera le couronnement de ces dernières, et se complétera à son tour par les éléments de la sociologie moderne.

I. — COSMOGONIE ASTRONOMIQUE.

171. — Les deux forces opposées dont la physique nous a montré le jeu n'ont pas été toujours aussi rapprochées de leur équilibre que nous les voyons sur notre terre. Il y a peut-être bien des millions d'années, la force expansive régnait presque exclusivement sur la matière, qui était alors comme un immense nuage. Tout était à l'état radiant ; aucune combinaison chimique n'était possible, aucun corps n'existait même ; ce n'était qu'une poussière homogène infiniment légère. On en donnera la preuve par les *nébuleuses* actuellement visibles dans le ciel, mondes à l'état chaotique dont on donnera des dessins et, s'il se peut, des photographies.

Puis peu à peu la force astringente a repris le dessus ; il s'est produit des centres d'attractions et, de par les lois de la mécanique et de la physique, des mouvements de rotation autour de ces centres avec condensation progressive. Les soleils sont nés (nébuleuses résolubles), obscurs d'abord tant que l'état radiant n'était pas encore tombé jusqu'à celui gazeux. Une fois ce dernier état arrivé au-dessous de la dissociation, la formation des corps simples a pu commencer, et leur combinaison : d'où des mouvements d'une turbulence extrême produisant chaleur, lumière et électricité en quantités formidables (état *de soleil*).

La condensation s'accélérant par l'effet même des unions chimiques (synthèse de second ordre déjà), des *planètes* se sont séparées du soleil pour tourner autour de lui, accompagnées bientôt à leur tour de *satellites*, et se sont refroidies avec une rapidité inverse de leur masse.

Notre Terre accompagnée de sa Lune était de ces planètes. On rappellera comment, dans son état de fusion, elle a produit d'abord et fixé les combinaisons les plus stables (silicates, etc.) suivies de celles moins pyrogénées (oxydes et sulfures) et enfin des plus fragiles. Ce fut la période de refroidissement de l'écorce, de séparation des continents et de *déluges* de moins en moins vastes ou fréquents.

II. — COSMOGONIE BIOLOGIQUE.

172. — Enfin, la croûte terrestre fixée, les roches affermies au milieu des mers, les déluges un peu apaisés, les eaux refroidies, les rayons du soleil purent pénétrer les nuages qui enveloppaient la terre; la vie commença à y apparaître par les végétations microscopiques du dernier ordre. Elle se répandit dès lors en se perfectionnant, se compliquant, se synthétisant toujours à travers les convulsions géologiques, qui allaient en s'apaisant, mais sans s'interrompre; moins tumultueuses, plus prolongées.

On rappellera dans quel ordre la paléontologie retrace les apparitions successives des êtres vivants (au moyens de tableaux classiques et d'échantillons ou de dessins d'animaux).

Terrains azoïques ;
    paléozoïques (cambrien et silurien) (algues, champignons, polypiers) ;
    primaires (silurien avec les mollusques acéphales et les crustacés inférieurs);
    dévonien (reptiles et conifères);
    carbonifère (luxe de végétation des conifères; insectes et reptiles).

De Trias (batraciens, sauriens, — peut-être les oiseaux).

Jurassique et craie (les sauriens, oiseaux, — types disparus des mammifères).

Enfin tertiaires (les oiseaux et les mammifères); et quaternaire (l'homme primitif, et les végétaux et animaux actuels, — l'ordre des saisons et des climats actuels, l'ère à laquelle nous appartenons).

III. — L'HISTOIRE HUMAINE.

173. — L'homme a commencé par vivre presque comme l'animal, d'une existence dont la vie des sauvages actuels les plus dégradés peut donner une idée (rappeler au moyen d'échantillons et de dessins ce que l'archéologie apprend sur l'existence de l'homme primitif). Ce n'est que par une longue suite d'efforts séculaires qu'il est arrivé à la civilisation dont nous jouissons.

Son histoire complète se divise ainsi en trois périodes principales :

L'âge géologique, qui n'est connu que par *des restes* ; il n'y a pour cette époque ni histoire ni traditions.

L'âge fabuleux, connu par les *traditions* ou des légendes symboliques.

L'âge historique, connu par les traditions, les restes archéologiques et les *écrits* anciens.

174. — 1° *Age géologique ou préhistorique*. — On rappellera brièvement ses subdivisions, en les appuyant de dessins, d'échantillons et de représentations ou de descriptions pittoresques de la vie aux diverses époques de l'âge de pierre (subdivisé lui-même très nettement), de l'âge de bronze (débuts de la chimie avec la métallurgie) et de l'âge de fer.

On les rapprochera de la vie des sauvages actuels ; on distinguera d'ailleurs les trois degrés de la vie primitive (chasseurs, pasteurs, cultivateurs), dont on retrouve encore des exemples contemporains ; on montrera enfin l'influence des climats (montagnes ou vallées) et la distribution géographique des races principales.

175. — 2° *Age fabuleux*. — On donnera très largement les traditions principales des différentes races en montrant leur concordance (les principales sont celles de l'âge d'or, de la révolte des géants, de l'histoire de Prométhée, du déluge). Engloutissement de l'*Atlantide*, grand continent de civilisation très avancée. On développera surtout la division universelle de cet âge en trois époques qui marquent clairement les étapes du progrès dans les temps primitifs.

Ere des *Dieux* : quelques hommes supérieurs donnent les premiers enseignements pratiques, intellectuels et religieux :

Ere des *héros* : quelques hommes puissants, en beaucoup plus grand nombre que les Dieux de l'ère précédente, consacrent leur puissance et le dévouement de leur courage à la répression des crimes, des tyrannies ou des fléaux naturels à l'établissement de l'ordre et de la justice.

Ere des *Monarques* : ces hommes ou leur descendants sont appelés à gouverner les autres, formant des États, des fédérations, des empires dont ils deviennent les chefs bientôt héréditaires et privilégiés.

Nous verrons de même plus loin l'ère chrétienne.

surtout après l'invasion barbare, se partager en trois périodes aussi nettes : puissance surtout spirituelle de l'Eglise; chefs et héros divers mettant leur épée à son service et fondant le pouvoir temporel; monarques réunissant avec beaucoup d'efforts sur leurs têtes les autorités spirituelle, pontificale et temporelle pour aboutir à la monarchie absolue.

176 — 3° *Age historique.* — On arrive avec cet âge à l'état de civilisation tel que nous le connaissons. Il faut d'abord le définir.

PRÉLIMINAIRES : PRINCIPES DE SOCIOLOGIE

1° Les groupes d'individus qui composent la société sont de plusieurs espèces : le plus simple est la *famille*, qui unit les personnes nées d'ancêtres communs.

Des familles unies par une parenteté plus ou moins proche forment la *tribu*.

Un ensemble de tribus analogues forme un *Peuple* (ex : le peuple juif, le peuple turc, le peuple arabe, etc.).

Dans tous ces genres de groupement on rencontre entre les individus qui les composent analogie de langage, de mœurs, de croyances, de traditions, qui se maintiennent même dans le plus grand état de dispersion. Ils sont réliés par la *communauté de sentiments*.

2° Parallèlement à ce mode de groupement, on en trouve d'autres dus à la *communauté d'intérêts*, d'intellectualité ; ce sont :

La *corporation* (en prenant ce mot dans son sens

le plus étendu, qui comprendra même la *caste* et la *classe*), coalition d'hommes qui ont à défendre au milieu des autres des intérêts de même ordre ;

La *commune*, qui est une corporation due à la communauté de résidence, de condition d'existence avec protection mutuelle contre les groupes locaux plus éloignés ;

La *nation*, qui est une commune agrandie, un groupe de communes.

Dans ces sortes de groupements, le langage, les mœurs, les croyances, les traditions, pourront différer, mais les efforts de production, les conditions de travail, les mesures protectrices sont les mêmes; on obéit aux mêmes lois, ou règles communes, on utilise les mêmes routes, la même poste, la même armée, on paye les mêmes impôts.

3° Au-dessus de tous ces groupes, on en trouve un plus général encore, celui de la *Race*, dû surtout à l'analogie des facultés psychiques correspondant à un aspect, à une physiologie spéciale. (On citera, avec des représentations à l'appui, les races humaines principales : blanche, noire, jaune et rouge).

4° En résumé, l'humanité offre quatre genres de groupements sociaux.

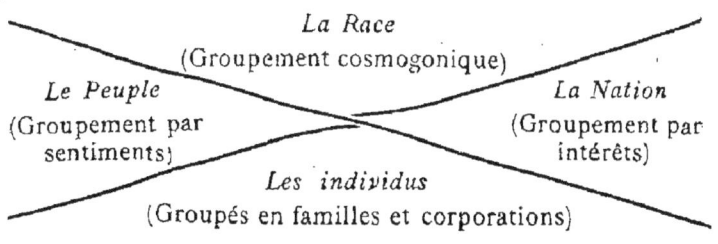

La Race
(Groupement cosmogonique)

Le Peuple
(Groupement par sentiments)

La Nation
(Groupement par intérêts)

Les *individus*
(Groupés en familles et corporations)

177. — 1° Quand un groupe social, quelqu'il soit, se range sous *une même direction*, on le nomme *État*.

L'État peut sembler se confondre avec la Nation si l'on ne considère que la loi et les intérêts communs, mais il faut remarquer qu'il comprend aussi bien la communauté de sentiments ; il est donc possible qu'il n'y ait pas indentité complète ; un peuple peut même exister sans l'État (ex. : les Juifs).

Un État peut embrasser plusieurs nations (comme les États-Unis ou l'Angleterre), plusieurs peuples ou fractions de peuples, ce qui arrive dans tous les États ; plusieurs races ou fractions de races (l'État français avec l'Algérie, par exemple).

Par conséquent, un groupe de ce genre comprend des intérêts et des sentiments individuels de familles, de corporations, dont il constitue le principe abstrait d'Unité. Il est analogue alors en tous points à l'être humain, ayant : un corps, qui est l'ensemble des individus ; une âme sensible, qui est l'ensemble de leurs sentiments (correspondant au groupement de famille et de peuple) ; une âme intellectuelle, qui est l'ensemble de leurs intérêts (correspondant au groupement par la corporation commune, nation) ; et un esprit, qui est le principe abstrait d'unité désigné par le mot *État*.

2° Pour agir, pour vivre, comme un être humain, il ne manque plus à cet être collectif que la force motrice psychologique : la volonté. Il la trouve dans ce qu'on nomme le *Gouvernement* d'un État.

Le Gouvernement est l'organe social destiné à

faire agir d'un commun accord, pour une action commune, les individus, les familles, les corporations d'un État, comme la volonté fait agir les membres, l'âme, l'intelligence de l'homme ; c'est-à-dire à la fois en les développant, en défendant chacun d'eux contre les excès des autres, en réprimant aussi les tendances de chacun à dominer aux dépens des autres.

3º Comme la volonté, le gouvernement prend connaissance des désirs sociaux, délibère, ordonne et fait exécuter ses ordres.

Il prend connaissance des désirs sociaux par des pétitions, des remontrances et les observations des mandataires des individus (*députés*).

Il délibère généralement au moyen de *conseils* spéciaux.

Il ordonne au moyen de la *loi*.

Il fait exécuter la loi : 1º par l'intermédiaire de l'*administration* s'il agit d'une exécution active (comme un impôt à lever, une route à construire, une armée à rassembler, etc.).

2º Par l'intermédiaire de la *magistrature* s'il s'agit de droits à respecter, de choses à ne pas faire, d'une exécution passive.

Ainsi, comme la volonté (voir la remarque faite à propos de la psychologie sous les nºs 89 et 90), le gouvernement doit posséder simultanément et distinctement la faculté d'ordonner, ou *autorité*, et celle d'exécuter ou d'obliger : le *pouvoir (imperium)*.

4º Mais cette assimilation entre la volonté humaine et la volonté sociale ou gouvernement n'est pas complète. Il reste entre elles une différence fondamentale des plus importantes.

La volonté humaine est une faculté fixe dont la place et l'étendue sont assignées en nous et sans nous par notre Créateur. Au contraire, il a laissé à notre initiative et à notre responsabilité la détermination du gouvernement : il faut en effet qu'il appartienne à quelqu'un de nous, homme comme ses semblables. Cette nécessité fait naître plusieurs questions essentielles :

Qui peut conférer le gouvernement ?

A qui sera-t-il conféré et comment ? (1)

178. — 1° La première question admet quatre sortes de solution :

Le *pouvoir* peut naître naturellement de l'*autorité* : alors le gouvernement est constitué comme spontanément, sans discussion ni formalité (ex. : les chefs des sauvages ; les prêtres des temps primitifs).

Le gouvernement peut être, au contraire, conféré par les gouvernés, et c'est le cas ordinaire. Dans ce cas, ou les hommes entraînés par l'*autorité* y attachent le *pouvoir* : la formation du gouvernement se fait alors par *élection ;*

Ou bien le pouvoir est, de gré ou non, laissé à la force ou arraché par elle, sans considération pour l'autorité qui s'en sépare : c'est l'*usurpation*, la *tyrannie ;*

Ou enfin, à défaut d'autorité, pour éviter l'usurpation, la désignation du *pouvoir* est laissée à la nature ;

(1) On ne fait qu'indiquer ici, sur la constitution sociale, quelques aperçus essentiels qui seront complétés et exposés méthodiquement dans l'enseignement secondaire.

soit par l'hérédité, soit par la naissance dans un certain rang. Dans ce cas, l'autorité peut encore se trouver séparée du Pouvoir, ce qui est toujours une cause de désorganisation.

2° D'autre part, l'autorité qui doit décider du pouvoir peut elle-même provenir de plusieurs sources.

Elle peut venir de la *foi* ou, à l'opposé, de la *passion* seule, du désir sensible ; ou en troisième lieu de *la raison*, soit qu'elle applique ou discute la foi, (protestants et jurisconsultes), soit qu'elle étudie la nature (la science). Nous verrons par l'histoire que le cas le plus fréquent, surtout au début des sociétés, est celui où l'autorité s'inspire de la passion sensible (la cupidité, l'ambition, etc.).

3° En résumé, des deux éléments du gouvernement ou volonté sociale :

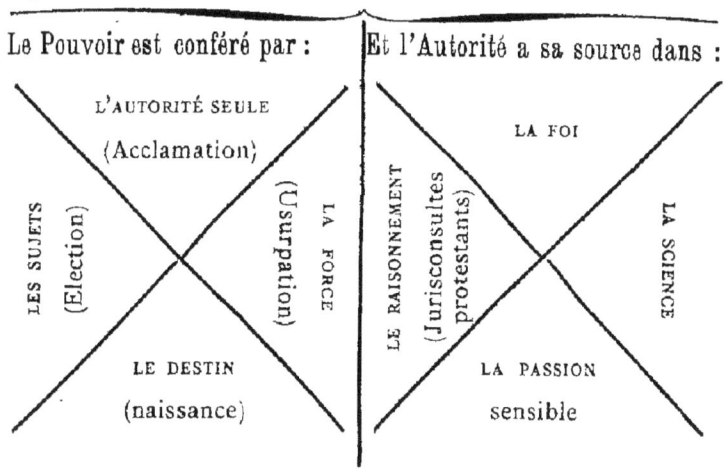

179. — 1° Sur la seconde question, la réponse est :
Le gouvernement peut être conféré : ou à une seule personne, ou au contraire à tous les sujets, ou en

troisième lieu à quelques-uns seulement (lesquels pourront être quelques hommes rares considérés comme supérieurs), ou au contraire aux représentants en nombre limité de tous les sujets.

2° Quant à son organisation, elle peut être réglée encore sur trois sortes de considérations dont la moyenne est double (1), comme précédemment, savoir :

Sur un principe absolu (gouvernement théocratique).

Sur l'intérêt d'un des quatre groupes sociaux distingués précédemment.

Ou, entre ces deux extrêmes, sur des considérations psychiques, savoir : ou l'autorité de la raison (pouvoir spirituel) ou celle de la puissance de fait, d'où qu'elle vienne (la naissance, la fortune, l'usurpation même).

3° En résumé, le gouvernement :

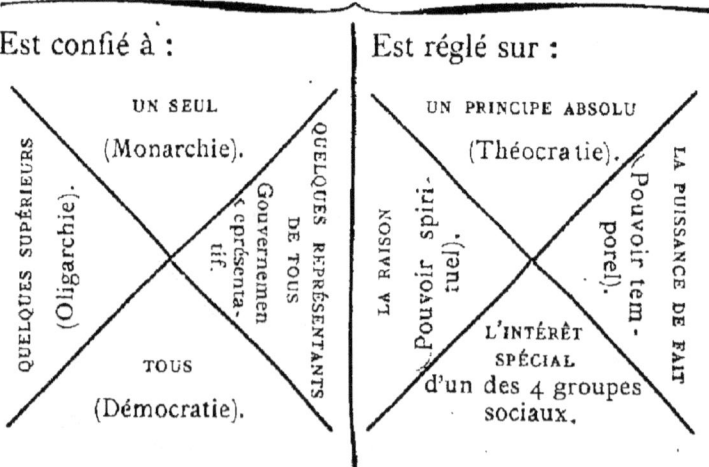

(1) Ce n'est ici qu'une application développée de la *trinité* dont le terme intermédiaire est double par nature : un pareil développement est particulièrement utile dans les conséquences pratiques du principe trinitaire.

La disposition en croix en fait ressortir les concordances.

Le choix entre ces diverses alternatives est ce que l'on nomme la politique constitutionnelle.

180. — Or, dans la suite des temps, toutes les solutions ont été tentées pour ces diverses questions, ou plutôt, comme il fallait s'y attendre, comme il arrive pour la volonté humaine, elles ont été réglées plus souvent par la passion individuelle ou sociale que par la conscience ou la raison. Il en est résulté des usurpations, des tyrannies, des guerres, des révolutions, des crimes, des bouleversements de tous genres où bien des nations, des peuples même, ont péri, mais à travers lesquels il nous sera possible cependant de reconnaître un grand mouvement providentiel d'ensemble. C'est le récit de ces fluctuations de la volonté sociale qui constitue l'Histoire politique, que nous allons aborder maintenant en la reprenant à ses débuts.

HISTOIRE POLITIQUE

A la différence du cours de quatrième année, on enseignera principalement en celui-ci l'histoire politique, en rappelant seulement l'histoire de la civilisation ; on commencera par les temps les plus anciens, au lieu de remonter en arrière, puisqu'il s'agit de synthèse au lieu d'analyse.

La suite des événements va être divisée par grandes périodes correspondant à celles établies dans la quatrième année, et dont chacune sera caractérisée au point de vue politique.

On distinguera, du reste, et on tiendra toujours séparées autant que possible, les deux sortes d'histoire politique : l'*internationale* ou extérieure et la *constitutionnelle* ou intérieure. C'est sur la dernière qu'il sera le plus insisté, et toutes deux seront dépeintes à grands traits, en évitant de surcharger inutilement la mémoire de l'élève de noms de souverains ou de batailles, de dates et de généalogie. C'est la vie du citoyen à travers les âges qui lui sera retracée.

L'histoire *anecdotique* sera cependant appliquée aux principaux personnages de chaque époque, que l'on aura soin de bien encadrer dans leur milieu, et par elle, en même temps que l'on précisera l'histoire politique, en l'animant, on recueillera aussi une foule de matériaux précieux pour les exercices de langage et la morale publique ou privée.

Il va sans dire que l'histoire sera accompagnée et soutenue continuellement par la géographie politique correspondante ; on aura soin, à chaque changement de scène de l'action historique, d'en décrire le milieu par la géographie physique, aussi pittoresque que possible ; on n'aura besoin que de la rappeler, puisqu'elle fait l'objet d'un autre cours.

Civilisation payenne

PREMIÈRE ÉPOQUE

Asiatique ou indo-égyptienne (de l'origine des temps historiques à 700 av. J.-C.)

181. — Impossibilité de fixer l'époque à laquelle l'humanité a passé de l'état fabuleux à l'état historique. Divergences considérables des chronologies.

Il est certain seulement que la civilisation la

plus reculée est dans l'Inde, en Égypte et en Chine.

Géographie physique de l'Asie : plus particulièrement de l'Inde, la Chaldée, la Syrie et l'Égypte. (Gange, Euphrate et Nil, fournissant trois centres de civilisation, séparés de la Chine par le Thibet et ses montagnes.)

182. — HISTOIRE POLITIQUE EXTÉRIEURE ET INTÉRIEURE. — Si l'on jette un coup d'œil d'ensemble sur une carte orographique de l'ancien monde, on y peut distinguer immédiatement, autour de l'Himalaya et de l'Altaï, quatre vastes plaines, plus ou moins ondulées, largement arrosées, fertiles, en dehors desquelles se dressent de hauts plateaux secs, ou s'étendent d'énormes déserts. Ce sont : à l'est, la Chine ; au sud, l'Inde, à l'ouest, la partie septentrionale de l'Afrique ; au nord, l'Europe au-dessus des Carpathes. A ces grandes divisions correspondent, aux temps qui nous occupent (c'est-à-dire aussi loin que remonte l'histoire), cinq grands *peuples* : *Chinois* à l'est, *Indiens* au sud, *Égyptiens* à l'ouest, *Celtes* au nord en Europe, *Touraniens* sur le plateau central.

Leurs situations respectives indiquent alors qu'ils correspondent à trois grandes *races* humaines, et que la domination du monde vient de passer de l'une à l'autre.

Le peuple chinois et les Touraniens appartiennent à la *race jaune*; l'Afrique est peuplée, dans ses profondeurs, par la *race noire*, et l'Europe par la *race blanche*. Cette dernière s'est répandue sur l'Inde, l'Asie centrale et le nord de l'Afrique, refoulant d'une part les noirs au sud de l'Inde et dans le fond de la Lybie; de l'autre, les jaunes dans les hauts plateaux et en Asie, se croisant avec eux aussi, de façon à produire une race mixte en Égypte, en Inde et dans l'Asie moyenne. La lutte gigantesque soutenue pour cette victoire a laissé des souvenirs légendaires parvenus jusqu'à nous (guerre des Titans contre les Dieux).

183. — *Première période.* — Le peuple des Celtes répandu sur des régions trop froides ou trop plates, dans d'immenses forêts, ne s'est pas constitué en *États*; il vit dans le groupement familial par tribus, ce qui est la moindre organisation sociale.

Au contraire, 3,000 ans au moins avant Jésus-Christ (il y a près de 5,000 ans), nous trouvons dans la région chaude du Sud trois grands *États* constitués comme *Empires* (ou ensemble de nations diverses) : l'empire chinois, séparé des autres par les hauteurs du Thibet; l'empire indien, qui compte déjà des villes énormes, et l'empire égyptien, non moins prospère; ces deux derniers communiquant plus aisément à travers les hauteurs peu élevées ou les vallées de l'Asie moyenne.

Cette dernière partie, dépourvue de forêts, sèche ou couverte d'énormes steppes, est parcourue encore par une foule de *nomades* blancs ou Touraniens, qui commencent seulement à s'y fixer.

Les populations de ces trois empires offrent un état de civilisation très remarquable. Chacun d'eux possède alors, honore par-dessus tout, observe religieusement *un livre saint* qui lui a révélé la cosmogonie et les mystères principaux du monde invisible, en y ajoutant les règles fondamentales de la conduite. C'est le premier degré de spiritualité auquel ils arrivent après les brutalités de l'âge fabuleux.

Ce sont : pour la Chine, les *Kings* de Fohi ; pour l'Inde, les *Védas;* pour l'Égypte, les livres d'*Hermès ;* pour les peuples de l'Asie moyenne, le *Zend-Avesta*. Ces *livres saints*, legs, sans doute, de la race noire maintenant vaincue, bien que variés dans leur forme, ont un fonds commun, notamment : l'existence d'un créateur invisible, tout-puissant, ineffable, relié à l'homme par une hiérarchie d'*esprits* (ou dieux) de rang secondaire, et la *trinité* pour loi fondamentale de la création. Ces livres sont conservés et enseignés par les prêtres, dépositaires de toute science et gouverneurs des peuples.

Du reste, nos trois empires se distinguent par leurs caractères : les Chinois sont plus attachés à la vie matérielle, à l'industrie, à la culture ; l'Inde règle plutôt sa vie sur les contemplations métaphysiques ; l'Égypte sur la science, l'étude de la nature.

Les Touraniens, comme les Chinois, sont industrieux, capables même de s'assembler en cités, d'entreprendre la culture, mais inaptes à s'organiser en *États*.

184. — *Deuxième Période.* — 1° Mille ans plus tard cette situation est un peu modifiée. — La *Chine* n'a point changé : ses mœurs, ses lois, sa religion, tous les actes de sa vie sont réglés si invariablement qu'ils doivent persister jusqu'à nos jours sans modification ; inutile de nous en occuper davantage. Abritée par les hautes montagnes centrales et le mur formidable qu'elle y a ajouté au Nord, elle est à peu près garantie de toute invasion extérieure ; son histoire se borne presque aux révolutions intérieures qu'apportent les passions humaines dans tout gouvernement.

Les *Celtes* non plus n'ont pas varié et ne varieront guère avant 3,000 ans ; on les laisse de côté jusque-là.

2° La transformation des trois autres peuples a consisté surtout en une sorte de laïcisation : le pouvoir tend à passer des prêtres à des monarques séculiers. En Égypte, le premier de ces rois est *Mœnès* (*vers 2500 av. J.-C.*) En Chine, c'est Yao (vers 2400) ; dans l'Asie centrale, Nemrod fonde le premier empire d'Assyrie (en 2600), tandis qu'Abraham (vers 2400) rassemble sous son autorité le peuple juif encore nomade, mais qui doit bientôt s'établir en Égypte. L'Inde, cependant, reste divisée en une foule de petits États.

3° Un peu plus tard, les traditions, les enseignements, les prescriptions des premiers livres saints, abandonnés sans doute, ou méconnus, sont renouvelés par quelques hommes de génie. Ainsi font :

Moïse en Égypte, créant le *Pentateuque*, pour les Juifs qu'il conduit d'Égypte en Syrie, en 1643 ; *Manou* en Inde, vers 1280 ; les *Mages* en Assyrie, et parmi eux *Zoroastre*, écrivant le *Zend-Avesta*, vers 1200.

185. — *Troisième période.* — Ainsi se trouve accomplie l'occupation de toute l'Asie moyenne et occidentale et de l'Égypte par la race blanche ; elle va maintenant tendre à y faire l'unité d'État, par la rivalité des nations créées jusque-là.

L'Inde cependant, abritée au nord par ses montagnes, va rester étrangère à ce mouvement, qui se produit en deux centres : l'Égypte et l'Assyrie, destinés bientôt à s'absorber.

L'Assyrie, bornée d'abord à la Chaldée, s'étend avec *Semiramis* sur tout le domaine touranien à l'ouest et jusqu'à la Méditerranée. L'Égypte avec Sesostris s'étend sur les bords de la Méditerranée, en Arabie et sur les côtes d'Europe.

L'un et l'autre de ces empires, gouvernés par une suite de rois plus ou moins sages, poussent la civilisation jusqu'à la corruption. L'Assyrie notamment, sous *Sardanapale*, qui périt au milieu des festins, se divise quelque temps au profit des Touraniens (Mèdes et Perses), qui l'absorberont bientôt, comme on le verra dans l'époque transitoire suivante.

En Égypte, c'est à cette époque, la plus florissante de son histoire au point de vue matériel, qu'appartiennent les grands travaux qui la distinguent (les Pyramides, les temples de Thèbes, de Louqsor) ; vers 700, l'Égypte, envahie par l'armée assyrienne, n'est sauvée que par des circonstances extraordinaires.

186. — L'histoire de la civilisation donnée dans l'année précédente sera résumée brièvement : on montrera surtout l'industrie en Chine, le commerce limité à peu près à l'Asie moyenne (Assyrie, Arabie, Phénicie surtout) et par lui l'Asie se répandant sur les côtes méditerranéennes ; tandis que l'Inde ne produit guère que des matières premières et que l'Égypte se tient fermée.

187. — HISTOIRE POLITIQUE INTÉRIEURE. — 1° Ces trois périodes correspondent à trois sortes de constitutions : Dans la première, le *Pouvoir* est laissé spontanément aux prêtres (successeurs des dieux et des héros), parce qu'ils ont naturellement l'*autorité* ; le gouvernement appartient au collège sacerdotal ; le principe *corporation* y domine, produisant partout la *caste* et l'*esclavage*, qui subsisteront toujours en Asie.

2° Dans la deuxième période, les monarques guerriers empiètent sur le pouvoir des prêtres, mais ils sont encore élevés, choisis et plus ou moins dirigés par eux, en Égypte surtout. Le gouvernement devient alors *féodal*, le principe de corporation s'élevant à celui de *Nation*.

3° Enfin, dans la troisième période, la caste sacerdotale est tout à fait subordonnée au souverain, qui devient absolu et tend à rassembler le pouvoir en une seule main : c'est ce qui arrive notamment en Égypte et en Assyrie (non en Inde). Le principe *État* devient la base du gouvernement.

Mais, comme le pouvoir du monarque n'a plus de contrepoids, comme la délibération et le pouvoir sont rassemblés sur la tête d'un seul homme, la passion l'emporte bientôt en lui sur la raison. La tendance à arracher le pouvoir par la force, au lieu de le fonder sur l'autorité, se satisfait entièrement ; d'où le despotisme, les crimes, les révolutions des empires de cette période.

(On en donnera une idée par l'*histoire anecdotique* correspondant à ces temps.)

4° *Conclusions* : La puissance civilisatrice, l'activité de vie civilisée a passé des races noire et jaune à la race blanche et en outre de l'Inde à l'Assyrie et à l'Égypte. S'avançant vers l'Occident, on va la voir passer de là en Europe. En même temps, le pouvoir passe des prêtres aux rois, se sépare de l'autorité et tombe dans le despotisme.

187 bis. — Rappel de l'histoire de la civilsation

IIe ÉPOQUE, TRANSITOIRE : DE 800 A 300

Asie et Grèce. Passage de la civilisation en Europe

188. — Histoire politique extérieure. — 1° Le peuple grec naît vers 1700 de la fusion, opérée dans la péninsule hellénique et ses îles, entre les Pélages (race noire), les Hellènes (race blanche) et les Égyptiens ou les Phéniciens se répandant, comme il vient d'être dit, sur l'Europe (Cadmus, Inachus, Danaüs, Cécrops). *Orphée*, sorti comme Moïse des sanctuaires égyptiens, est leur initiateur — par les livres orphiques — comme Moïse fut celui des Hébreux, et à la même époque, vers 1600.

Les nombreuses petites nations qui en résultent se coalisent souvent pour prendre part aux luttes des empires asiatiques, avec tendance à les conquérir (expédition des Argonautes, guerre de Troie, 1380 et 1280) ; d'autre part, tendant à l'unité, ils luttent longtemps entre eux pour la suprématie, se divisant surtout par peuples originaires (Héraclides et Doriens) ;

puis enfin ils se fédéralisent au moyen du lien religieux des jeux *Olympiques* et du *Conseil Amphyctionique* vers 800 (776) (1).

2° Deux États continuent cependant à se disputer la suprématie de cette fédération, et cette lutte sera avec la conquête de l'Asie toute l'histoire grecque :

Athènes est démocratique, commerçante et artistique ; *Solon* est son législateur vers 600 (593).

Sparte est aristocratique, gouvernée par un roi, conquérante, exclusivement guerrière; c'est *Lycurgue* qui l'organise vers 900 après s'être instruit en Égypte, en Asie et en Inde.

Ces deux États se réunirent d'abord contre l'Asie : là les Perses joints aux Mèdes avaient pris aux Assyriens, avec Babylone, l'empire de l'Asie moyenne, que *Cyrus* étendit jusqu'à l'Asie Mineure sur toute l'Asie occidentale (vers 550), et Cambyse, son successeur, jusque sur l'Égypte, de sorte que les colonies grecques, fort nombreuses sur les côtes d'Asie, étaient inquiétées par la tyrannie asiatique.

D'où la guerre médique, terminée vers 450 (2) par la victoire des Grecs, qui s'affranchissent de cette domination.

---

(1) Il était indispensable de donner à cette partie du programme des développements hors de proportion avec son importance dans l'enseignement, parce qu'il est tout à fait nouveau non seulement dans l'instruction primaire, mais dans la secondaire même : il était nécessaire d'ailleurs de l'établir sous la forme qui doit servir de cadre au reste de cet enseignement.

(2) Toutes les dates de l'histoire ancienne sont données ici approximativement, par demi-siècles au plus, à moins de nécessité spéciale ; c'est une exactitude bien suffisante à ce genre d'enseignement.

3° Délivrés de ce côté, les Grecs reprennent leur rivalité intérieure : Athènes, à qui la victoire était due sur l'Asie, et qui avait ainsi conquis la suprématie, est vaincue par Sparte vers 400 ; un troisième État intervient, *Thèbes*, et rétablit l'équilibre ; mais la Grèce épuisée tombe alors sous la domination d'un autre État européen, nouveau, la Macédoine, dont la force est due au génie de *Philippe II* et de son fils *Alexandre*. Vers 350 (en 338), tout le peuple grec est rassemblé sous la monarchie de la Macédoine, et jeté sur l'Asie, dont l'empire est complètement conquis en dix ans (en 323), sauf l'Inde.

Ainsi passa d'Asie en Europe la suprématie civilisatrice, qui rassembla en ce moment les hommes en un immense empire asiatico-européen, où se trouvaient fondues les religions aussi bien que les nations.

4° La Grèce n'est pas célèbre seulement par l'accomplissement de ce grand acte; elle l'est au moins autant par l'éclat de sa science, de son art et de sa philosophie (Hippocrate, Aristote, Homère, Pindare, Eschyle, Thucydide, Xénophon, Socrate, Pythagore, Platon, Phidias, etc.), que l'on fera connaître aux élèves par la lecture d'extraits et par des gravures.

5° Cet empire, qui va se démembrer, sera bientôt repris et rassemblé par une puissance européenne plus occidentale, exclusivement guerrière, qui sera à la Grèce ce que Sparte était à Athènes : le *peuple romain*, qui, dans cette période, étend déjà sa domination sur toute l'Italie.

Formée d'exilés rassemblés par Romulus vers 750, au milieu des nombreux petits États de race blanche, égyptienne et asiatique (parmi lesquels les *Etrusques* étaient les principaux), réglée par *Numa*, son législateur, organisée, gouvernée pendant 150 ans par des rois, Rome s'était mise ensuite en république de plu en plus démocratique, puis, par des guerres implacables, avait soumis à sa domination sévère tous les petits peuples de l'Italie, Véiens, Etrusques, Gaulois, Samnites (en 300).

Dans la même période, l'Asie orientale (Inde et Chine), maintenant presque toujours étrangère aux événements occidentaux, est bouleversée par une grande révolution religieuse (analogue à notre protestantisme), à la suite de la religion fondée vers 600 par Bouddha Çakia-Mouni.

6° Rappel de l'histoire de la civilisation : le commerce phénicien et grec, les colonies ; l'art grec, les travaux romains.

189. — Histoire politique intérieure. — En Grèce, à Rome, les origines sont théocratiques, comme chez les peuples de l'Asie, mais pendant une période très courte. Le sacerdoce peut inspirer encore la conduite des souverains, mais il est sous leur dépendance et bientôt effacé par eux. Le gouvernement est laïque. Le pouvoir ne correspond plus à l'autorité et par conséquent est disputé le plus souvent par la force.

Dans ces deux États, grec et romain, l'esprit de liberté l'emporte sur celui de soumission, le Principe individuel sur celui de l'État. La Grèce est encore aristocratique ; Rome au contraire est de plus en plus démocratique à l'intérieur, mais tyrannique en tant qu'État, sur tous les autres États qu'elle soumet sans les admettre à partager complètement sa vie politique.

(Ainsi, à Rome, le principe individuel (la famille d'abord, puis l'individu) domine à l'intérieur, le principe État à l'extérieur, et c'est par celui-ci que se fera l'Unité.)

Les castes n'existent plus dans les Etats européens, mais l'esclavage subsiste et se répand même.

189 bis. — Rappel de l'histoire de la civilisation.

IIIe ÉPOQUE : DE 300 A 0

Unification par Rome de la branche européo-asiatique de la race blanche

190. — Histoire politique extérieure. — Conquête de la Sicile (Pyrrhus), conquête de l'Afrique, guerres puniques (300 à 200), soumission de l'Espagne et de tout l'Orient (200 à 100).

Puis Rome, tournant sur elle-même l'esprit d'unité et la domination de la force sur l'autorité, est livrée à toutes les horreurs de la guerre civile : les Gracques, la guerre sociale, Marius, Sylla, Pompée, César (qui ajoute la Gaule aux autres conquêtes), et Antoine, qui transforme enfin la République en un empire autocratique. Le siège de la domination universelle est à Rome.

A la fin de cette période, *Odin* donne un commencement d'unité à la race blanche des Barbares qui couvre le nord de l'Europe en les réunissant sous la religion nouvelle qu'il fonde pour eux, en quelques vastes États, du reste sans durée.

191. — Histoire politique intérieure. — La démocratie s'accentue ; puis l'esprit d'unité extérieure se communique à l'intérieur avec le principe État comme directeur, et la force comme seul moyen. On touche à l'anarchie en même temps qu'à l'unité.

191 bis. — Rappel de l'histoire de la civilisation.

Civilisation intermédiaire

IVe ÉPOQUE : DE 1 A 600

Transition du monde payen au monde chrétien.

192. — Histoire politique extérieure. — *Jusqu'en 250 : l'empire.* — Avec la domination de la force, le matérialisme s'accentue, ainsi que le trouble des idées, au milieu de la décadence des religions. La passion l'emporte sur la raison, dans le gouvernement comme parmi les individus.

Le despotisme des empereurs est souvent poussé jusqu'à la folie ; aux meilleurs succèdent de temps en temps de véritables monstres : Tibère à Auguste ; à Titus, Domitien ; à Marc Aurèle, Commode ; à Sévère, Heliogabale. Comme l'élection et la transmission du pouvoir sont arbitraires, le crime y préside presque toujours, la force ou la corruption en décident (élections par l'armée, anarchie militaire, l'empire aux enchères). Il en résulte que le pouvoir suprême passe à des chefs d'origine barbare plus rompus à la vie militaire.

193. — *De 250 à 400 : l'empire organisé.* — Cependant, dans cette anarchie, quelques jurisconsultes des plus éminents rassemblent ou constituent (au IIIᵉ siècle notamment) *ce corps de droit romain* qui doit être en usage jusqu'à nos jours. Puis les empereurs réussissent à fixer la constitution du gouvernement par une organisation administrative tellement forte qu'elle se retrouve encore comme une base des nôtres (Dioclétien, Constantin, Julien, Théodose). On n'en donnera qu'une notion très large.

Mais, comme il n'y a plus ni foi religieuse en des principes supérieurs et immortels, ni désir d'aucune sorte, artistique, patriotique ou politique, élevé au-dessus des puissances immédiates et matérielles de la vie, les lois ne sont pas obéies, et les magistratures sont rendues si lourdes par le despotisme, que celui-ci est obligé d'en imposer l'exercice sous des peines sévères. L'empire n'est, malgré la grandeur de ses lois et de son organisation, qu'un squelette des plus solides d'où les chairs décomposées se détachent en lambaux.

194. — *Le Christianisme.* — La vie ne s'y maintient plus que par la secte des *chrétiens*, qui va substituer au découragement de ce matérialisme grossier égaré dans la multiplicité de dieux, maintenant sans signification, une foi ardente en un Dieu unique, créateur, rédempteur et protecteur du plus humble comme du plus puissant, mais qui n'accorde qu'au plus dévoué les récompenses de son immortalité.

Cachée d'abord dans les catacombes, calomniée, méprisée, cette secte se répand assez dans le courant du premier siècle pour mériter les *persécutions* des empereurs dès le commencement du IIᵉ. Ces persécutions se multiplient surtout dans le IIIᵉ, mais l'exemple des martyrs ne fait qu'aider la propagation du christianisme, qui se recrute alors jusque parmi les classes les plus élevés et les esprits les plus larges (*les Pères de l'Eglise*).

Enfin il est tellement puissant, que l'empereur Constantin (en 325) l'admet comme religion de l'empire, dont il transporte la capitale à Byzance, et en confirme l'organisation (notion sommaire de l'organisation de l'Eglise). Les *conciles* l'achèvent en fixant la doctrine et le culte.

195. — *De 400 à 600 : l'invasion des Barbares.* — 1° Mais cette grande réforme qui, du reste, n'atteignait qu'une partie des sujets, pouvait seulement soulager leurs maux sans les guérir et sans sauver l'empire de la mort qui le menaçait.

Vers 400 commence l'invasion des Barbares, poussés probablement par une convulsion de la race touranienne, qui de l'Asie se répand, entre 435 et 455, sur toute l'Europe avec *Attila* et les *Huns*.

Ils arrivent comme en trois flots : 1° d'abord autour de l'empire et au sud-ouest (Wisigoths et Vandales, en Espagne et Afrique, de 400 à 425) ; 2° à l'ouest et au nord-ouest (Francs et Bourguignons et Anglo-Saxons, de 425 à 450) ; 3° et enfin au cœur même (Hérules sur le Dambe, Ostrogoths et Lombards en Italie). (Mœurs des barbares ; religion d'Odin.)

Formation, aux dépens de l'empire romain, des Etats encore anarchiques des Vandales, des Francs, des Lombards, de l'Heptarchie anglaise. Au-dessus s'agitent les hordes saxonnes, poméraniennes, polonaises, bulgares, croates. L'Eglise seule remédie aux maux de la conquête, sauve les restes de la civilisation, donne un lien d'unité aux conquérants, qu'elle convertit (l'Eglise et les couvents).

2° Enfin, au sud de l'empire, vers 600, Mahomet fonde l'*Islamisme*, qui, en 300 ans, va répandre la domination arabe sur tout le sud de l'Europe, le nord de l'Afrique, et l'Asie occidentale.

L'Islamisme substitue chez les Arabes à la religion des anciens Assyriens, dégénérée en fétichisme, la notion d'un Dieu unique, créateur tout-puissant, mais arbitraire et inflexible, de qui Mahomet est le dernier prophète. Les joies de la vie future sont réservées exclusivement au musulman et graduées selon le succès de sa propagande, qui doit s'effectuer par la force brutale. D'où l'expansion rapide et fanatique de la domination des *Sarrazins*, qui ravagent avec encore plus de férocité et de rapidité que les Barbares du Nord.

(Rappel de l'histoire de la civilisation pendant ces mêmes périodes.)

195 bis. — HISTOIRE POLITIQUE INTÉRIEURE. — 1° Le christianisme oppose, dans l'empire, le spiritualisme et le monothéisme au matérialisme et au polythéisme, l'idée d'*Egalité* et de *Fraternité* à celles d'*Etat*, de *despotisme* et d'*esclavage*. Cette opposition crée une lutte sanglante entre ces deux puissances, analogues aux deux forces physiques contraires, sans pouvoir sauver l'empire de la décomposition intérieure ni de l'invasion du dehors.

2° La race blanche du Nord, qui dissout la moitié de l'empire, y apporte à son tour le principe individuel de *liberté* (celui de famille et de corporation par conséquent); qui va produire d'abord l'anarchie, mais cette race, bien plus accessible que le Romain aux principes du christianisme, se sauvera par lui.

195ᵗᵉʳ. — Rappel de l'histoire de la civilisation.

Civilisation chrétienne

Vᵉ ÉPOQUE : DE 600 A 1300

Installation de la race blanche du Nord. — Transfert du centre de civilisation en Europe occidentale.

196. — Histoire politique extérieure. — L'unité créée par la race gréco-latine est rompue ; quatre sortes de peuples avec deux religions sont en présence et en conflit, représentant trois races et trois principes différents de gouvernement. Le tableau suivant en fait ressortir les caractères analogues aux oppotions de forces physiques étudiées dans la nature.

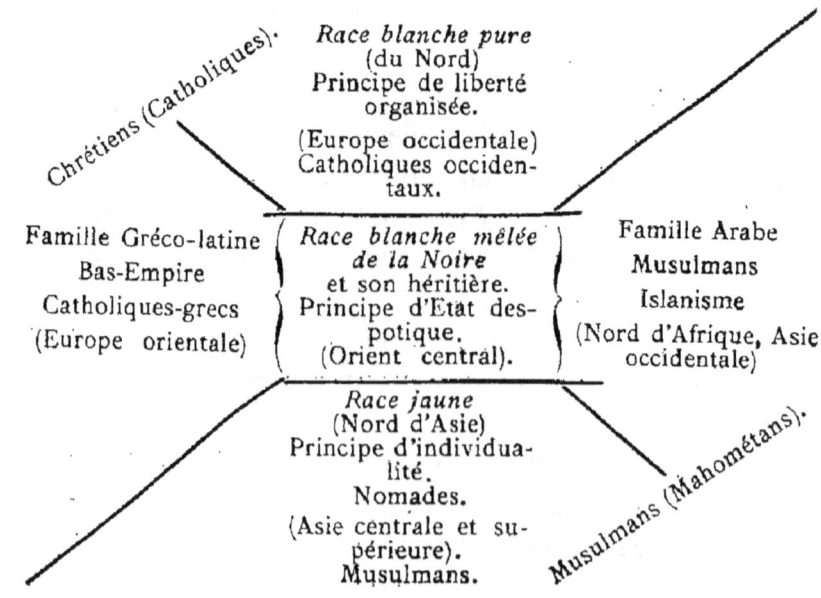

De ces quatre peuples, deux sont d'importance secondaire : celui des Mongols, parce qu'il n'a aucune organisation gouvernementale ; il ne se trouve rassemblé comme peuple qu'accidentellement, sous l'impulsion de quelque chef extraordinaire qui l'entraîne au pillage et le laisse, en disparaissant, retomber en poussière ; sa vie n'est qu'accidentelle et comme intermittente ;

Celui de Byzance, comme on l'a dit, ne se maintient que par la solidité de son pouvoir sans autorité, qui, centralisant jusqu'à l'idée, étouffe la vie individuelle. Il disparaîtra bientôt.

Les deux autres restent seuls réellement considérables, prêts à se disputer la suprématie de la civilisation nouvelle ; leur histoire partage cette époque en trois temps distincts :

197. — *De 600 à 800.* — 1° Les Musulmans sont d'abord les plus rigoureusement et rapidement organisés, mais leur suprématie est de courte durée.

En cent ans environ, ils ont ravagé et soumis toute l'Asie Mineure, la Perse, l'Asie centrale, une partie de l'Inde et de la Chine, tout le nord de l'Afrique, l'Espagne, assiégé Byzance, qui n'est sauvée que par le *feu grégeois*, pénétré jusqu'au centre de la Gaule, sauvée par Charles Martel ; fondé une foule de colonies militaires, agricoles, commerciales, dans cet empire de plus de 150 millions d'habitants, transporté jusqu'en Espagne (sans la perfectionner) la vieille science orientale ; puis leur Etat se divise en deux (Cordoue et Bagdad), entamé par les dissensions qui vont le morceler.

2° Pendant le même temps s'installent en Europe principalement les Etats de Gaule, de Bourgogne, de Lombardie, que le génie de *Charlemagne* rassemble en un seul empire. Il l'unifie par un gouvernement centralisé ; il le fixe et l'assure par une suite de guerres victorieuses contre les Barbares du Nord ; il le vivifie par l'instruction et par l'autorité qu'il donne à l'Eglise (pourvue depuis peu du pouvoir temporel).

198. — *De 800 à 1000.* — Ère de morcellement et d'anarchie : les deux empires mahométan et de Charlemagne se divisent ; dans le dernier, le pouvoir décentralisé produit la *féodalité* et l'anarchie, contre laquelle luttent avec peine les rois de France ou les empereurs d'Allemagne.

L'Eglise d'Orient se sépare aussi de celle d'Occident vers 850.

L'Angleterre subit une nouvelle invasion, celle des Danois ; l'heptarchie est brisée.

199. — *De 1000 à 1250.* — Dans cette période, enfin, les rois de France et d'Angleterre, les empereurs d'Allemagne, triomphent de plus en plus de l'anarchie des nobles, unifient les États, fondent les nations nouvelles (l'Italie reste morcelée), tandis que les divisions musulmanes s'accentuent au contraire, au milieu de luttes plus sanglantes encore que leurs invasions. Ils sont assujettis en Orient par les Turcs seldjoucides (de race jaune), qui se répandent sur l'Asie ; ils sont repoussés en Espagne par les chrétiens. Ceux-ci enfin se réunissent en masse, de toutes les nations de l'Europe, contre les musulmans d'Orient (de Jérusalem) dans les *croisades* (de 1095 à 1270) sans résultat matériel appréciable, mais avec des effets considérables indiqués dans l'histoire de la civilisation.

199 bis. — Histoire politique intérieure. — 1° Celle des peuples tartares, des musulmans, du Bas-Empire reste la même : l'anarchie pour les premiers, le despotisme absolu pour les deux autres. La vie n'est que dans les Etats catholiques occidentaux.

2° Là elle se caractérise encore par l'antagonisme des deux forces contraires et les réactions qu'elles soulèvent dans le peuple.

C'est par ces antagonismes que s'explique toute l'histoire intérieure de ces nations : la papauté finit par l'emporter sur l'empire, qui, occupé de ce côté plus que par les seigneurs, restera plus féodal. Les rois de France, d'Angleterre et d'Espagne, avec les communes, triomphent de la féodalité et restent plus dévoués à la papauté. Celle-ci, occupée au dehors, laisse l'Italie morcelée en Etats féodaux. (Description sommaire de l'organisation féodale, de la chevalerie, des communes.)

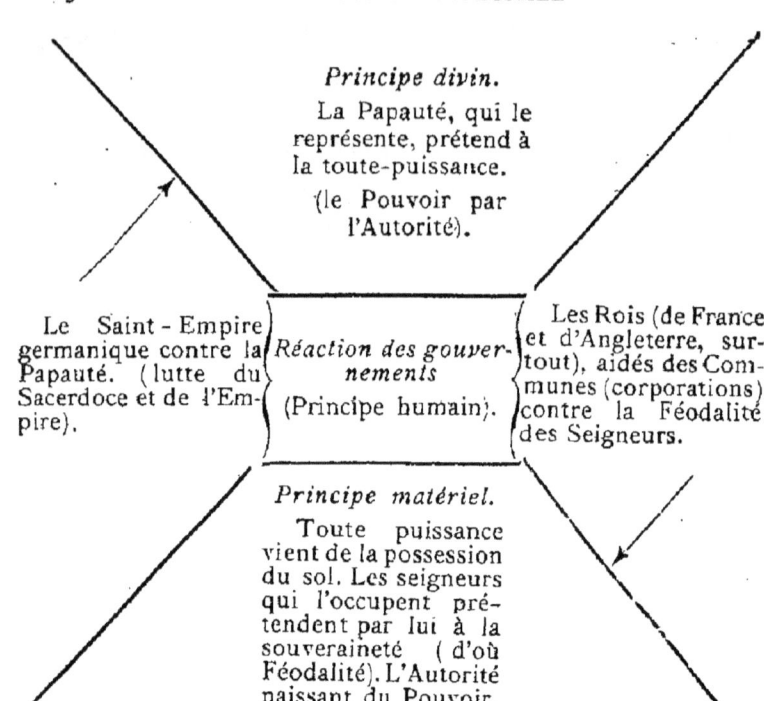

199 ter. — Rappel de l'histoire de la civilisation.

VIe ÉPOQUE : DE 1250 A 1650

Achèvement des nations modernes. — Déplacement de l'autorité ou pouvoir spirituel.

200. — Histoire internationale. — *De 1250 à 1450.* — Des quatre races mises en présence au VIIe siècle, deux vont s'effacer assez pour que nous puissions les négliger ; ce sont les deux intermédiaires :

1° L'*empire grec*, qui n'est presque plus qu'une ombre, insulté, exploité, resserré de plus en plus par les migrations des Occidentaux (Vénitiens, Génois, croisés, Latins, etc.), ou par les Turcs ottomans, va disparaître définitivement, conquis par ceux-ci, qui, par la Macédoine, d'abord envahie, s'avancent jusqu'à Constantinople et finissent par la prendre en 1453. Ils l'occupent encore aujourd'hui.

2° Les *Mahométans arabes*, assujettis en Asie par ces mêmes Turcs ottomans, les Tartares et les Mongols, se divisent, dans le reste de leur empire (Afrique et Espagne), en une quantité de petits États rivaux, dont l'histoire n'offre pas d'intérêt général : les Turcs vont bientôt aussi les soumettre, et ils reculent chaque jour devant les catholiques d'Espagne, qui les expulseront tout à fait de la Péninsule en 1492.

Restent vraiment en face l'une de l'autre : la race blanche de l'Europe et la race jaune asiatique (Turcs, Tartares, Mongols).

3° *Touraniens*. Les hordes de cette dernière, répandues au nord de la Chine, s'installent un instant dans l'Asie centrale, en deux convulsions encore : vers 1220, *Gengiskan*, portant partout la dévastation la plus féroce, avait fondé un vaste empire mongol aux dépens de la Chine, de l'Inde, de l'Asie moyenne, avec Karakorum pour capitale. Ce fut la fin de l'empire mahométan en Asie. Lui-même et ses successeurs avaient tenté ensuite de fixer cet empire en le civilisant, tandis que l'islamisme et le bouddhisme s'y substituaient à l'idolâtrie, et en l'étendant encore (vers 1280) sur la Chine entière. Mais celle-ci absorbe la souveraineté des Mongols, tandis que le reste de leurs conquêtes se morcelle en quatre parties : Asie centrale, Asie occidentale, Asie du Nord-Ouest avec la Russie, outre la Chine (vers 1300).

Les conquérants commençaient à se subdiviser, à se séparer les uns des autres, quand Tamerlan, vers 1400, reprit, en de nouveaux ravages toujours aussi féroces, la tâche de les rassembler en un second empire mongol embrassant toute l'Asie centrale et occidentale, une partie de l'Inde et de la Russie. Mais, après sa mort, cet empire retombe dans le morcellement, que les peuples nomades ne peuvent éviter, laissant l'Asie épuisée par toutes ces dévastations bestiales.

Plus à l'occident les *Turcs* réussissent cependant à se fixer et à solidifier un empire *ottoman* aux dépens de celui des Mongols et des Arabes mahométans ou Sarrazins (entre 1325 et 1350). Pourvus, les premiers, d'une armée permanente (les janissaires), ils s'étendent principalement sur l'Europe orientale, assujettissant à la domination musulmane la Macédoine, la Thrace, l'Albanie, la Hongrie et la Pologne. Nous les avons vus entrer à Constantinople en 1453. Elle devient dès lors la capitale d'un empire despotique longtemps redoutable au reste de l'Europe et à la civilisation chrétienne.

4° *Europe chrétienne.* Ici les nations se groupent de plus en plus autour des seigneurs les plus puissants, comme les parcelles d'un cristal autour du noyau qui les solidifie, puis, entre voisines, elles se disputent les provinces qui doivent compléter leur autonomie, les annexant par la force, par successions féodales ou par alliances.

L'empire d'Allemagne s'efforce constamment de s'adjoindre la Bohême et la Hongrie ou d'occuper l'Italie, siège du pouvoir spirituel central, mais il en est toujours repoussé par quelque confédération.

L'Angleterre s'annexe le pays de Galles, l'Irlande (occupée sous la suzeraineté du pape), et combat constamment pour l'Ecosse sans réussir encore à l'annexer.

L'Italie reste morcelée en une foule d'Etats de constitutions diverses qui ne réussissent jamais à s'unir autrement que dans quelques ligues temporaires.

De même, l'Espagne est encore partagée en plusieurs royaumes rivaux créés par ceux qui ont successivement expulsé les Maures; ils vont bientôt se trouver rassemblés.

La lutte principale pour cet achèvement des individualités nationales est entre la France et l'Angleterre, dont les rois, par suite d'alliances, de successions et de droits féodaux divers, prétendent à la plus grande partie du territoire français. D'où la guerre de Cent ans, commencée en 1328, signalée par l'occupation par l'armée anglaise de la France entière et du trône même, qui ne sont sauvés que par l'intervention providentielle d'une fille du peuple : Jeanne d'Arc.

Au nord, la Norvège, la Suède et le Danemark s'unissent en une confédération (Union de Calmar) encore incertaine, comme l'organisation de ces royaumes; la Pologne, la Bohême, qui ne se sont constituées que vers 1350 en chassant les Turcs, se disputent leurs confins réciproques; les Russes, souvent en lutte aussi avec la Pologne, vivent encore dans des huttes; la Hongrie, comme la Bohême, se rattache à l'empire germanique, qu'elles vont couvrir contre les Turcs.

201. — *De 1450 à 1650.* — 1° Les *Turcs* continuent, sous la direction de conquérants célèbres (Mahomet II, Selim, Soliman la Magnifique), à s'étendre sur l'Orient et sur l'Europe, qui, tantôt effrayée de leurs invasions, se coalise contre eux ; tantôt, au contraire, fait intervenir imprudemment leur force brutale dans ses rivalités bien plus subtiles.

En 1550, l'Asie occidentale est soumise jusqu'à la Perse, presque jusqu'à l'Inde, ainsi que l'Egypte, le nord de l'Afrique, les îles de Chypre et de Rhodes et la péninsule des Balkans, jusqu'aux portes de Venise. Les Hongrois sont vaincus, et Vienne n'échappe qu'à grand'peine à plusieurs sièges ; la Méditerranée est couverte de corsaires musulmans. Ainsi l'empire turc, unifié maintenant du reste (depuis 1450 environ) par une constitution fortement centralisée et par la transmission héréditaire, couvre de sa domination despotique et stérile une étendue bien supérieure à celle de l'Europe chrétienne.

Mais il est à son apogée ; dès ce moment, l'anarchie s'introduit en lui par le principe qui a fait sa grandeur, celui de la force brutale, avec son cortège de révoltes militaires, de meurtres, de massacres continuels. Les vaisseaux turcs, appelés par des puissances chrétiennes, peuvent encore ravager les côtes d'Espagne et d'Italie, mais Tunis a été repris par l'empereur d'Allemagne (1538), et, s'il a échoué devant Alger, son successeur a battu la flotte turque à Lépante en 1571 assez sérieusement pour réprimer longtemps la piraterie.

2° Chez les nations chrétiennes, la tendance dominante n'est plus seulement la consolidation intérieure ; chaque Etat se sent maintenant assez affermi dans son individualité pour songer à absorber les autres en vue d'une domination universelle de la chrétienté tout entière. Il en résulte une suite de guerres aggravées, comme on va le voir, par la modification de l'esprit public, et qui se terminent par une convention d'équilibre international où chacune s'engage à respecter l'individualité reconnue des autres.

Ces guerres naissent encore, au début, d'un reste de prétentions féodales fondées sur les alliances ou les hérédités de familles princières. La France, de qui l'unité est achevée la première, prétend ainsi à la souveraineté de l'Italie, avec le roi Charles VIII, appelé du reste par quelques Etats italiens contre leurs rivaux de la péninsule. Deux autres rois après lui s'acharnent inutilement à faire prévaloir par les armes ces prétendus droits : après une première conquête, quelque ligue momentanée les repousse toujours, comme précédemment les empereurs allemands (de 1500 à 1550 environ).

Ils se rencontrent là avec l'Allemagne, devenue maintenant un grand empire unifié et puissant. En 1493, Maximilien d'Autriche, élu empereur, a rassemblé en un gouvernement uniforme, centralisé les divers États germaniques, dont il a du reste augmenté considérablement le nombre et l'importance en alliant son fils à la reine d'Espagne (vers 1500).

De son côté, cette dernière nation avait, par des alliances, groupé presque tous ses États en une seule monarchie, sous Ferdinand et Isabelle (1474). Les Maures, chassés de Grenade, sont poursuivis jusque sur le sol africain, tandis que, grâce à Christophe Colomb, la domination espagnole s'étend sur le nouveau continent.

A la mort de Maximilien et de Ferdinand, Charles V (1519), nommé empereur d'Allemagne par préférence aux rois de France et d'Angleterre, réunit ainsi déjà sous un seul sceptre « un empire sur lequel le soleil ne se couche pas ». Il cherche à le rendre universel en y ajoutant l'Italie et la France, mais il échoue contre François Ier, roi de France, en une série de guerres à peu près sans résultat (jusqu'en 1560) dans lesquelles le roi d'Angleterre ajoute son contrepoids tantôt d'un côté, tantôt de l'autre, et où les Turcs sont appelés comme alliés de la France.

Après Charles-Quint, l'empire héréditaire dans la maison d'Autriche est séparé de l'Espagne, et concentre ses efforts à maîtriser les Turcs, tandis que l'Espagne, la France et l'Angleterre sont absorbées par des guerres de caractère semi-religieux, semi-politique, dont on va parler à propos de leur histoire intérieure.

3° La Russie en 1480 a réussi à s'affranchir de la *horde d'or* des Tartares, et, victorieuse aussi des Polonais et de la Suède, s'organise en Empire à compter du tsar *Ivan le Terrible* (vers 1550). Une dernière convulsion anarchique, une dernière invasion polonaise, sont suivies de l'installation définitive de la civilisation en Russie avec la famille des Romanof, en 1645.

4° Cependant la race blanche s'est étendue pendant cette période sur le continent américain, où elle a trouvé les restes de la race rouge, que la tradition ancienne fait remonter à une civilisation des plus antiques (au delà de 5000 à 6000 ans au moins) répandue sur le continent englouti depuis sous les mers par une révolution géologique (l'Atlantide).

(On caractérisera cette civilisation encore enfantine des Américains, à la fois innocente et cruelle comme celle de la Chine ; on montrera l'analogie de ses monuments avec ceux de l'Egypte.)

De 1492 à 1540 environ, tous ces peuples sont soumis par les colons européens, qui déshonorent leur conquête et la civilisation par un pillage fiévreux et de honteux massacres. Le Portugal et l'Espagne s'enrichissent de ces dépouilles extraordinaires, mais n'en profiteront pas longtemps.

202. — HISTOIRE POLITIQUE INTÉRIEURE. — Des quatre puissances que nous avons laissées en lutte au début de cette époque, deux s'affaiblissent rapidement pendant sa durée ; les deux autorités extrêmes (voir n° 199bis ci-dessus) disparaissent en France et en Angleterre principalement.

1º Les croisades ont épuisé les moindres *familles féodales*, de sorte que les plus puissantes, en nombre bien plus restreint maintenant, s'affaiblissent en luttant pour la domination suprême que le roi concentre de plus en plus (Armagnacs et Bourguignons en France ; guerre des Deux-Roses en Angleterre ; grand interrègne d'Allemagne ; puissance de Rodolphe et d'Albert Ier ; royaumes de Navarre, Castille et Aragon en Espagne). Ces familles sont assez fortes encore cependant pour imposer, du moins aux rois, le partage du gouvernement, notamment pendant la durée de la première période : états généraux de France (vers 1300) ; provision d'Oxford ; renouvellements de serment à la grande charte anglaise (Edouard la jure jusqu'à vingt fois) ; bulle d'Or d'Allemagne (vers 1350) ; réunion de Navarre et d'Aragon (1425).

En outre, la classe productrice des industriels et des commerçants (bourgeoisie, tiers état), prenant plus de cohésion et de fortune, contribue fortement à affaiblir l'autorité féodale fondée sur la possession du sol (communes de France ; villes hanséatiques en Allemagne ; républiques italiennes, opposition des guelfes [plébéiens] et gibelins [nobles]).

D'autre part, la *Puissance spirituelle* du pape, victorieuse en Allemagne, voit se dresser contre elle de temps en temps l'opposition de l'Italie même, qu'elle contribue à agiter, et surtout celle du roi de France, le plus puissant maintenant contre la féodalité, et cette fois la victoire penche du côté du pouvoir temporel (Philippe le Bel et Boniface ; les papes à Avignon ; le grand schisme d'Occident).

2° Le *pouvoir* tend ainsi à passer du groupe familial à celui de corporation et même au principe national (le *patriotisme* créé par Jeanne d'Arc) : il va de la papauté et de la féodalité à la monarchie appuyée sur la bourgeoisie ; *il se sépare de l'autorité* spirituelle ou matérielle. A la fin de la première période, ce mouvement n'étant pas accompli également dans tous les Etats, on trouve quatre sortes de gouvernements bien distincts, dont l'Italie notamment offre tous les exemples : *absolus* et *monarchiques*, comme dans les Etats gibelins, en Espagne, en Bohême (à cause des luttes contre les musulmans), en Portugal ;

Monarchiques tempérés, comme en France, en Angleterre ;

Aristocratiques, comme en Allemagne, où l'empereur est la créature des sept électeurs, et dans certains Etats italiens ;

Démocratiques, républicains, comme dans les Etats guelfes et les villes hanséatiques.

Mais, dans la seconde période, les souverains s'affranchissent de plus de la puissance féodale et papale, se constituant en monarchies plus ou moins absolues, s'élevant même au-dessus de la bourgeoisie qui les a secondés : en France, Louis XI, François Ier, Henri II et la Ligue ;

En Angleterre, les Tudors et les Stuarts : despotisme oriental d'Élisabeth ;

En Allemagne, la maison d'Autriche, la constitution de Maximilien, Charles-Quint, Ferdinand II ;

En Espagne, Ferdinand, Isabelle et Philippe II.

3° Ainsi les *Nations* achèvent leur individualité dans une unité arrachée aux principes de la famille ou de la corporation. Seule, l'Italie reste divisée en petits Etats de constitutions diverses, et même, quand Venise veut y prendre quelque puissance terrestre, elle s'y perd (ligue de Cambray).

C'était la séparation complète entre l'*autorité* (spirituelle ou du sol, voir n° 199bis, 2°) et le pouvoir temporel, séparation qui aurait pu produire la même dissolution que dans l'empire romain ; mais, pendant qu'elle s'accomplissait, un autre mouvement bien plus profond et plus important s'effectuait dans les esprits : l'*autorité* elle-même se déplaçait : de la *religion* (la foi) ou du *sol* (fortune immobilière), elle passait à la raison (le dogme discuté) et à la fortune mobilière (la bourgeoisie et les jurisconsultes, ses fils). C'est ce qui constitua la *Renaissance* avec sa *Réforme*.

Par elle, les peuples rendirent à leurs souverains, qui la favorisèrent, l'autorité sans laquelle le pouvoir périt malgré la force, et que ni la papauté ni la féodalité ne leur donnaient plus.

(Aperçu très succinct de la Renaissance : développement des sciences ; modifications profondes dues aux nouvelles découvertes industrielles ou géographiques ; richesse du Portugal, de l'Espagne, des Flandres, qui en profiteront particulièrement ; idée très large de la Réforme.)

4° Cependant tous les États n'admettent pas également la Réforme ; elle jette au milieu d'eux un germe nouveau de discorde, une cause nouvelle de guerres internationales qui s'ajoute aux autres et s'y confond souvent ; il en résulte à la fin de notre période une lutte générale.

Les uns l'acceptent complètement (certains Etats de l'Allemagne, la Suède, l'Angleterre, où elle est accomplie même par le roi Henri VIII).

D'autres, au contraire, la repoussent, se faisant même les champions du catholicisme orthodoxe (les autres États de l'Allemagne, spécialement l'Autriche et l'Espagne).

D'autres, enfin, hésitants ou indifférents, se servent du protestantisme selon l'occasion contre leurs ennemis de l'intérieur ou du dehors, s'en faisant tour à tour les défenseurs ou les adversaires (telle est la France).

5° Les *guerres de religion* sont d'abord civiles : en Allemagne, elles durent environ vingt-trois ans, terminées par un traité (paix d'Augsbourg) qui laisse les États allemands partagés en deux catégories antagonistes.

En Angleterre, le roi s'est emparé du pouvoir spirituel, papal, se faisant chef de l'Église, avec une hiérarchie de quelques Évêques (c'est l'*Église anglicane*), tandis que l'Écosse a adopté, au contraire, un protestantisme démocratique (le *presbytérianisme*) ; en Allemagne, le *luthérianisme* ou *Église Évangélique* adopte une organisation aristocratique (le synode et les Évêques). Il en résulte pour l'Angleterre une double cause de conflits : d'abord parce que les rois adoptent successivement la religion catholique ou celle anglicane (Édouard IV, protestant ; Marie Tudor, catholique, Élisabeth et Marie Stuart), d'où naissent une suite alternative de persécutions sanglantes ; ensuite parce que les populations mêmes se divisent en papistes, calvinistes ou anglicanes. Aussi la lutte est-elle ici particulièrement aiguë, aboutissant même à la révolution dont on parlera à l'époque suivante, bien qu'elle commence en celle-ci (conspiration des poudres : cavaliers et têtes rondes, épiscopaux et puritains).

En Suède, en Norvège, en Danemark, la résistance

est bien moindre, mais la réforme ne va pas sans persécutions.

En France, le protestantisme devient l'instrument de la noblesse féodale cherchant à reprendre sa suprématie sur le roi ; la noblesse même se partage ainsi en deux partis (Guises et Bourbons, Saint-Barthélemy), qui se retournent même tous deux contre la royauté (la Ligue), jusqu'à ce que Henri IV, *calviniste*, victorieux sur les deux partis, abjure solennellement le calvinisme tout en reconnaissant le protestantisme et son organisation par l'édit de Nantes (1598).

Après lui, le cardinal Richelieu détruit, au profit de la royauté et de la noblesse, le protestantisme, dont l'ambition croissait (siège de La Rochelle), bien qu'il le soutienne au dehors contre l'Autriche, comme on va le voir.

6° La résistance générale est organisée en Italie et en Espagne :

La papauté réunit le concile de Trente, repris en trois fois, pour fixer le dogme catholique en un *Credo* nouveau et réformer l'Église, réellement décadente. La Société de Jésus, fondée par Loyola, approuvée par le pape, se donne la mission de ranimer partout, de répandre même le catholicisme par les prédications, la pratique et l'éducation. Enfin l'*Inquisition*, avec ses tortures féroces, se fait l'arme plus redoutable que jamais des persécuteurs catholiques.

Philippe II, roi d'Espagne, se proclame le défenseur de l'Église, qu'il veut servir de manière à en faire tinter les oreilles « de la Chrétienté ». Il échoue contre l'Angleterre (l'invincible Armada, 1588), il est mêlé à toutes les luttes de France ; mais c'est surtout sur les Pays-Bas, d'esprit républicain, que s'exerce son despotisme (les gueux, le duc d'Albe, république fédérative et statoudhérat).

7° En même temps la guerre religieuse se généralise (la guerre de Trente ans, de 1618) en Allemagne d'abord, où le Danemark, puis la Suède (avec Gustave-Adolphe) interviennent, et ensuite entre l'Allemagne du Nord, la Hollande, la Suède, auxquelles se joignent par pure politique la France et le Portugal, pour le protestantisme, contre l'Espagne et l'Autriche, pays catholiques.

C'est de cette grande lutte que sort l'organisation moderne de l'Europe avec le traité de Westphalie qui la termine (1).

Tandis que cette grande révolution agite l'Europe occidentale, la Russie s'organise en monarchie qui va devenir absolue, étrangère aux guerres de religion occidentales ; elle suit la religion *catholique de rite grec*, dont le patriarche est à Constantinople.

Enfin les *musulmans* vivent toujours sous une monarchie absolue, despotique.

(1) En excusant la longueur de ce programme en raison de l'importance fondamentale de la Renaissance et de la Réforme sur la constitution européenne actuelle, et parce qu'il était essentiel d'appuyer fortement sur cette *évolution de l'autorité*, bien plus grave que celle du pouvoir, le lecteur voudra bien se rappeler cependant que l'esprit de ce programme est de faire une instruction indépendante, ni catholique, ni protestante, ni de libre pensée, mais *religieuse* en ce sens qu'elle doit donner par un tableau fidèle de l'Univers la preuve d'une puissance invisible suprême (dont la notion plus savante appartient aux autres degrés), en réservant la foi du jeune élève, quelle qu'elle puisse être dans le présent ou dans l'avenir.

Ainsi les *nations* se divisent à cette époque en *peuples* distingués par leurs religions, et cette distinction caractérise encore aujourd'hui leur esprit :

En Asie, tous les peuples brahmaniques (Inde), bouddhistes et de la religion de Confucius (Tibet, Chine) et musulmans (Inde, Asie centrale et mineure).

En Afrique, les musulmans.

En Europe, ils occupent aussi tout le Sud-Ouest ;

Le reste de l'Orient européen appartient aux Russes du rite grec.

L'Occident est partagé entre les peuples catholiques d'origine latine, qui sont répandus au midi (Italie, Espagne, France, Autriche qui est mixte, se rattachant autant aux Latins par l'Italie supérieure la Dacie et, depuis, par l'Espagne, qu'aux Germains par l'invasion). Les peuples anglo-saxons protestants couvrent le Nord (Allemagne, Suède, Norvège et Danemark. Angleterre).

L'Amérique est divisée de la même manière ; celle du Sud est envahie par les colonies latines ; celle du Nord par les Anglo-Saxons.

202 bis. — Rappel de l'histoire de la civilisation.

VIIe ÉPOQUE : DE 1650 A NOS JOURS

Lutte pour la monarchie universelle et affranchissement général. Suite de l'évolution de l'autorité.

203. — Histoire internationale. — Tout l'intérêt se concentre en Europe et sur la chrétienté, la décadence des Turcs s'accentue rapidement.

Première période : 1650 à 1789. — Les souverains

qui ont secoué l'assujettissement à la puissance papale et triomphé de l'anarchie féodale s'efforcent maintenant de restaurer l'unité européenne au moyen d'une monarchie universelle (projet d'Henri IV et d'Élisabeth). Telle est la cause nouvelle des guerres entre les nations qui ont fondé l'équilibre très instable de 1648, auxquelles s'ajoutent avec une importance nouvelle la Savoie, la Pologne, la Prusse, la Russie et toutes les colonies européennes d'Afrique, d'Asie et d'Amérique : la vie européenne commence à agiter le monde entier et à se le disputer au profit de la race blanche.

L'Allemagne abaissée avec la maison d'Autriche, l'Espagne abaissée et ruinée, l'Angleterre occupée à sa révolution intérieure, c'est à la France qu'appartient la suprématie. Louis XIV a tout le génie nécessaire pour la faire prévaloir.

Il s'attaque d'abord à l'Espagne, qui, après avoir participé à nos luttes intérieures, s'était refusée au traité de Westphalie, puis à la Hollande, qui avait soutenu l'Espagne. Vainqueur de l'une et de l'autre, sa puissance soulève contre lui deux coalitions successives du reste de l'Europe (*triple alliance*). La première, à la suite de succès mêlés de revers, se termine par la paix de Riswick (1697). La seconde, provoquée par de nouvelles prétentions au trône d'Espagne, trouve la France si épuisée qu'elle a peine à soutenir la lutte; cependant une dernière victoire amène la paix d'Utrecht (1713), qui, mettant fin aux ambitions universelles de la France, lui laisse cependant l'Alsace. partage l'Italie entre l'Empire, la Savoie et l'Espagne, accroît la puissance coloniale anglaise en Amérique et sur la Méditerranée (Gibraltar).

2° Désormais les guerres ont une portée plus restreinte ; les *maisons* qui occupent les monarchies européennes se disputent la succession de celles rivales, songeant sinon à s'imposer à tous, du moins à s'agrandir au profit de quelque autre ; mais, par suite du principe de l'équilibre européen, la lutte est presque toujours générale, et les alliances changent continuellement.

Guerre soulevée par l'Espagne contre le traité d'Utrecht.

Guerre pour la succession de Pologne.

Guerre pour la succession d'Autriche.

Guerre de Sept ans suscitée par l'Angleterre par rivalité coloniale avec la France.

Toutes luttes qui n'ont d'intérêt réel que par leurs résultats généraux.

Agrandissement considérable de l'Angleterre, de la Prusse (érigée en royaume en 1701), de la Russie, de la Savoie ; abaissement de l'Autriche, de l'Espagne, de la France, qui perd ses colonies ; disparition, comme état, des Pays-Bas réunis à l'Autriche ainsi que la Bohême et la Hongrie, et surtout de la Pologne, que se partagent la Russie, la Prusse et l'Autriche ; réduction toujours croissante de l'empire Turc au profit de la Russie et de l'Autriche.

Dans ce tableau, appuyé de la géographie politique en 1760, on insistera principalement sur les développements coloniaux de la France, de l'Angleterre, de l'Espagne, des Pays-Bas, puis sur la politique mercantile et coloniale de l'Angleterre par la Compagnie des Indes, politique couronnée, après la guerre de Sept ans, par l'acquisition de l'Inde, du Canada, de la Louisiane, du Sénégal, etc., et la suprématie de toutes les mers. On montrera d'autre part l'agrandissement de la Russie par Pierre le Grand et Catherine (aux dépens de la Suède, de la Pologne et des Turcs en Asie ou en Europe) et celui de la Prusse par les deux Frédéric.

204. — *De 1789 à nos jours*. — L'équilibre européen semble affermi; mais, dans la deuxième période, il va se trouver bouleversé par des événements analogues à ceux qui ont caractérisé la fin de l'époque précédente, c'est-à-dire un nouveau déplacement de l'*autorité* : les guerres internationales de la deuxième période doivent donc trouver leur place dans l'histoire de la politique intérieure, à laquelle elles sont subordonnées.

205. — Histoire de politique constitutionnelle : de 1650 a 1789. — 1° On laissera de côté toute la civilisation asiatique et turque cristallisée dans le despotisme et dans le fatalisme de ses religions, qui, malgré quelques lueurs passagères (l'empire du Grand Mogol en Inde) et leur valeur guerrière, ne sauve ces peuples ni de l'anarchie ni de l'envahissement de la race blanche. L'empire romain avait sombré dans les mêmes matérialisations). Tout l'intérêt est avec la race blanche, en Europe et dans l'Amérique, où elle s'est étendue.

2° La première période de cette époque peut être considérée comme l'apogée du pouvoir monarchique absolu. L'Angleterre exceptée, qui offre des conditions particulières, tout État qui n'est pas soumis à ce pouvoir disparaît dans le conflit des autres (la Hollande républicaine, la Pologne féodale, l'Italie féodale ou républicaine). Au contraire, c'est par ce genre de constitution que se fonde la puissance des nouveaux (Russie, Prusse, Savoie) ou que se maintient celle des anciens: l'Espagne, le Danemark, l'Autriche, la France (après les derniers efforts de la féodalité, par la Fronde, long gouvernement absolu de Louis XIV).

Ainsi le groupement *national* triomphe sur celui de famille ou de corporation (tandis qu'au dehors les nations tendent à se grouper par peuples: Slaves, Germains, Latins). La monarchie semble affermie, assurée, par l'hérédité ; mais, de même que le pouvoir papal s'est perdu par le pouvoir temporel, c'est-à-dire par la force, de même le pouvoir royal est sur le point de périr parce qu'il se fonde sur ce même principe matériel (l'absolutisme et l'hérédité), au lieu de suivre l'esprit public qui continue son évolution ; l'Angleterre seule le suit et par là se trouve un instant en avance sur les autres nations.

3° Dans cette première période, l'esprit public a, progressé dans la substitution de la critique à la foi ; il descend d'un mouvement constant de l'inspiration religieuse (la chevalerie, les croisades) à la discussion religieuse (la Réforme et ses suites), à la prépondérance de la raison et de la justice sur le dévouement (les parlements, les déclarations de droits) et à la fin jusqu'à celle des intérêts purement matériels, par la science, l'industrie, l'économie. A ce mouvement descendant de l'esprit public correspond un mouvement ascendant des classes sociales : à la puissance sacerdotale et féodale (temps de la chevalerie) succède celle de la bourgeoisie (temps de la justice, des droits), puis celle des plébéiens (temps économiques), et chacune de ces étapes est marquée par quelque *révolution* constitutionnelle ; elles sont reliées du reste par des temps intermédiaires.

On a vu la révolution de la Réforme qui détruit le pouvoir papal au profit du pouvoir royal ; c'est l'avènement de la bourgeoisie : la 1re période de l'époque qui nous occupe est remplie par ses progrès et terminée par son triomphe dans la révolution française, avec avènement de la classe plébéienne. Voyons cette progression de la bourgeoisie.

Elle est marquée d'abord par les querelles religieuses, dont le plus grand effet est, comme on l'a vu (v. ci-dessus, n° 202, 5°) en Angleterre. Elle y produit la révolution d'Angleterre (1648), où les divisions religieuses font particulièrement sentir le despotisme royal : la royauté et le papisme sont décapités avec Charles Ier, vaincu par le *parlement* et l'austère calviniste et républicain Cromwell. — Cependant la nation n'est pas encore mûre pour la liberté ; Cromwell se perd par le despotisme, sans que la royauté puisse être restaurée avec les Stuarts, qui ont perdu l'*autorité*. Une seconde révolution ou plutôt une deuxième phase de la révolution anglaise (en 1688) met sur le trône un *roi républicain* (la maison d'Orange) avec une constitution mixte imposée par la *Déclaration de droits* que le Parlement a rédigée, assurée par l'équilibre mobile des deux partis principaux (*whigs* et *tories*).

4° Dans le reste de l'Europe, on a vu dominer la monarchie absolue ; on a vu aussi l'Espagne, l'Autriche, la Pologne, occupées par la défense de leur existence même ; la Russie, la Prusse, par leur organisation et leur extension. Seule la France est assez forte pour laisser développer l'esprit public, et c'est là qu'il suit plus sûrement ses phases :

Puissance prépondérante du parlement avec la Fronde ; Louis XIV s'en empare, mais l'exerce normalement en appelant au pouvoir le génie de la bourgeoisie (*Colbert*). En même temps, la critique religieuse s'exerce, à défaut de protestantisme, sur les questions catholiques (jansénisme, quiétisme, gallicanisme).

Après lui, ce même esprit public, un instant étouffé sous les nécessités de la défense extérieure, passe de la critique religieuse à l'esprit philosophique, au doute (les philosophes et *l'Encyclopédie*), substituant à la religion la science, qui progresse rapidement, et aussi l'économie (avec Turgot), qu'imposent, du reste, les conditions nouvelles (banque de Law, faillite d'Etat). Alors les parlements reprennent leur puissance, bientôt insuffisante : la réunion des *états généraux* s'impose.

L'esprit français se répand rapidement dans le reste de l'Europe et l'entraîne dans son mouvement (Frédéric II en Prusse, Catherine en Russie, etc.). Les Jésuites sont chassés de France, d'Allemagne, d'Espagne, de Portugal, de Naples.

5° La seconde période de notre époque est marquée par une tendance à l'affranchissement général de toute tutelle, qui se traduit en une suite de convulsions encore inachevées.

C'est d'abord l'Amérique anglaise qui secoue le joug de la métropole et fonde la fédération républicaine des Etats-Unis (1783).

Les colonies du Sud imitent bientôt cet exemple envers l'Espagne : La Plata, Paraguay, Chili, Mexique, Pérou, se forment en républiques indépendantes (de 1810 à 1821) ; le Brésil se constitue en Empire.

C'est surtout la *Révolution française*, effectuée par le tiers état, avec *déclaration des droits de l'homme*, troublée par l'avènement de la classe plébéienne (exécution de Louis XVI et Terreur), victorieuse de la coalition de toutes les monarchies européennes qui, se sentant ébranlées, croient pouvoir étouffer par la *force* ce mouvement de l'*autorité*.

6° Toutefois cette réaction de la force oblige la France à s'unir dans le pouvoir absolu pour opposer la force à la force ; c'est la première cause des violences de la Convention et de la fondation de l'empire par Napoléon-Bonaparte. Par son génie militaire, il abat la coalition européenne, rétablissant même un instant l'empire européen de Charlemagne (1796 à 1814).

Mais, fondé sur la force, il périt par la force sous une dernière coalition (Waterloo et 1815). Toutefois, l'esprit moderne a triomphé partout ; les souverains ne peuvent ressaisir le pouvoir absolu. La révolution de 1830 affranchit la France de leur tutelle, en y établissant un gouvernement mixte analogue à celui de l'Angleterre, qui marque avec l'apogée de la bourgeoisie le triomphe de la science et de l'industrie sur la philosophie ou le droit.

Celle de 1848 accentue davantage la puissance plébéienne en France, notamment en accordant le suffrage universel, crée l'ère économique (troisième étape de l'esprit public) et, se répercutant sur toute l'Europe (la Russie exceptée), oblige tous les souverains, même celui de Turquie, à accepter dans une mesure plus ou moins large le gouvernement représentatif qui les démocratise.

L'obligation de l'unité dans cette crise nouvelle, quoique moins pressante, a donné naissance au second empire, comme elle avait engendré le premier, mais avec bien moins d'éclat, et les mêmes causes l'ont fait périr de même, abandonné de toute l'Europe, sous les coups d'une force brutale absolue longuement organisée. — Mais ce n'est que le début de l'ère démocratique et *sociale* dans laquelle nous nous trouvons.

7° Un autre événement essentiel à noter est la tendance générale à l'unité.

Les développements extraordinaires de l'industrie, les chemins de fer et le télégraphe surtout, ont rapproché les individus par l'intérêt commercial ; mais ils ont créé en même temps les rivalités, les jalousies de nations, et, comme le génie commercial et industriel, comme le désir de la fortune, sont des passions sentimentales, les *nations*, créées aux hasards de la *politique* monarchique dans la période précédente, tendent à s'identifier *aux peuples*, à s'unifier par *sentiments* plus que par intérêts intellectuels. De là les guerres tendant à l'unification des peuples (défense des nations neutres : Belgique, Hollande, Suisse, Turquie ; affranchissement et unification de l'Italie ; unification de l'Allemagne, par le Zollverein et la guerre de 1866, et ensuite par celle contre la France en 1870 ; guerre de sécession d'Amérique, distinguant dans les États-Unis ceux de race latine de ceux de race anglo-saxonne).

206. — Ainsi dans cette période : 1° Le pouvoir tend une fois encore à se séparer de l'autorité et succombe, en passant de la monarchie absolue à la monarchie constitutionnelle ou à la république (plus ou moins démocratique) ;

2° L'*autorité* elle-même passe de la religion à l'intellectualité raisonnante, puis à la science positive, à l'économie..

3° Le *pouvoir* qui suit l'autorité passe de l'aristocratie à la bourgeoisie (de 1789 à 1848 surtout), puis arrive à la classe plébéienne.

4° Dans le groupement social, le groupe *nation* l'emporte sur celui de *famille* ou de *corporation*, et tend à passer au groupement par *peuples*, tandis que la race blanche domine définitivement les trois autres.

206 bis. — Rappel de l'histoire de la civilisation.

IV. — ÉLÉMENTS DE SOCIOLOGIE MODERNE.

CONSTITUTION DE LA FRANCE

208. — On a vu (n° 177, 1°, ci-dessus) que la société est un être analogue à l'homme, c'est-à-dire composé d'un corps sensible et intelligent (les gouvernés) et d'une volonté collective (le gouvernement), laquelle agit sur le corps par sa partie active (le pouvoir exécutif). Pour définir une constitution, il faut donc décrire l'organisation de son *gouvernement* (ou pouvoir *sensitif et ordonnateur*, DIT *pouvoir législatif*) (1), celle de son *pouvoir exécutif* et celle du *corps gouverné* (2).

I. — Du pouvoir législatif.

Il appartient en principe à tous les citoyens. Ils l'exercent en fait en le déléguant à des *députés* nommés par le *suffrage universel* à la majorité des voix, et formant la chambre dite *corps législatif*.

La loi qu'ils ont faite doit être cependant acceptée par une seconde chambre, le *sénat*, nommé par le suffrage universel à deux degrés.

---

(1) Dans la société, comme dans le corps humain, il faudrait normalement que la sensibilité fût séparée du pouvoir volontaire, comme l'est le pouvoir exécutif; le pouvoir législatif ne devrait pas appartenir aux délégués chargés d'exprimer les vœux, les besoins, les sensations du peuple, mais à une délégation spéciale à recrutement différent. Il y a en ce point dans nos constitutions une erreur fondamentale que l'avenir corrigera sans doute. Il en sera traité ailleurs.

(2) Voir la *Sociologie synthétique*, brochure chez *Chamuel*, éditeur.

II. — Du pouvoir exécutif.

209. — Le pouvoir exécutif suprême est conféré par l'élection des deux chambres législatives (ou parlement) réunies. Il appartient au *président* de la République française.

Celui-ci, à son tour, en délègue les détails à un certain nombre de *ministres* nommés par lui, lesquels eux-mêmes exécutent la loi par l'intermédiaire d'une hiérarchie de subordonnés composant les *administrations* (on en donnera *des exemples* sans en développer le détail).

Ces détails sont de trois sortes, comme il a été dit déjà (n° 177, 3°) :

1° Ceux *d'exécution positive* (la levée des impôts, la confection et l'entretien des voies publiques, la diplomatie, la défense publique par l'entretien de l'armée) ;

2° Ceux *d'exécution négative* (l'exécution réelle appartenant aux individus), par exemple celle des lois civiles comprenant la publication des lois, la police, les informations diverses concernant les citoyens (consulats, statistique, etc.) ;

3° Ceux mixtes, ou *judiciaires*, destinés à punir l'infraction des particuliers aux lois qui les concernent ou à régler les différends auxquels ils donnent lieu, soit entre eux et le gouvernement, soit entre les citoyens individuellement. C'est le rôle de la magistrature (1).

---

(1) C'est avec intention qu'on se garde ici de suivre la classification des pouvoirs par Montesquieu : la routine l'observe encore, bien qu'elle soit dangereuse dans plusieurs de ses conséquences : si la magistrature doit être indépendante du pou-

III. — Principes communs à ces deux pouvoirs.

210. — 1° L'*autorité* est conférée au *pouvoir*, d'après l'exposé précédent, par le suffrage universel : direct pour le corps législatif, à deux degrés pour le sénat et le président. C'est ainsi que la souveraineté appartient à la nation entière.

2° Le principe fondamental qui préside à l'organisation du pouvoir est que *délibérer est le fait de plusieurs, et agir le fait d'un seul.* En conséquence, de même que le pouvoir exécutif est confié à un seul président chargé d'accomplir la loi délibérée par le parlement multiple, de même dans toute l'administration et dans le gouvernement provincial chaque chef exécutif est accompagné d'un conseil correspondant à son pouvoir.

3° Pour la représentation législative aussi bien que pour la répartition du pouvoir exécutif sur toute la France, son territoire est divisé en plusieurs sortes de circonscriptions hiérarchiques :

Le *département*, qui nomme un nombre de députés proportionné à sa population. Le pouvoir exécutif central y est représenté par le *préfet*, par qui les intérêts spéciaux du département sont aussi administrés, comme exécuteur des décisions d'un conseil spécial : le *conseil général*.

---

voir exécutif, ce n'est point par la même raison que celle qui doit la distinguer du législatif ; elle n'est pas du même ordre que ces deux derniers : en fait, elle est subordonnée à l'un et à l'autre, nommée par l'exécutif pour obéir au législatif. Les Américains l'ont mieux comprise que nous parce qu'ils n'ont pas suivi Montesquieu.

Ce département est subdivisé en *arrondissements* avec *sous-préfet* et *conseil d'arrondissement*.

Enfin l'arrondissement est partagé en *Communes*, avec *maire et conseil municipal*.

IV. — Organisation du corps gouverné.

211. — Les principes qui président à la vie sociale en France sont : *Comme garantie des droits des citoyens* · 1º L'égalité devant la loi dans les droits de famille comme dans ceux publics (il n'y a pas de classe privilégiée à aucun point de vue gouvernemental) ;

2º La liberté de pensée (pour l'exercice de la religion, notamment, qui est toujours libre), — de parler (en exprimant ses plaintes tant par pétitions au gouvernement que par la presse), — d'agir (liberté de travail, de commerce et de propriété) autant qu'elle est compatible avec l'utilité publique et la morale.

Comme devoirs imposés aux citoyens : Obligation de contribuer à la formation des fonds publics par l'impôt, qui est le même pour tous et réglé sur la fortune de chacun ;

Obligation de contribuer à la défense nationale par le service militaire, qui est le même pour tous les citoyens.

V. — Comparaison avec les autres nations.

212. — Notions très sommaires indiquant seulement les différences fondamentales d'organisation avec la France.

On distinguera : 1º les races blanche, turque et

chinoise ; 2° les gouvernements complètement représentatifs, imparfaitement représentatifs et absolus ; 3° les Etats fédératifs impériaux (Grande-Bretagne, Allemagne, Autriche) ou républicains (Etats-Unis, Suisse, Colombie).

SYNTHÈSE INTELLECTUELLE

213. — On reprendra d'abord toutes les synthèses intellectuelles de l'année précédente, c'est-à-dire les problèmes qu'embrasse la science dans son état actuel, afin de fixer dans l'esprit de l'élève ce qu'il a appris et ce qui lui reste à apprendre. On lui dira ensuite, en lui rappelant comme exemple ou les détails ou l'ensemble de l'enseignement qu'il a reçu, quelle méthode doit être suivie pour *apprendre*, savoir : 1° prendre un aperçu général de l'objet de l'étude, y faire les distinctions principales ; 2° analyser les détails en y descendant graduellement par le même procédé ; 3° reconstruire l'ensemble.

Ce procédé est applicable même aux efforts de mémoire toute fois qu'il s'agit de comprendre avant d'apprendre, ce qui est le cas le plus ordinaire ; on y ajoutera du reste quelques procédés mnémotechniques connus. On insistera sur la nécessité de se rendre toujours compte de la portée et de l'ensemble de ce que l'on étudie.

SYNTHÈSE SPIRITUELLE

214. — 1° La première chose qui frappe quand on observe la nature, c'est la multiplicité infinie de ses êtres et de ses phénomènes ; aussi avons-nous dû les classer avant tout.

2° En les rapprochant ensuite, nous avons vu cependant ces phénomènes et ces êtres soumis à des lois fixes et invariables, simples, qui y mettent un principe d'unité (lois physico-chimiques produisant l'équilibre mobile des *deux forces*, réglées par le *nombre* ; tous les êtres inertes ou vivants y sont invariablement assujettis).

3° Si ces lois de la nature matérielle étaient les seules qui régissent l'univers, elles n'y produiraient l'unité qu'en renouvelant sans cesse les formes et les êtres, fondant la vie éphémère de chacun sur la mort des autres : loi rigoureuse, fatale, lugubre, désolante, que nous voyons en effet en jeu, surtout chez les êtres inférieurs (les minéraux, la forêt vierge, les drames du fond des mers, etc.). LA FATALITÉ serait la reine de l'univers, reine gouvernant par la MORT un monde toujours le même et toujours en transformation.

4° Mais la loi physique n'est pas la seule que nous ayons trouvée. Nous avons vu à côté d'elle d'abord la loi d'harmonie (dont le nombre est une première expression), qui nous a permis de classer les êtres innombrables de la création assez sûrement pour que la science puisse nommer et reconnaître chacun de ceux qu'elle a trouvés.

Nous avons vu que cette harmonie résultait d'une loi de *synthèse* qui tend constamment à rassembler les êtres (les atomes en corps ; les corps en organismes, d'abord élémentaires (la cellule), puis de plus en plus complexes, donnant la suite de tous les êtres vivants.

Nous avons vu enfin qu'à mesure que l'on s'élève dans cette série des êtres, on y voit naître le sentiment, la conscience, la spontanéité, la *volonté*, qui domine de plus en plus la fatalité (l'homme est maître de régler, comme il lui plaît, son organisme, même dans la vie végétative, en modifiant sa nourriture, son milieu ou son activité; c'est sur ce principe qu'est basée la science de l'hygiène).

5° La synthèse générale nous apprend quelque chose de plus : c'est que le monde s'arrache de plus en plus à la loi fatale de la *multiplicité mortelle* pour s'élever vers une *unité harmonique*. Il monte du chaos informe et turbulent aux splendeurs de la plus belle synthèse, de la guerre universelle à l'universelle paix, de l'individualisme à la solidarité.

215. — Il y a donc dans le monde une puissance supérieure à la fatalité, de qui celle-ci n'est que le moyen, qu'elle règle par la *loi de vie et de progrès*.

Cette puissance est celle qu'on nomme la Providence.

Il faut faire ressortir son mode d'action par le résumé de notre synthèse générale; on y distingue trois temps :

1ᵉʳ Temps (Mécanique) Création *Force et Matière*. Prédominance de la *Fatalité*.	1° *Le Chaos.* — Etat d'équilibre absolu des deux forces, expansive et astringente, tel que les atomes, répartis en masse homogène, sont immobiles. — (Etat *théorique* antérieur à la *Création*). 2° *Les Eléments.* — Rupture de l'Equilibre (création), opposition des deux forces, d'où naissance des corps simples et composés. 3° Passage par les divers états *(Matérialisation)* : D'*Air* radiant; De *Feu* dissocié et gazeux (formation des nébuleuses et des soleils ; D'*Eau* — Etat de fusion — Grande activité chimique : les premiers minéraux ; De *Terre* — Achèvement des astres éteints, par refroidissement : condensation des nuages, formation des continents.

2ᵉ temps (Biologiques) Peuplement. *Vie et Matière.* Prédominance de la *Providence.*	1° Apparition de la vie — (la cellule, élément matériel, vitalisé) les *Protozoaires*. 2° Évolution des organismes *végétaux* (cryptogames, gymnospermes et phanérogames). 3° Évolution presque parallèle d'abord, mais bien plus prolongée, des *animaux* (des zoophytes aux mammifères supérieurs); développement croissant de l'instinct qui fait place ensuite de plus en plus à l'intelligence, à la conscience et à l'*initiative*.
3ᵉ Temps (historique) L'humanité. *Vie et Pensée.* Prédominance de la *Liberté* responsable.	La *volonté*, l'intelligence capable d'abstraire le langage, s'ajoutent aux dons de l'animal; d'où l'homme qui passe par quatre états principaux (d'après toutes les traditions) : 1° État d'innocence et d'ignorance, d'instinct providentiel (les paradis — l'âge des Dieux). 2° État d'individualisme, la conscience du *soi* produisant la guerre et le chaos tumultueux (les âges de pierre — Caïn — l'âge des héros). 3° État social tumultueux, divisé, de guerre (les âges historiques). 4° État social harmonieux, synthétique, fraternel (en tendance actuellement).

216. — Ce tableau nous dit que : 1° Une puissance supérieure, l'*Esprit*, crée la matière (corps chimiques), l'anime successivement, en lui donnant d'abord la *force*, ensuite la *vie*, puis la *sensibilité*, l'*intelligence* et enfin la *liberté* : liberté relative, mais croissante avec l'intelligence, et devant laquelle la Providence instinctive se retire à mesure qu'elle grandit, remplacée par la *responsabilité*.

2° Ainsi l'*homme* est l'agent supérieur du *progrès* qui appelle la matière à la vie de l'esprit en en unifiant la multiplicité dans une synthèse harmonique.

Mais il est responsable de son action : soit comme individu, soit comme famille, soit comme peuple, soit comme race, s'il agit dans le sens du progrès providentiel, de la synthèse, de l'harmonie, de la charité fraternelle, sa vie se prolonge et s'élève dans cette échelle qui, évidemment, ne s'arrête pas à l'homme (d'où, pour l'individu, récompenses de vie future; pour le groupe social, survivance en *puissance* qui n'est vivace que par l'*autorité*).

S'il agit contre le grand mouvement providentiel, en égoïste, il est replongé dans la *fatalité*, retombe dans la division, la multiplicité, la souffrance, pour être repris (mais morcelé peut-être) par le grand courant universel (d'où, pour l'individu, peines de la vie future; pour le groupe social, mort dans l'impuissance).

3° Les moyens d'action de l'homme sont :

Le travail, par lequel il réalise le progrès social et avec lui le bonheur individuel terrestre croissant.

La volonté, qui lui permet dans sa sphère d'agir librement pour se perfectionner lui-même et les autres : liberté limitée dans ses écarts, comme on vient de le dire, par les peines fatales ou les récompenses providentielles dès qu'elle atteint les lois universelles ou quand elle les seconde. Il y a donc *mauvaise volonté* et *bonne volonté*, vice et vertu.

La conscience morale, instrument providentiel, qui l'avertit quand sa volonté s'égare ou dans quelle direction elle doit manœuvrer (et dans les occasions essentielles seulement), d'où le repentir, le remords ou la satisfaction, qui sont les premières peines ou les premières récompenses de la conduite.

L'intelligence, instrument spirituel des plus puissants, secondée par la providence des principes et de l'inspiration, qui éclaire à la fois le travail humain et la conscience dans ses détails, leur montrant sans cesse la voie que le progrès ouvre en avant de son présent.

Enfin la *Religion*, aspiration de l'homme vers l'*Esprit*, nécessaire pour entretenir son *courage* au travail par la *foi* dans l'universelle harmonie, la clarté de son *intelligence* par l'*inspiration*, la pureté et la vivacité de sa *conscience*, la *sainteté de sa volonté*.

C'est l'orientation de l'homme vers Dieu qui, par sa providence, l'appelle à une ascension *libre* vers la vie spirituelle, c'est-à-dire vers la vie de beauté et d'harmonie suprême.

(A l'appui de ces données théologiques, on résumera la psychologie et la morale).

SYNTHÈSE PRATIQUE

217. — Ici toutes les connaissances sont considérées comme instruments de l'activité humaine.

En tête est le *langage* dans toutes ses variétés.

Faisant ressortir à l'élève la nécessité de formuler sa pensée avec *précision*, quoi que ce soit qu'il veuille exprimer (la précision étant aussi nécessaire en art qu'en science), on lui fera comprendre comment la *nomenclature* est le langage scientifique; comment elle doit être, par conséquent, rigoureuse (se rapportant au monde abstrait de la mesure ou au monde concret de la fatalité); comment au contraire le langage des beaux-arts est plus libre, laissant à la volonté le soin d'adapter le sentiment à la forme ou au rythme; comment enfin la parole réunit ces deux caractères, parce qu'elle peut exprimer tous les mondes, notamment en rappelant le sentiment au moyen de la matière par *l'image* (ce que la première écriture, celle *hiéroglyphique*, a affectué matériellement).

D'où la nécessité d'observer dans la parole ou la précision, ou seulement la clarté, ou l'image, selon les cas.

On mettra toutefois l'élève en garde contre l'emploi de l'image, qui nécessite des dispositions et une étude spéciales, sans lesquelles elle est fausse et ridicule ; on l'habituera à s'attacher particulièrement à la précision et à la clarté, pour lesquelles la pureté grammaticale (logique) est suffisante.

Les exercices pratiques de langage consisteront dans la construction de phrases complexes formant de petits résumés, de petites rédactions faites sur les notes très brèves prises par l'élève dans les différents cours ou les lectures qui l'accompagneront (notamment les récits de voyages, l'histoire anecdotique ou les morceaux de littérature).

On résumera enfin rapidement la grammaire, de façon à faire ressortir une grammaire générale, en annonçant à l'élève qu'il y a des langues à *déclinaisons*, à temps ou à modes différents de ceux du français, à construction autre, — et aussi qu'une langue se transforme, donc vit et meurt ; — qu'enfin notre langue a pris sa source (par l'étymologie notamment) dans les langues mortes et dans lesquelles.

Les lectures expressives, dramatiques, faites par l'élève compléteront cette partie.

218. — Pour les sciences positives de détail :

On lui rappelera le rôle des sciences de mesure dans les sciences physico-chimiques et le rôle de celles-ci dans les sciences biologiques, de façon à les relier toutes et à en faire ressortir la solidarité naturelle.

Ce sera une occasion de les résumer largement tout en leur donnant, pour ainsi dire, de la vie, et ce résumé sera accompagné de problèmes de détail qui le préciseront en en augmentant la richesse (problèmes *très simples*, sur les diverses fonctions vitales, quelques lois physiques, etc.).

DISTRIBUTION DU TEMPS

219. — La synthèse théorique et celle pratique seront menées de front pendant les sept premiers mois.

Celles intellectuelle et spirituelle occuperont les deux derniers avec une revue générale de tous les tableaux synoptiques de la quatrième année.

Comme précédemment, la théorie occupera de préférence la matinée.

SIXIÈME ANNÉE PRIMAIRE

(12 a 13 ans)

APPLICATIONS DE LA CONNAISSANCE

220. — Cette année est destinée à préparer l'élève à la vie sociale industrielle et laborieuse, à le faire passer de la théorie à la pratique, de la notion théorique à l'application, en lui expliquant cette application par la théorie précédemment enseignée.

Deux ordres de science seulement, outre le langage qui reste toujours le centre, sont susceptibles de ce genre d'études : celles de fait et celles synthétiques ; les deux autres, correspondant à la théorie déjà enseignée ou à la morale, qui n'aura qu'à être revue et développée, n'appartiennent pas à l'application par le travail.

Le programme de cette année est partagé en trois sections : la première, analytique, est destinée à rappeler avec plus de précision qu'on ne l'aura fait encore ce que chaque science fournit au travail.

La seconde, synthétique, rassemblera en un tableau d'ensemble tout le travail de l'industrie humaine.

La troisième comprendra les quelques enseignements

pratiques élémentaires communs à toutes les industries (de calcul, comptabilité, correspondance, etc.).

PREMIÈRE PARTIE

ANALYTIQUE OU APPLICATIONS DE DÉTAILS

221. — 1° Après avoir rappelé rapidement à l'élève les synthèses pratiques de chaque science enseignées dans le cours de quatrième année, on reprendra avec quelques détails, surtout descriptifs, les principales applications. On en donne ici une énumération très succincte, destinée seulement à préciser l'idée de ce programme au moyen de quelques exemples, car les applications à préférer varieront selon la région, l'origine et la destination probable et alors présumable des élèves (ville ou campagne, industrie ou commerce, etc.) et les industries qu'on peut leur faire voir. En tous cas, on devra toujours choisir les plus usuelles, et les développements de cette partie ne devront pas avoir l'importance de celle des deux autres.

Minéralogie et géologie. Extraction des pierres de construction, du charbon, des métaux (notamment le fer) ; idée de la recherche par sondages et de l'exploitation par filons, basées sur la géologie. — Description des mines de pétrole d'Amérique et de Russie.

Extraction du sel marin, du soufre, de l'acide borique. Récolte de l'or.

2° *Botanique.* Plantes utiles et nuisibles ; familles qui fournissent les plantes usuelles principales (nutritives, textiles, médicinales, forestières, etc.). — Parties de la plante utilisées selon le cas, dont le développement, par conséquent, importe le plus. — Le coton, le lin, le chanvre, le papier.

Notions les plus générales sur le jardinage et l'arboriculture : transplantation, bouture, marcotte, greffe, taille, etc.

3° *Zoologie.* Animaux utiles et nuisibles; familles qui fournissent les animaux usuels ; où et comment on les trouve (chasse, pêche, élevage) ; parti que l'on tire des différents organes selon l'animal.

Domestication, dressage, sélection.

4° *Physique.* Légères notions d'hydraulique ; distribution des eaux à une ville ; théorie du canal à écluse ; équilibre d'un vaisseau et son chargement ; théorie de la nage.

Les diverses sortes de balances (tout à fait descriptives).

Théorie schématique de la machine à vapeur (la condensation).

Notions sommaires sur la photographie.

De la lumière électrique, de la galvanoplastie, du télégraphe, du téléphone ; — la machine dynamo-électrique.

5° *Chimie.* Métallurgie du fer, du plomb, de l'argent. Exploitation des eaux de la mer et des varechs, des lignites.

Poteries, faïences et verreries.

Extraction des alcools, des essences (par déplacement), du sucre, de l'esprit de bois, des fécules.

Fabrication du pain, du vin, de la bière, du beurre, du fromage.

Origine et extraction des gommes, résines, vernis, huile.

Encre, teintures.

Fermentation et putréfaction ; fumiers ; principes généraux de culture ; alternance des plantes ; jachère, engrais artificiels.

6° *Mécanique.* Des outils élémentaires (le marteau, la hache, le ciseau, la scie, le rabot, la lime, la vrille, expliqués par les machines simples auxquelles ils se rapportent.

7° *Géométrie.* Mesure des surfaces ; levée de plan ; taille des matières destinées à prendre une forme spéciale (menuiserie, ferblanterie, coupe des pierres, etc.)

Mesure de volume : cubages par approximation.

Revue détaillée du système métrique.

8° *Astronomie.* Notions sur la détermination de la longitude et de la latitude géographiques par l'astronomie : application à la levée de cartes ou à la navigation aérienne, maritime ou terrestre (dans les déserts).

Notions sur le calendrier grégorien et ses périodes.

9° *Géographie.* Revue de la géographie industrielle, commerciale (les voies de communication, centres commerciaux, etc.) et coloniale.

Nota. — Tous ces développements seront aussi pittoresques que possible, appuyés de descriptions, de vues et de modèles autant qu'on le pourra, et surtout de la vue des industries elles-mêmes.

SECONDE PARTIE : SYNTHÉTIQUE

ENSEMBLE DE L'APPLICATION DES SCIENCES

222. C'est ici la partie principale de ce cours ; la précédente en fournit seulement quelques éléments de détail. Il s'agit de prendre une vue d'ensemble du travail social.

On y distingue trois parties :

Le classement et les ressources des diverses industries ;

Les moyens de production ;

Et l'organisation du travail.

I. — *Distinction et ressources des industries.*

223. On pourra suivre la classification ordinaire en industries extractives, transformatrices et distributrices (comprenant le transport et le commerce) ; cette classification est du reste peu essentielle, destinée surtout à synthétiser les idées de l'élève. On énumérera, pour les préciser, les corps de métier de chaque classe.

Les ressources de l'industrie seront indiquées par la partie précédente ; il suffira de les résumer en les adaptant aux diverses classes d'industrie (matières premières de fabrication du vêtement, du logement, etc.).

II. — *Moyens de production.*

224. Il y en a de deux sortes : ceux matériels et ceux immatériels.

Les premiers seront encore indiqués par un résumé

de la partie précédente, rassemblés par classe d'industrie et distingués à chaque fois en moyens physiques, chimiques, mécaniques.

Les seconds sont la monnaie, le crédit et la comptabilité.

On reviendra avec quelques détails sur le principe de la monnaie (comme garantie de l'État pour la facilité des échanges), sa fabrication (d'après le système métrique) et les peines qui assurent cette garantie.

Pour le crédit, on définira le billet à ordre, la lettre de change, l'endossement et le principe des banques, notamment de la Banque de France.

Quant à la comptabilité, il suffira d'en indiquer le rôle par les opérations qu'elle note et qu'elle précise : la partie pratique en fournira les notions supplémentaires.

III. — *Organisation du travail.*

225. 1° Il faut encore distinguer ici l'organisation matérielle de celle immatérielle, qui consiste dans les garanties légales fournies au travail.

2° *L'organisation matérielle* consiste : 1° dans les moyens de transport fournis par la société : les voies publiques, la poste (on enseignera la géographie à ce point de vue, pour la France et ses colonies) ; 2° dans les marchés offerts aux échanges, et leur police, qui assure la loyauté de la concurrence : on expliquera à l'élève ce qu'est une foire, on indiquera les quelques foires remarquables tenues encore en France ou à l'étranger (on indiquera aussi les opérations des *bourses* de commerce, les expositions spéciales ou universelles, les concours de tous genres se rattachant au même ordre d'idées) ; 3° dans les renseignements fournis au commerce et à l'industrie, notamment les mercuriales, cours de bourse, etc., puis les renseignements utiles à la navigation, et enfin les rôles des consulats à l'étranger.

3° L'*organisation légale* comprend : la garantie du droit de propriété et de succession. On en donnera des notions pour la France (comment elle s'acquiert : impossibilité d'en déposséder sans jugement ; des diverses sortes de contrat auxquels elle donne lieu et que la loi protège, dévolution des successions, réserve des enfants et des parents).

Les facilités que la société fournit pour assurer le droit des divers tribunaux : civils, justice de paix, prud'hommes ; de la grève et de son règlement.

4° A cette question se rattache l'organisation du pouvoir exécutif en France ; on en donnera une idée par les développements suivants, très succincts :

Des divers ministères avec les attributions principales de chacun d'eux.

Administrations principales qui leur correspondent ; idée de la hiérarchie administrative qui permet à tout citoyen de trouver dans la commune un représentant de toute administration.

IV. — *Connaissances complémentaires.*

226. Il sera nécessaire, pour compléter ce tableau du travail social, de résumer l'histoire de la civilisation telle qu'elle a été exposée dans les années précédentes.

Mais il faudra la rattacher à l'histoire générale, et,

pour lui donner un caractère plus pratique, on reprendra l'histoire de France particulièrement, en y insistant surtout sur l'organisation sociale, la condition du travail, l'état de la civilisation, et en rappelant brièvement les événements et la situation des pays étrangers à chaque époque.

Les développements donnés précédemment au programme de l'histoire dispensent de nouveaux détails sur le cours indiqué ici ; il suffit de le caractériser en disant que, rappelant seulement les événements de politique extérieure, il devra constituer un récit de l'histoire, vue de la France par un Français qui s'intéresse tout particulièrement à la situation des producteurs.

Les principaux rois y seront rappelés, et l'élément pittoresque y aura, comme précédemment, une large part, afin de saisir vivement l'esprit de l'élève (les corporations par exemple, les biographies individuelles, les récits de voyages en France, etc., y prêteront facilement).

TROISIÈME PARTIE : PRATIQUE

227. — 1° On rassemblera ici les exercices intellectuels communs à toute espèce de travail, savoir : ceux de calcul, de géométrie, de mécanique (théorique et pratique) et de langage.

2° *Mathématiques*. — Calculs : ils consisteront surtout dans les applications de la règle de trois, — et du système métrique ; — on y enseignera même l'usage des logarithmes réduits (logarithmes de M. Vinot).

3° *Géométrie*. — Calculs de surfaces et de volumes,

problèmes pour coupes de constructions planes.

Notions pratiques de levées de plan.

4° *Mécanique*. — De la machine en général : comment elle se ramène à la machine simple par des transformations de mouvement.

De la production, de la distribution et de la régularisation de la force comme type de l'organisation d'une machine. (Exemples sur des machines vulgaires : le moulin, les machines agricoles, etc.)

Plus spécialement, description de la machine à vapeur, qui est actuellement la machine universelle.

Notions aussi sur la machine dynamo-électrique.

5° *Pratique* des premiers éléments du travail matériel par la menuiserie simple (construction de règles et formes simples, — assemblages de diverses sortes); on pourra aller jusqu'aux éléments du tour, pour faire comprendre l'immense importance de la *vis* et du *tour* dans le travail mécanique, qui par eux obtient une précision merveilleuse.

6° *Comptabilité*. — Notions très sommaires de comptabilité ; idée de la comptabilité en partie double.

7° *Dessin* industriel, d'organes de machines, de plans, d'élévations simples.

Croquis à main-levée très simples.

Dessin d'ornement.

8° *Langage*. — Rédactions de lettres simples. Récits de visites ou d'excursions faites par les élèves. Résumés de lectures ou de récits pittoresques faits à l'élève, sans qu'il prenne de notes.

OBSERVATIONS FINALES

228. — Bien que les questions de méthodes, de distribution du travail, d'établissement d'écoles, ne soient pas comprises dans le sujet traité par le programme qui précède, il n'est pas inutile, cependant, de leur emprunter quelques observations qui achèveront de caractériser l'esprit de l'enseignement proposé :

Il faudra se rappeler, comme il est établi dans l'introduction, que c'est principalement l'enseignement des *faits*, coordonnés, préparés pour l'explication des lois, mais retenus surtout comme faits. On devra donc se représenter chaque article du programme comme une indication que le maître devra développer principalement par des exemples vulgaires, et des démonstrations pittoresques toujours multipliées et variées : l'ordre qui les coordonne, les principes qui en ressortent devront être cherchés le plus possible par l'élève.

Le maître devra s'attacher aussi, toutes fois qu'il en aura l'occasion, à persuader, à prouver même au besoin qu'il ne donne qu'un enseignement élémentaire (les synthèses scientifique et négative sont proposées surtout dans ce but). Il est très important que l'élève ne se laisse pas éblouir par la variété ou la portée de ses études ; c'est à ce sentiment que sont dus les faux jugements, la présomption d'adultes aisément portés par ces sentiments à se déclasser ou à troubler la société. Toutefois cette précaution demande à être mesurée selon le caractère de chaque élève.

Les faits métaphysiques sont rejetés à la fin de l'enseignement : le maître prendra garde en effet que toute abstraction comme toute pensée métaphysique doit ressortir, pour l'enfant, de son instruction positive, comme une réflexion qu'elle lui doit inspirer, au lieu de lui être imposée à priori comme un fantôme incompréhensible qu'il niera plus tard faute de l'avoir abordé avec une préparation suffisante.

Cependant le principe du beau, qui est comme l'élément sensible du métaphysique, est abordable pour lui de très bonne heure au même titre que les révélations de la conscience morale ; il faudra s'attacher à les lui faire percevoir en toute occasion, en même temps qu'on lui en donnera l'habitude par la musique, le dessin, les modèles de tout genre qui lui seront présentés, l'ordre et l'harmonie des mouvements et de tout ce qui l'entoure. Il faudra toujours se souvenir et lui rappeler que le beau est l'esprit des faits.

Ces remarques doivent se compléter par celle sur laquelle il a été insisté plusieurs fois de l'indépendance spirituelle que l'on s'est efforcé de donner à ce programme. Il n'est ni *laïque* ni *religieux* dans les sens antagoniste ou sectaire que l'on songe trop à donner de nos jours à ces deux termes : il est destiné à préparer l'élève à toute religion ou même, par la suite, à tout examen de sa part, s'il en est capable.

En même temps, selon ce qui en a été dit dans l'introduction, il est trinitaire, embrassant par conséquent également le monde métaphysique et le monde matériel, sans nier ou dédaigner ni l'un ni l'autre, et, au lieu de les opposer, il s'attache à les relier par l'enchaînement de leurs intermédiaires.

Il en résulte naturellement la notion d'une direction suprême spirituelle. Elle apparaît forcément ici sous une forme correspondante à cet enseignement des faits, aussi bien qu'aux intelligences qui le reçoivent, c'est-à-dire la notion d'un Créateur providentiel, la seule adéquate à l'enfance, du principe incognoscible.

Ce n'est pas à dire que cette forme doive être définitive pour l'élève ; au contraire les enseignements suivants la transformeront en l'éclaircissant, mais il est essentiel qu'ils ne la transforment que par eux ; s'il est incapable de les recevoir, il ne peut que gagner à conserver cette notion avec les enseignements sur lesquels elle s'appuie. Et combien d'intelligences restent enfantines toute leur vie !

Cependant, jugeant d'après notre état actuel, on pourra objecter que quantité d'enfants capables d'un développement au moins secondaire se trouvent arrêtés par leur condition sociale à l'instruction primaire et peuvent ainsi se trouver livrés plus tard ou à de fausses conceptions métaphysiques ou à des critiques erronées. C'est qu'il n'y a en effet de remèdes à un pareil état de choses que dans une organisation scolaire qui fournira l'instruction à quelque degré que ce soit à chaque enfant selon ses facultés sans distinction de rang ou de naissance.

Une pareille facilité est même encore insuffisante ; beaucoup de vocations s'égarent, beaucoup ne se déclarent que tardivement ou sont réprimées par le milieu de l'enfant. On y peut remédier non seulement par une suite de cours abordables à tout âge parallèlement au travail quotidien, mais aussi par une sorte d'écoles de transition où l'élève passerait seulement pour reprendre par un travail spécial le niveau de quelque école ordinaire où il voudrait entrer tardivement. Enfin il faut compter aussi avec des écoles d'apprentissage qui suivent longtemps le développement de l'adulte pour le guider.

Mais ces graves questions, on le répète, sont en dehors du sujet traité en ce volume, qui n'est rien de plus que le programme de l'*instruction primaire* normale, c'est-à-dire appelée à être suivie ou de celle secondaire ou de l'apprentissage, selon les *facultés naturelles* de l'élève, et non d'après quelque autre considération que ce soit. Tout autre question d'instruction publique doit être réservée ; elles sont toutes d'une importance sociale beaucoup trop considérable pour qu'il soit bon de les traiter incidemment ou légèrement.

FIN

TABLE DES MATIÈRES

SELON L'ORDRE D'EXPOSITION

	Numéros d'ordre.	Pages.
INTRODUCTION.		1
ÉCOLE MATERNELLE		47
ENSEIGNEMENT PRIMAIRE		51
Préliminaires.		51
PREMIÈRE ANNÉE (7 ans). *Distinction des Sciences*.		61
Programme général	1 à 4	61
Programme du langage en particulier	5	64
Distribution du temps.	7	66
SECONDE ANNÉE (8 ans). *Construction des Sciences*.		67
Préliminaires.	8 à 9	67
Ier Ordre de Sciences : Sciences de la Nature		69
1re Classe : Sciences naturelles.	10 à 11	69
Zoologie.	12	70
Botanique.	13	72
Minéralogie	14	73
2° Classe : Sciences physico-chimiques	15	75
Chimie.	16	78
Physique.	17 à 18	81
Mécanique.	19	85
3° Classe : Sciences de mesure.	20	89
Géométrie.	21	90
Arithmétique.	21 bis	92
II° Ordre : Sciences psychologiques ou de l'Homme.		94
Préliminaires.	22	94

	Numéros d'ordre.	Pages.
1re Classe : Le Graphique	23	95
2e Classe : Le Langage.	24	96
3e Classe : Psychologie.	25	99
IIIe Ordre : Sciences supérieures ou des Principes.		100
Préliminaires.	26	100
1re Classe : Esthétique	27	101
2e Classe : Ethique.	28	102
3e Classe : Faits métaphysiques.	29	104
IVe Ordre : Sciences cosmogoniques		105
Préliminaires.	30	105
1re Classe : Sciences physiogoniques (Météorologie, géologie, paléontologie, géographie)	31	105
2e Classe : Sciences androgoniques (Economie, histoire et géographie commerciale, gouvernement, droit, histoire politique)	32	107
3e Classe : Sciences métaphysiques. . . .	33	109
Distribution du temps	34	111
TROISIÈME ANNÉE (9 ans). *Études analytiques*.		112
Préliminaires.	35	112
Ier Ordre : Sciences de la Nature.		112
1re Classe : Sciences naturelles		112
Zoologie.	36 à 38	112
Botanique.	39 à 41	117
Minéralogie	42	122
2e Classe : Sciences physico-chimiques . .		123
Chimie.	43 à 48	123
Physique.	49 à 55	132
Mécanique.	56	141
3e Classe : Sciences de mesure		142
Géométrie	57 à 58	142
Arithmétique.	59	147
IIe Ordre : Sciences psychologiques ou de l'Homme.		148
1re Classe : Graphique	60	148
2e Classe : Langage.	61	149
3e Classe : Psychologie	62	150
IIIe Ordre : Sciences supérieures ou des Principes		151
1re Classe : Esthétique.	63	151
2e Classe : Ethique	64	151
3e Classe : Faits métaphysiques.	65	151

	Numéros d'ordre.	Pages.
IVe Ordre : Sciences synthétiques ou Cosmogoniques	66	151
1re Classe : Physiogonie	67	152
2e Classe : Androgonie (histoire de l'industrie)	68 à 69	154
3e Classe : Métaphysique (histoire de l'art)	70 à 72	157
Distribution du temps	73	163
QUATRIÈME ANNÉE (10 à 11 ans) *Études synthétiques spéciales* (premier temps de la synthèse)		165
Préliminaires	74 à 75	165
Ier Ordre : Sciences de la Nature		166
1re Classe : Sciences naturelles		166
Zoologie	76 à 82	166
Botanique	83 à 89	173
Minéralogie	90 à 93	180
2e Classe : Sciences physico-chimiques		184
Chimie	94 à 99	184
Physique	101 à 108	194
Mécanique	109 à 119	204
3e Classe : Science de mesure		214
Préliminaires	120	214
Géométrie	121 à 129	215
Arithmétique	130 à 136	222
IIe Ordre : Sciences psychologiques ou de l'Homme		226
1re Classe : Graphique	137	226
2e Classe : Langage	138	227
3e Classe : Psychologie	139 à 143	228
IIIe Ordre : Sciences supérieures ou des Principes		234
1re Classe : Esthétique	144 à 146	234
2e Classe : Ethique	147	237
3e Classe : Faits métaphysiques	148	239
IVe Ordre : Sciences synthétiques		239
1re Classe : Cosmogonie (astronomie, géologie, météorologie, géographie)	149 à 152	239
2e Classe : Androgonie (Economie, histoire de la civilisation)	153 à 165	242
3e Classe : Métaphysique	166	259
Synthèse négative (ce qui reste à apprendre)	167	261
Distribution du temps	168	262
CINQUIÈME ANNÉE (11 à 12 ans). *Étude synthétique générale* (2e temps de la synthèse)		264

	Numéros d'ordre.	Pages.
Préliminaires.	169	264
Synthèse théorique.	170	265
Cosmogonie astronomique	171	265
Cosmogonie biologique	172	267
Histoire humaine.		268
Premiers temps.	173	268
Principes de Sociologie.	176 à 180	270
Histoire politique (intérieure, extérieure et de civilisation).	181 à 207	277
Eléments de sociologie	208 à 212	322
Synthèse intellectuelle (Méthode).	213	326
Synthèse spirituelle	214 à 216	326
Synthèse pratique	217	331
Distribution du temps.	219	333
SIXIÈME ANNÉE (12 à 13 ans). *Applications de la Connaissance.*		334
Préliminaires.	220	334
1re Partie : Analytique.		335
Applications de détail	221	335
2e Partie : Synthétique. Applications d'ensemble.	222	338
Distinction des industries.	223	338
Moyens généraux de production	224	338
Organisation du travail	225	339
Connaissances complémentaires	226	340
3e Partie : Pratique	227	341
OBSERVATIONS FINALES.	228	343

TABLE SYNOPTIQUE DES MATIÈRES

(Applicable seulement aux années moyennes, non aux extrêmes)

(Les numéros donnés sont les numéros d'ordre.)

DÉSIGNATION DES MATIÈRES	2ᵉ ANNÉE	3ᵉ ANNÉE	4ᵉ ANNÉE	5ᵉ ANNÉE
Iᵉʳ Ordre. Sciences de la Nature	69	112	166	»
1ʳᵉ Classe. Sciences naturelles	69	112	166	»
Zoologie	12	36 à 38	76 à 82	»
Botanique	13	39 à 41	83 à 89	»
Minéralogie	14	42	90 à 93	»
2ᵉ Classe. Sciences physico-chimiques	15			
Chimie	16	43 à 48	94 à 99	»
Physique	17-18	49 à 55	101 à 108	»
Mécanique	19	56	109 à 119	»
3ᵉ Classe. Sciences de mesures	20	»	120	»
Géométrie	21	57 à 58	121 à 129	»
Arithmétique	21 bis	59	130 à 136	»
IIᵉ Ordre. Sciences de l'homme	22	»	137	»
1ʳᵉ Classe. Graphique	23	60	137	»
2ᵉ Classe. Langage	24	61	138	»
3ᵉ Classe. Psychologie	25	62	139 à 143	»
IIIᵉ Ordre. Sciences des Principes	26	»	»	»
1ʳᵉ Classe. Esthétique	27	63	144 à 146	»
2ᵉ Classe. Éthique	28	64	147	»
3ᵉ Classe. Faits métaphysiques	29	65	148	»
IVᵉ Ordre. Sciences synthétiques	30	66	»	169 à 170
1ʳᵉ Classe. Physiogonie	31	67	149 à 152	171 à 172
2ᵉ Classe. Androgonie	32	68 à 69	153 à 165	173 à 213
3ᵉ Classe. Métaphysique	33	70 à 72	166	214 à 216
Distribution du temps pour chaque année	34	73	168	219

NOTA. — En parcourant l'ouvrage dans l'ordre indiqué par cette table, et même seulement pour une des sciences ci-dessus, à son choix, le lecteur pourra se rendre immédiatement compte de la marche de ce programme dans la suite des années : celle dans le cours d'une année est indiquée par l'ordre même de cette table.

Tours, imp. E. ARRAULT ET Cⁱᵉ, 6, rue de la Préfecture.

CHAMUEL, Éditeur
79, rue du Faubourg-Poissonnière, Paris.

F.-Ch. Barlet. — *Essai sur l'Évolution de l'Idée*, 1 vol. in-18 jésus, avec fig. 3 50

— *Principes de Sociologie synthétique*, broch. in-8 écu. 1 »

— *Essai de Chimie synthétique*, broch. in-18 jésus. » 75

— *L'Université des Hautes Études*, broch. in-18 jésus. » 75

Barlet et Lejay. — *Synthèse de l'Esthétique*. La Peinture, broch. in-8 écu. 1 25

Hélion. — *Sociologie absolue*. Beau vol. in-8 carré. 3 »

Eliphas Lévi. — *Le Catéchisme de la Paix*, 1 vol. in-8 carré. 4 »

Papus. — *Martines de Pasqually*, étude sur l'Illuminisme en France, 1 vol. in-18 jésus . . . . . . 4 »

— *L'Anatomie philosophique*, 1 vol. in-8 raisin . . 4 »

— *Anarchie, Indolence et Synarchie*, broch. in-8 jésus. 1 »

Joséphin Peladan. — *Le Livre du Sceptre*, 1 beau vol. in-8 carré. 7 50

Ernest Bosc. — *De la Vivisection*, 1 vol. in-18 jésus. 2 »

A. de Rochas. — *Les États superficiels de l'Hypnose*, 1 vol. in-8, avec dessins. 2 50

— *L'Extériorisation de la sensibilité*, 1 beau vol. in-8 carré, avec planches coloriées. . . . . 7 »

Dr Fugairon. — *Essai sur les phénomènes électriques des êtres vivants*, 1 vol. in-18 jésus. 2 50

Jules Lermina. — *Ventre et cerveau*, broch. in-18 jésus. » 50

Dubéchat. — *L'Orientation*, broch. in-8 raisin . . 1 »

A. Mas. — *L'Encouragement au bien au point de vue moral et pratique*, broch. in-8 carré 1 50

Dr Salomon. — *Autour de la Loi sur les aliénés*, broch. in-8 raisin . . . . 1 »

— *L'Alcool et la Dépopulation de la France*, 1 vol. in-18 jésus 1 50

TOURS. — IMP. E. ARRAULT ET Cie, 6, RUE DE LA PRÉFECTURE.

www.ingramcontent.com/pod-product-compliance
Lightning Source LLC
Chambersburg PA
CBHW070858170426
43202CB00012B/2113